40년 교육 경력의 교장선생님이 직접 쓴 학생 풍수

공부와
취직에도
풍수가 있다

지은이 정판성 박사

청학
출판사

공부와 취직에도 풍수가 있다

초판 1쇄 발행 2008년 1월 15일

저   자 정판성
발 행 인 문해성
발 행 처 청학출판사
등   록 제8-190호(1996. 7. 2)

주   소 서울시 은평구 신사1동 3-12 3층
TEL. (02)354-8646(代)   FAX. (02)384-8644
E-mail:mjs1044@naver.com
ⓒ 정판성 2008 printed in Korea

ISBN 978-89-87023- 65-6 (03150)

40년 교육 경력의 교장선생님이 직접 쓴 학생 풍수

공부와 취직에도 풍수가 있다

지은이 정판성 박사

청학
출판사

서 언

지금은 핵가족 중심이고 이사를 자주 가지만 과거에는 한 집에서 여러 세대가 살았고 그 자손들이 대대로 그 집에서 살았다. 우리나라는 유럽과 같이 돌로 지어진 집이 아니기 때문에 수명이 길지는 않지만 100년 정도는 살 수가 있다. 집은 자주 짓는 것이 아니기 때문에 한 번 지으면 견고하게 지으려고 한다.

그런데 그 집에 오래 살면 살수록 풍수의 영향이 강해진다. 본인 보다는 아들, 아들보다는 손자로 갈수록 풍수의 영향이 크기 때문에 옛날 사람들은 풍수에 관심을 두었다. 풍수는 집을 지은 당사자에게는 운명이지만 그 집에서 태어난 아이에게는 숙명이 된다. 숙명을 진 아이가 성인이되어 같은 집에서 자녀를 낳으면 숙명은 더욱 강화되어 그 자손에게까지이어지게 된다. 집이 풍수적으로 좋고 나쁨은 손자의 시대가 되면 더욱뚜렷하게 나타난다.

유전현상은 유전인자가 특정의 물질이나 효소에 작용하여 나타난다고전적으로 믿어왔으나 근래에는 환경에 의해 유전현상이 많이 좌우된다는것을 인정하고 있다. 예를 들어 어느 지방에서는 잘 자라던 농작물도 다른 지방으로 옮기면 아무리 좋은 거름을 주어도 잘 자라지 않는다. 또 가을보리를 가을에 뿌리면 겨울의 추운 온도의 영향을 받아 봄에 열매를 맺는데, 가을보리를 봄에 뿌리면 자라기는 잘 자라는데 열매를 맺지 않는다. 이는 겨울의 추운 온도를 당하지 않았기 때문이다.

어린애를 다른 지방으로 데리고 가면 보채고 잠을 잘 자지 않는다. 이는 전 있던 곳과 환경이 다르기 때문이다.

같은 위도라도 평지와 경사지가 받는 태양 에너지의 양은 확실히 다르다. 태양에너지의 양이 다르기 때문에 온도가 달라지고 따라서 기후의 변화가 달라진다. 인간은 환경에 따라 삶의 방식이 달라진다. 좋은 환경에서 자라면 심성부터가 부드럽고 너그러우며 심신이 건강하다.

그래서 좋은 환경을 고르는 것이 풍수이다. 이것이 명당이라고 딱 잡아 말할 수는 없지만 많은 경험을 통해 어떤 조건을 갖춘 곳이 명당 이라는 것을 선인들이 밝혔다. 선인들이 밝힌 바에 따라 우리는 풍수적으로 좋은 자리를 찾고 있는 것이다.

집이 자신 한 사람의 것이라고 생각하면 안 된다. 자손 대대로 영향을 미친다는 것을 꼭 알아야 한다. 그런데 풍수적으로 꼭 맞는 집을 짓기란 어렵다. 풍수를 아는 사람일수록 이상적인 집을 짓기가 어렵다는 것을 알수 있게 된다. 같은 방향에 같은 형태의 집이 있어도 그 집에 사는 사람의 성격, 가족구성, 의식수준이나 장래에 대한 전망 등에 의해 그 집에 사는 사람의 운명이나 운세가 결정된다. 이는 풍수에서 뿐만 아니라 사주나 점술에 있어서도 마찬가지이다. 같은 날 같은 시간에 태어났어도 운명이 다르다. 단 비슷한 운세권(運勢圈)에 존재한다는 정도에 지나지 않는다. 최종적으로 운명이나 운세를 결정하는 것은 본인 자신인 것이다.

따라서 풍수적으로 완벽한 집을 짓고 이 집에만 살면 모든 것이 잘 된다는 생각은 틀린 것이다. 풍수는 집이 거기에 사는 사람의 행복과 운을 상승시키는 역할을 하게 하는 것이다. 집은 훌륭해도 사는 사람의 마음이 가난하면 행운은 오지 않고, 반대로 사는 사람이 훌륭하면 집의 분위기도 그 나름대로의 것을 느끼게 하는 것이다.

요즘 일본에서는 풍수가 전문 분야별로 발달하여 학교생활, 건강문제, 직장생활, 연애, 사교, 사업 등등에 따른 풍수가 있다. 40년의 교직생활을 한 사람으로서 공부와 풍수와의 관계에 대하여 관심을 두어 오다가 이번에 이를 포함한 풍수책을 집필하게 되었다. 학생들과 학부모님들께 도움이 되었으면 좋겠다.

풍수적으로 만점짜리는 없다. 60-70점으로도 충분하다. 부족한 부분은 사는 사람이 노력해서 행복하게 되려는 욕망과 마음을 밝게 긍정적으로 생각하면 나머지는 커버되는 것이다. 그 집에 사는 사람이 좋은 방향으로 작용하도록 노력해야 하며 풍수적으로만 행운의 씨앗을 추구해서는 안 된다. 풍수는 운을 상승시키는데 도움을 줄 뿐이다. 그렇다고 여러 경험에 의해서 발달된 풍수를 무시해서는 안 된다. 풍수를 알고 여기에 맞도록 노력하면 더욱 운이 풀린다는 것을 잊어서는 안 된다.

　지금 유럽이나 미주에서도 풍수에 대한 관심이 높아 수 백 권의 책이 발간되고 있다. 풍수를 특정인만이 안다는 고정관념을 깨고 누구나 풍수가가 될 수 있다는 생각을 갖도록 책을 쉽게 쓸려고 노력을 했고 특히 학생풍수와 아파트 풍수에도 관심을 두었다.

2007년 12월 20일

저자 **정관성** 씀

목   차

I. 풍수의 의의

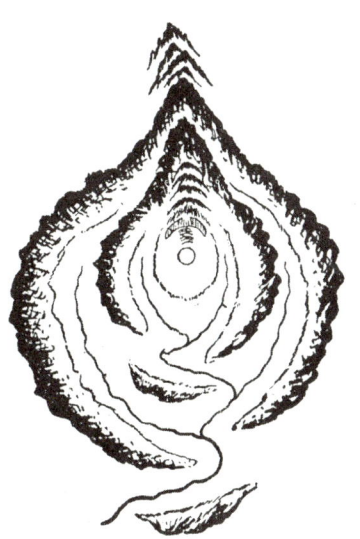

1. 풍수(風水)의 명칭

풍수를 감여(堪輿) 또는 지리(地理), 지술(地術)이라고도 한다. 감여(堪輿)는 천지(天地)를 말하는 것으로 하늘은 음양오행(陰陽五行)의 자연의 법칙을 말하는 것이고, 땅은 자연의 생김새를 말하는 것으로 생각된다. 자연의 모든 현상(現象)이 하늘의 이치에 합당해야 한다는 것일 것이다.

지리(地理)는 산과 물의 세(勢)와 형태(形態)가 인간에게 어떤 영향을 미치는가를 중심으로 설명하는 것이라고 생각된다. 땅은 산과 물을 말하는데 이는 곧 환경을 의미하는 것으로 환경이 인간에게 미치는 영향을 구명(究明)하는 것이다.

지술(地術)은 땅을 보고 점을 치는 것으로 해석하면 타당할 것이다. 땅의 형태나 위치에 따라서 인간의 길흉(吉凶)이 좌우된다는 것일 것이다. 이는 이치를 따지기 보다는 경험적으로 좋고 나쁨을 변별하는 기술적인 것을 말하는 것으로 생각된다.

풍수라는 말이 중국의 동진(東晉)시대의 곽박(郭璞)이 지은 장서(葬書)라는 책의 내용에서 근거를 두고 있다고 설명하는 사람도 있으나 사실은 중국의 자연환경에 뿌리를 갖고 있다고 보아야 할 것이다.

지금도 그렇지만 고대 중국 사람들의 생활에 있어 바람과 물은 큰 관심의 대상이었다. 겨울철의 추운 북풍(北風)은 추위에 떨게 했고 여름철의 홍수와 태풍은 하천을 범람시켜 농사에 커다란 피해를 주었다. 다른 한편 물은 생활용수와 농업용수로 많은 혜택을 주었다. 그래서 중국 사람들은 겨울철의 추운 바람을 막아주고, 홍수와 태풍의 피해를 피하면서도 생활용수와 농업용수를 얻기 쉬운 입지조건을 택했어야만 했다. 자연의 재해를 미리 피하면서도 자연을 최대로 이용하기 좋은 땅을 골라 집을 짓고 살아야만 했다.

중국의 고대사를 보면 삼황오제(三皇五帝) 중의 한 분인 황제(黃帝)는 황하의 중류 유역에 거주했던 염제(炎帝)를 우두머리로 삼는 종족과 세 번의 싸움 끝에 마침내 황제가 승리를 거두었다. 그러자 이번에는 황하의 하류 동부지역에 거주하던 동이족(東夷族)의 우두머리 치우(蚩尤)가 반란을 일으켰다. 치우에게는 비를 뿌리고 안개를 피우는 재주가 있어 이러한 재주를 사용하여 황제의 군대를 마구 공격하였다. 황제는 선제공격을 가하기 위해 응용(應龍)이라고 하는 신룡(神龍)을 시켜 물을 모아 비를 내리도록 하였다. 그러나 치우는 벌써 풍백(風伯)과 우사(雨師)를 불러와 맹렬한 비바람을 몰아치게 하였다. 그러자 황제의 군대는 제대로 버티지 못한 채 사방으로 흩어져 버렸다. 마침내 황제는 자신의 딸인 발(魃)을 시켜 가뭄이 내리도록 하여 치우의 세력을 저지했다. 이리하여 처음에는 고전을 면치 못하던 황제가 간신히 승리를 거두게 되었고, 치우는 사로잡혀 죽음을 당했다.

황제가 죽은 다음 요(堯)임금이 제위에 오른 지 70여 년간 세상은 안정되고 평화로웠지만 7년이나 계속되는 홍수로 황하가 넘쳐흘러 골치를 앓아야만 했다. 요임금은 이 홍수를 막기 위한 치수(治水)의 책임자로 곤(鯀)을 등용하였으나 9년 동안의 노력에도 불구하고 별 성과가 없었다.

요임금의 뒤를 이은 순(舜)임금은 요임금이 오랫동안 걱정하였던 치수사업을 다시 곤의 아들 우(禹)에게 맡겼는데, 우는 탁월한 지혜와 뼈를 깎는 노력으로 마침내 치수사업을 성공시켰다.

중국의 고대사를 보면 풍백(風伯 : 바람), 우사(雨師 : 비), 발(魃 : 가뭄), 홍수(洪水 : 큰 물) 등이 등장하는 것을 보면 중국이 옛날부터 자연 재해에 얼마나 시달렸는지를 알 수 있다.

거처를 안정시키고 삶을 즐기려면 우선 바람과 물의 피해를 입지 않을 만한 땅을 골라야만 했다. 그런데 생활에 적합한 장소를 고르는 것이 첫째였고 나중에는 이것이 죽은 사람에게도 적용되어 묘지에는 둘째였다고 본다.

풍수라는 명칭은 거주지를 정함에 있어 바람과 물은 보고 땅의 길흉을 점치는 것을 의미한다. 일반인들은 살기에 좋은 땅을 고르는 일로 이해했던 것을, 청오자(靑烏子)나 곽박(郭璞)이 책을 저술할 때 해설을 가했을 것으로 생각된다.

지세(地勢)와 지형(地形)을 보고 사람이 살기에 좋은 환경인가 나쁜 환경인가를 변별하는 행위를 풍수라고 하는 것이 타당할 것이다.

2. 풍수의 목적

풍수의 근본 목적은 인간이 하늘과 땅에 기대어 영화(榮華)를 꾀하는데 있다. 인간은 천지간에서 태어나 천지간에서 살아가므로 나서 죽을 때까지 천지의 영향을 받지 않을 수 없고 죽어서도 땅으로 돌아가는 것이다. 하늘의 영향은 햇볕과 기후이고 땅의 영향은 사람은 땅위에서 살고 있고 식량 등 일상생활에 필요한 자료를 땅에서 얻고 있어서 하늘과 땅이 없이는 살아갈 수가 없는 것이다. 그래서 인간은 하늘을 아버지처럼 땅을 어머니처럼 믿고 있는 것이다. 그래서 풍수는 땅을 어머니로 여기는 지모

(地母)에 대한 관념에서 철학으로 발전한 것이다. 풍수는 땅을 인간의 생모(生母)로 간주한 데서 출발한 것이다. 땅은 인간을 길러내는 능력이 있기 때문에 이것을 찾아내는 것이 풍수의 내용이다. 어머니가 애를 낳고 키우듯 땅도 만물을 낳고 생육하는 것은 자연의 어머니로서의 능력이라는 것이다. 어머니다운 땅의 능력이 인간의 행운을 증진시킨다는 것이다. 그러므로 풍수의 목적은 지력(地力)에 의해 인생의 행복을 구하는 것인데 이를 구체적으로 말하면 주택을 좋은 자리에 정해 행운을 구하는 일과 조상의 묘를 좋은 자리에 써서 자손의 번영을 꾀하려 하는 두 가지이다.

북풍과 수해를 피하고 연료와 생활용수 채취에 용이하며, 농작물 재배에 유리한 곳에 자리를 잡는 것만으로 풍수의 기능이라고 할 수 없다. 똑같은 지리적 조건을 가진 곳에 어떤 사람은 번영하고 다른 사람은 쇠망(衰亡)하게 되는데 여기에는 어떤 원인 있을 것이라고 생각하고 이를 규명하는 것이 풍수이다. 다시 말해 거기에 사는 사람들에 미치는 길흉적(吉凶的) 영향을 알아내 사람들의 운명을 행복과 번영으로 향하게 하는 것이다.

현대에서는 풍수를 환경적 관념에서 따지고 있다. 식물의 잎이 자라고 줄기가 뻗는 것을 영양생장(榮養生長)이라 하고, 꽃이 피고 열매가 맺는 것을 생식생장(生殖生長)이라고 한다. 그런데 영양생장기에서 생식생장기로 넘어가는 데는 일정한 온도와 일장(日長 : 해 빛이 쪼이는 시간)이 관여한다. 보리는 가을에 뿌려 초여름에 수확하는 가을보리와 봄 일찍 뿌려 초여름에 수확하는 봄보리가 있다. 우리나라에서 주로 재배하는 가을보리를 봄에 뿌리면 잎과 줄기는 잘 자라는데 열매를 맺지 못한다.

가을보리를 싹을 틔워 0~3℃에서 8~13일 주일 두었다가 봄에 뿌리면 가을에 뿌린 것과 마찬가지로 꽃이 피고 열매를 맺는다. 이는 온도가 식물체 내의 특수한 호르몬이라든가 그 밖의 질적 변화를 일으키는 작용을 하기 때문이라고 한다. 온도뿐만 아니라 해 빛이 쪼이는 시간도 이와 같이 생식생장에 큰 영향을 미친다. 가을에 피는 국화는 해 빛이 쪼이는 시간이 하루 12시간 이하가 되어야 꽃이 핀다. 하루에 12시간 이상 해 빛이 쪼이면 꽃이 피지 않는다. 국화꽃이 피는 시기를 늦추려면 밤에 전등불을 켜서 빛이 쪼이는 시간을 12시간 이상 해주면 된다. 이와 같은 이론을 밝힌 사람은 소련의 농학자 뤼이생코(Lysenko)이다.

멘델(Mendel)의 이론에 의하면 어떤 유전형질이 나타나는 데는 환경에 의한 것이 아니라 유전인자가 분비하는 호르몬의 작용에 의한다고 한다. 이 이론에 따르면 가을보리는 언제 뿌려도 꽃이 피고 열매를 맺어야 한다. 그런데 식물에 따라서는 생장 중 일정한 시기에 저온이나 고온 그리고 단일(短日 : 하루 일조시간 12시간 이하)이나 장일(長日 : 하루 일조시간 12시간 이상)에 처해야만 꽃이 피고 열매를 맺는다. 유전현상이 나타나는 데는 유전인자가 분비하는 유전물질도 관여하지만 환경도 크게 관여한다는 것을 알 수 있다.

또 다른 사례로 산지착오(産地錯誤)라는 것이 있는데 이는 장소가 달라질 때 식물이나 동물의 성장 패턴이 달라지는 경우를 말한다. 예를 들어 일본의 양파의 경우, 교토지방에서 재배하면 매년 커다란 몸체가 되지만, 센다이지방에 가져가면 일년 째는 확실히 교토와 같은 크기의 몸체가 생산되지만 다음 해부터는 점차로 작아진다. 아무리 좋은 비료를 주어도 소용이 없다.

양식에서 부화용 작은 고기의 먹이가 되는 윤충(輪虫)과 클로렐라가 필요하다. 그런데 전갱이가 좋아하는 L자형 윤충의 경우, 지역에 따라서 전혀 배양되지 않는다. 똑같은 배양장치를 이용해서 물의 산도(酸度), 염분, 온도, 공기발생 장치까지 똑같이 사용하여도 배양이 전혀 되지 않는다. 자동차로 약 20분 거리에서도 그런 차이가 나타나는 것이다. 산지착오는 환경이나 토양 같은 물리적인 요소가 유전자의 발현에 영향을 끼친다는 것을 보여주는 단적인 예이다.

이화여대 환경공학과 강호정 교수의 연구에 의하면 와인의 맛은 포도 품종뿐만 아니라 미생물, 토양, 기후가 깊이 관여한다고 했다. 이탈리아 키안티(Chianti) 와인을 생산하는 포도밭에는 아주 다양한 효모 균주가 존재하고 이것이 와인의 질을 결정하는 요소가 된다고 하였다. 또한 와인 을 숙성시키기 위한 참나무통에서도 다른 종류의 효모가 발견되었다. 참 나무통 숙성이 와인의 맛을 변화시키는 데에는 거기에 존재하는 새로운 효모가 한몫을 한다는 것이다. 와인의 맛에 환경의 영향이 크다는 것을 알 수 있다.

풍수의 목적은 한 마디로 말해서 살기에 알맞은 환경을 고르는 것이라 고 말할 수 있다.

3. 풍수의 구성(構成)

풍수에서 좋은 땅을 고를 때에 그 기본적 관념이 되는 것은 산(山)과 물 (水) 그리고 방위(方位)의 세 가지이다. 풍수의 구성은 이 세 가지의 좋고 나쁨의 조합에 의해서 성립한다. 그러나 이 산과 물 그리고 방위 이 세 가 지는 풍수에서만 한정된 요소가 아니고 인간이 생활하는데 없어서는 안

되는 필요조건이다. 따라서 풍수설이 발생하기 이전에도 이 세 가지는 인간이 생활을 영위하는데 필수조건이었다.

산에서 연료와 식량을 얻고 생활용수와 음용수는 물에서 얻기 때문에 이 둘은 인간생활에 있어서 가장 중요한 것이지만 방위도 주택 및 농작물에 대한 채광, 풍향, 기후 등에 많은 영향을 미치므로 중요한 관심 사항이었다.

풍수가 산, 수, 방위의 셋을 구성요소로 하게 된 것은 원시시대부터 인간생활에 필요불가결한 것으로 생각되어 왔기 때문이다. 이 세 가지에 의미를 더하여 풍수설은 그 목적 달성에 이용한 것에 지나지 않는다. 인생의 행복증진을 지리(地利)에 의해 성취하려고 한 풍수설이 인간생활에 중요한 역할을 하고 있는 이 셋을 간과(看過)하지 않았던 것이다. 풍수설은 인간생활에 적합한 땅을 고르려는 생각에서 출발한 것임에 틀림없다.

그래서 풍수에서는 산과 물의 생김새와 흐름의 상태뿐만 아니라 이들이 어떤 방위에 있어야 좋은가를 변별하는 것이다. 따라서 풍수의 구성요소는 크게 산과 물, 방위이다. 풍수에서 용(龍 : 뻗어내려오는 산), 혈(穴 : 묘를 쓰거나 집을 지을 장소), 사(砂 : 주변 산)를 논하는데 이 모두가 산을 나누어서 설명한 것에 불과하다.

Ⅱ. 풍수의 기초이론
(基礎理論)

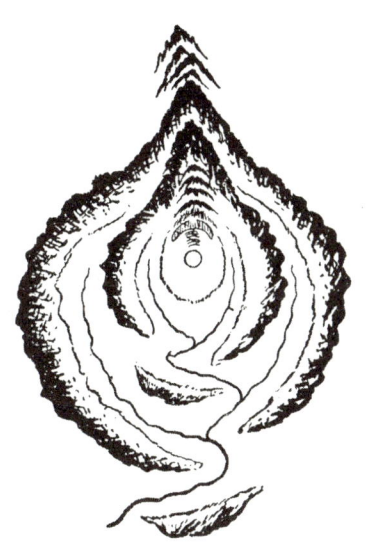

1. 음양오행설(陰陽五行說)

(1) 음양설(陰陽說)

동양철학은 음양오행(陰陽五行)에서 출발하였다. 모든 만물의 근본과 운명의 좋고 나쁨도 음양오행에 근간을 두고 설명하고 있다. 조선의 풍수책을 참고해서 자세히 설명하고자 한다.

음양설(陰陽說)은 우주의 현상을 둘로 대립시켜 밝음이 있으면 어둠이 있고, 큰 것이 있으면 작은 것이 있고, 활동이 있으면 쉼이 있고, 왕성함이 있으면 쇠퇴함이 있고, 높음이 있으면 낮음이 있고, 남자가 있으면 여자가 있고 와 같이 우주의 존재 및 그 활동은 대립적(對立的)관계에 의해 다스려진다는 것이다.

오행설(五行說)은 만물을 그 구성적 관계에 의해 관찰하고 우주의 모든 물질은 목(木), 화(火), 토(土), 금(金), 수(水)라는 5원소(五元素)가 모임과 흩어짐, 많고 적음, 있고 없음이라는 구성(構成)관계에 따라서 정해지는 것이다. 이 두 가지를 합쳐 음양오행설(陰陽五行說)이라 한다. 먼저 음양설에 대해 살펴보기로 한다.

① 태극(太極)-태극(太極)은 무극(無極)이라고도 한다. 이것은 현상에 대한 본체(本體) 즉, 음양(陰陽)이라는 대립적 활동이 아직 나타나지 않은 본연의 상태 또는 음양이 완전히 융합해서 사그라지고 자라남 없이 쉬고 있는 절대의 경지를 의미한다. 오늘날 과학적 표현으로 혼돈(渾沌), 또는 카오스(chaos), 미분화(未分化)상태라고 하면 타탕할 것이다.

② 양의(兩儀)-양의라는 것은 음양의 대립적인 것을 말하고 이제부터 우주의 활동이 개시된다는 뜻이다. 음(陰)과 양(陽)으로 나뉘어 활동을 시작함을 말한다. 여기서 음(陰)과 양(陽)으로 나누어지는데 음(陰)을 '--'로 양(陽)을 '—'로 표시한다. 음과 양의 표시를 처음에는 음은 'II'로 양은 'I'로 표시했는데 이는 여자와 남자의 성기(性器)를 상형적(象形的), 우의적(寓意的)으로 상징화한 것이라고 한다.

그런데 효(爻)를 나타낼 때 'II I'을 '-- —' 이렇게 횡으로 한 것은 음양의 조합을 이루고, 괘(卦)를 만드는 경우에 이것을 세우게 되면 음양의 다름을 확실히 나타낼 수 없기 때문이다.

음양은 본래 태극에서 갈라진 2개의 작용이고, 두 개의 기(氣)이기 때문에, 한쪽으로만 우주현상을 발현시킬 수 없다. 즉, 양은 음을 만나 비로소 활동하고, 음은 양을 얻어서 비로소 발동하는 것이다. 때문에 음기(陰氣)나 양기(陽氣)도 단독으로는 활동하지 못하고, 음양이 만나야 비로소 활동하고 생산을 하게 된다.

낮이 끝나 밤이 되고, 밤이 끝나 또한 낮이 되고, 봄이 끝나서 여름, 여름이 지나서 가을, 가을이 저물어 겨울이 되고, 겨울이 끝나 다시 봄을 맞듯이 음양이 순환한다.

③ 사상(四象)-사상은 음양 활동의 제2단계를 이루는 것으로 음양 둘이 서로 짝지어 태양(太陽), 태음(太陰), 소양(少陽), 소음(少陰)이라는 4조의 대립형식을 말한다.

양의(兩儀)의 양효 '—'에 양효 '—'를 더하면 태양(太陽) '═'이 되고, 양의의 양효 '—'에 음효 '--'를 더하면 소음(少陰) '═'이 된다. 또 양의

(兩儀)의 음효에 '--' 양효를 '—' 더하면 소양(少陽) '⚎' 이 되고, 양의의 음효 '--'에 '--' 음효를 더하면 태음(太陰) '⚏' 이 되는 것이다.

④ 팔괘(八卦)-팔괘는 사상(四象)의 각 형식에 음과 양들을 다시 조합시켜 8조의 대립형식을 이룬 것이다. 8괘는 태양 '⚌' 에 양효 '—'를 더하면 건(乾) '☰' 이 되고, 태양 '⚌' 에 음효 '--'를 더하면 태(兌) '☱' 가 되며, 소음 '⚍' 에 양효 '—'를 더하면 이(離) '☲' 가 되고, 소음 '⚍' 에 음효 '--'를 더하면 진(震) '☳' 이 된다. 또 소양 '⚎' 에 양효 '—'를 더하면 손(巽) '☴' 이 되고, 소양 '⚎' 에 음효 '--'를 더하면 감(坎) '☵' 이 되며, 태음 '⚏' 에 양효 '—'를 더하면 간(艮) '☶' 이 되고, 태음 '⚏' 에 음효 '--'를 더하면 곤(坤) '☷' 이 된다. 이 팔괘에 양효와 음효를 각각 한 번씩 더하면 16괘가 될 것인데 8괘로 멈춘 것은 가장 밑에 있는 초효(初爻)는 땅(地)을, 가운데 있는 중효(中爻)는 사람(人)을, 가장 위에 있는 상효(上爻)는 하늘(天)을 의미하는 것으로서 우주만물을 상징하는 것이니 이 이상이 있을 수가 없는 것이다. 그래서 8괘로 끝낸 것이다.

팔괘를 상징적으로 한자(漢子)로 나타내는데 이는 괘의 모양을 보고 말한 것으로, 건삼련(乾三連)은 건(乾:☰)괘의 3개의 효(爻)가 양효(陽爻)로서 모두 이어져 있음을, 태상절(兌上絶)은 태(兌:☱)괘의 상효(上爻)가 음효(陰爻)로서 떨어져 있음을, 이허중(離虛中)은 이(離:☲)괘의 중효(中爻)가 음효로서 비어 있음을, 손하절(巽下絶)은 손(巽:☴)의 하효(下爻)가 음효로서 떨어져 있음을, 간상련(艮上連)은 간(艮:☶) 의 상효가 양효로서 이어져 있음을, 감중련(坎中連)은 감(坎:☵)괘의 중효가 양효로서 이어져 있음을, 진하련(震下連)은 진(震:☳)괘의 하효가 양효로서 이어져 있음을, 곤삼절(坤三絶)

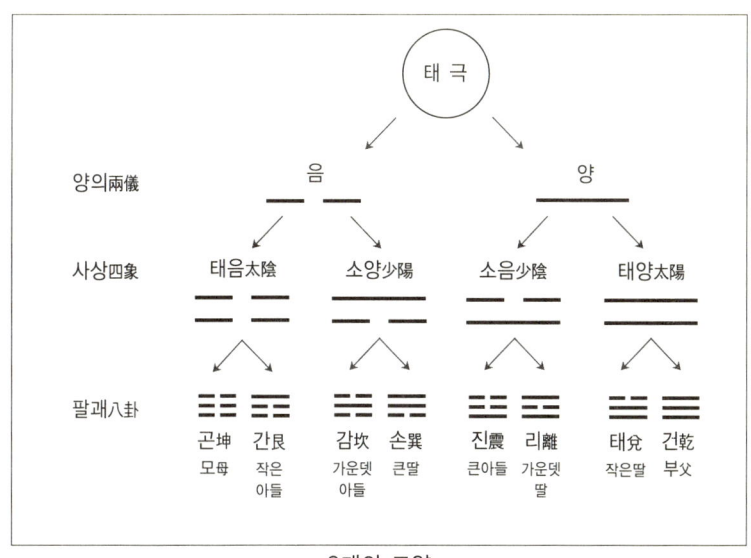

8괘의 모양

은 곤(坤:☷)괘의 3개의 효가 음효로서 모두 떨어져 있음을 말한다.

또, 달리 엄지손가락과 집게손가락, 가운뎃손가락, 약손가락을 이용하여 괘(卦)의 모양을 나타내기도 하는데, 엄지손가락에 집게손가락이나 가운뎃손가락 그리고 약손가락이 붙으면 양효로, 떨어지면 음효로 표시하는데 이 손가락들의 모양을 보고 말하기도 한다.

팔괘는 혈육관계를 나타내기도 하는데 건(乾)은 하늘을 의미한다. 그러므로 한 집안에 비하면 아버지인 것이다. 곤(坤)은 땅을 상징한다. 그러므로 어머니인 것이다. 그리고 괘(卦)에 하나만의 양효(陽爻)가 있을 때, 초효(初爻)가 양효이면 큰아들(長男), 중효(中爻)가 양효이면 가운데아들(中男), 상효(上爻)가 양효이면 막내아들(少男)로 본다.

또한 괘(卦)에 하나만의 음효(陰爻)가 있을 때, 초효(初爻)가 음효이면 큰딸(長女), 중효(中爻)가 음효이면 가운데 딸(中女), 상효(上爻)가 음효이면 막

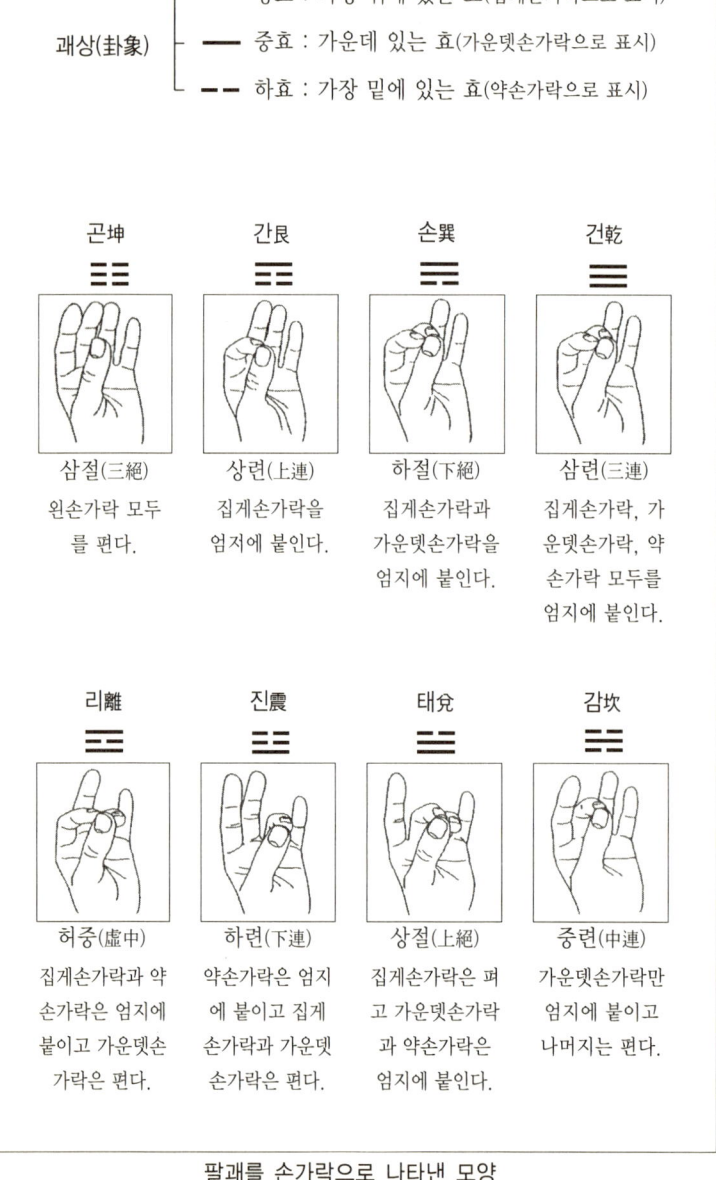

괘상(卦象)
- ▬ ▬ 상효 : 가장 위에 있는 효(집게손가락으로 표시)
- ▬▬▬ 중효 : 가운데 있는 효(가운뎃손가락으로 표시)
- ▬ ▬ 하효 : 가장 밑에 있는 효(약손가락으로 표시)

곤坤
삼절(三絶)
왼손가락 모두를 편다.

간艮
상련(上連)
집게손가락을 엄저에 붙인다.

손巽
하절(下絶)
집게손가락과 가운뎃손가락을 엄지에 붙인다.

건乾
삼련(三連)
집게손가락, 가운뎃손가락, 약손가락 모두를 엄지에 붙인다.

리離
허중(虛中)
집게손가락과 약손가락은 엄지에 붙이고 가운뎃손가락은 편다.

진震
하련(下連)
약손가락은 엄지에 붙이고 집게손가락과 가운뎃손가락은 편다.

태兌
상절(上絶)
집게손가락은 펴고 가운뎃손가락과 약손가락은 엄지에 붙인다.

감坎
중련(中連)
가운뎃손가락만 엄지에 붙이고 나머지는 편다.

팔괘를 손가락으로 나타낸 모양

내딸(少女)로 본다. 진괘(震卦)는 맨 아래 효(爻)가 양효(陽爻)이다. 그러므로 큰아들(長男)을 상징하고, 손괘(巽卦)는 맨 아래 효가 음효이므로 큰딸(長女)을 상징한다. 감괘(坎卦)는 두 번째 효가 양효이므로 가운데아들(中男)을, 이괘(離卦)는 두 번째 효가 음효이므로 가운데 딸(中女)을 상징한다. 간괘(艮卦)는 세 번째 효가 양효이므로 막내아들(少男)을, 태괘(兌卦)는 세 번째 효가 음효이므로 막내딸(少女)을 상징한다.

혈육관계를 나타내는 방위를 잘 알고 있으면 널리 활용할 수 있다. 우선 아버지를 상징하는 서북쪽으로 건물이 들어가 있으면 아버지가 권위를 잃게 되고 아버지에게 해(害)가 돌아온다. 그리고 아버지의 방은 서북쪽에 있는 것이 좋다.

동쪽에 붓끝 모양의 필봉(筆峰)이 솟아 있으면 큰아들이 고등고시에 합격하거나 대학자가 된다. 남쪽에 노적 모양의 산봉우리가 솟아 있으면 가운데 딸(中女)이 부자가 된다. 북동쪽에 좋은 산봉우리가 있으면 셋째 아들이 부자가 되고 높은 자리를 얻게 된다는 것 등이다.

팔괘가 의미하는 것							
괘형	괘 이름	자연	인간(血肉關係)	성질	방향	신체	동물
☰	건(乾)	하늘(天)	아버지(父)	강건(健)	북서	머리	말
☱	태(兌)	못(澤)	막내딸(少女)	즐거움(悅)	서	입	양
☲	이(離)	불(火)	가운데 딸(中女)	붙듬(麗)	남	눈	꿩
☳	진(震)	우뢰(雷)	큰아들(長男)	움직임(動)	동	발	용
☴	손(巽)	바람(風)	큰딸(長女)	들어감(入)	남동	다리	닭
☵	감(坎)	물(水)	가운데아들(中男)	빠짐(陷)	북	귀	돼지
☶	간(艮)	산(山)	막내아들(少男)	정지(止)	북동	손	개
☷	곤(坤)	땅(地)	어머니(母)	유순(順)	남서	배	소

음양설은 우리 문화 속에 깊이 박혀있다. 우선 자리를 정할 때도 남좌여우(男左女右)라 하여 남자는 왼쪽에, 여자는 오른 쪽에 앉는데, 왼쪽 즉, 동쪽에서 해가 뜨기 때문에 왼쪽을 양으로, 오른쪽 즉, 서쪽으로 해가 지기 때문에 오른쪽을 음으로 생각하기 때문이다.

예전에는 해가 질 무렵에 결혼식을 거행했기 때문에 혼례(昏禮)라 불렀는데 요즘은 아무 시간에나 결혼식을 올리기 때문에 혼례(婚禮)로 되어 버렸는데, 해질 무렵은 낮의 양이 지나고 밤의 음이 찾아와 음과 양이 만나는 시점이라는 것이다. 남녀가 결혼하는 것은 음과 양이 결합하는 것이기 때문이다.

한성(漢城 : 지금의 서울) 성곽(城郭)의 8대문(八大門)을 보면, 남쪽에 남대문(崇禮門), 북쪽에 북대문(弘智門), 동쪽에 동대문(興仁之門), 서쪽에 서대문(敦義門), 북서쪽에 창의문(彰義門), 남서쪽에 소덕문(昭德門), 북동쪽에 홍화문(弘化門), 남동쪽에 광희문(光熙門)을 세웠는데 이는 8괘를 상징한다. 이 외에도 한의학에서 사상체질(四象體質) 등 우리 문화 속에는 음양 사상이 너무 많이 깃들어 있다.

(2) 오행설(五行說)

① 오행(五行)의 의미-오행은 중국에서 발생 발달한 것으로 그 근거는 서경(書經)의 홍범구주(洪範九疇) 즉, 인간이 지켜야 할 9가지에 오행이 포함되어 있다. 오행이란 목(木 : 나무), 화(火 : 불), 토(土 : 흙), 금(金 : 쇠), 수(水 : 물)를 널리 활용함을 말한다. 처음에는 인간 생활에 없어서는 안 되는 생활용품의 의미로 활용 되었으나 나중에 만물을 이루는 5가지 원소(元素)를 말하게 되었다. 다시 말해 처음에는 나무, 불, 흙, 쇠, 물은 인간 생활

에 있어서 널리 사용되는 물질로 생각했으나 나중에 이들이 각각 특별한 기(氣)를 가지고 있어서 이들의 상호 작용에 의해서 인간에게 좋은 영향을 주기도 하고 나쁜 영향을 주기도 한다는 것이다. 오행은 독단적으로 설명을 하기도 보다는 음양과 결부하여 자연현상을 설명하고 있다.

오행을 목(木), 화(火), 토(土), 금(金), 수(水)로 하는 것은 중국의 전국시대의 제나라 사람 추연(鄒衍)이 인도의 5대 사상(地, 水, 火, 風, 空)의 영향을 받아서 오행을 우주를 구성하는 5원소로 하고, 특히 토(土)는 다른 4원소를 포함하는 것으로 중앙에 자리 잡게 되었다고 한다.

오행의 목(木), 화(火), 토(土), 금(金), 수(水)라고 해서 각기 고유의 기(氣)만을 갖고 있는 것이 아니라 5가지의 기를 모두 갖고 있지만 어느 하나의 기가 우세하고 나머지 4가지 기(氣)는 열세하다는 것이다. 이 세상에 존재하는 만물이 하나의 원소만으로 이루어진 것은 없다. 예를 들어 오행의 목(木)은 목, 화, 토, 금, 수의 5기(氣)를 갖고 있지만 목기가 우세하게 작용하고 나머지 화, 토, 금, 수의 4가지 기(氣)는 열세하게 작용하는 것이다.

옛날부터 이 오행은 5색, 5방, 5계로 나누어져 있었으니 다음과 같다.

五行(오행) :　木(목),　火(화),　金(금),　水(수),　土(토)
五色(오색) :　靑(청),　赤(적),　白(백),　黑(흑),　黃(황)
五方(오방) :　東(동),　南(남),　西(서),　北(북),　中央(중앙)
五季(오계) :　春(춘),　夏(하),　秋(추),　冬(동),　四季(사계)

오행의 색도 역시, 나뭇잎이 푸르기 때문에 나무(木)를 청(靑 : 푸른색)이라 하고, 불꽃이 붉기 때문에 불(火)을 적(赤 : 붉은색)이라 하며, 금속의 광택이 백색을 반사하기 때문에 금(金)을 백(白 : 흰색)으로, 물이 깊으면 검게 보이기 때문에 수(水)를 흑(黑 : 검정색)으로, 흙색이 대개 황색이므로 토(土)를 황(黃 : 노랑색)으로 했다. 즉, 일상생활에서 색깔을 배정한 것임에 틀림없다.

또 나무를 봄으로 한 것은 봄이 되면 식물의 새싹이 돋아나기 때문이고, 불을 여름으로 한 것은 여름이 덥기 때문이고, 금을 가을로 한 것은 찬 가을의 누런 잎이 금속의 색깔과 촉각이 같기 때문이고, 물이 겨울인 것은 물의 차가움과 겨울의 차가움이 비슷하기 때문이다. 그리하여 토(土)의 4계(四季 : 4계절)는 토가 중앙을 차지해서 4방을 통합하기 때문이며, 토가 봄, 여름, 가을, 겨울을 종합한 것 즉, 4계(季 : 계절)를 관장하는 것이기 때문일 것이다.

다음으로 오행을 5방위로 나눈 것은 동쪽의 바람이 다다를 때 모든 나무가 싹을 내므로 동을 목(木)으로 하고, 남쪽의 따뜻함은 양(陽)이므로 화(火), 서쪽은 해가 지는 곳이기 때문에 음(陰), 또 금성(金聲 : 쇠 소리)이 음으로서, 서쪽을 금으로 하고, 북쪽은 춥기 때문에 눈이나 얼음으로 대표되고 눈과 얼음은 물이므로 북쪽은 수(水)이다. 토를 중앙으로 하는 것은 토가 중앙에 있어 수, 화, 목, 금 4가지를 통합하는 것이라는 이론적 관념은 인도의 5대사상의 영향을 받았을지 모르지만 사실 중국에도 토를 중앙으로 하는 관념이 있었다.

중국에서는 예로부터 땅을 만물의 생산 모체로 중요시 했다. 일찍부터 농사를 근본으로 해서 생활했던 중국인 사이에서는 생활의 근본이고 생활의 자재를 생산하는 토지는 극히 존중되었다. 그래서 하늘을 아버지로, 땅을 어머니로 여겼는데 이런 의미에서 토를 중앙에 배치했으리라 생각된다.

중국은 농업을 중요시 했는데 농업은 땅을 이용해서 이루어졌고, 중국 땅의 대부분이 황토로 이루어졌기 때문에 중앙에 황토의 색깔인 황색을 배치했으리라 보는 것이 타당할 것이다.

우리 문화 속에는 오행사상(五行思想)이 깊숙이 자리 잡고 있는데, 각 문중(門中)의 항렬을 표시하는 항렬자(行列字), 작명(作名), 무속(巫俗)의 오방신(五方神)의 청제, 적제, 황제, 백제, 흑제(青帝, 赤帝, 黃帝, 白帝, 黑帝)와 오방색(五方色)의 청색, 적색, 황색, 백색, 흑색(青色, 赤色, 黃色, 白色, 黑色), 궁궐에 목(木)을 상징하는 동쪽에 동대문(흥인지문 : 興仁之門), 화(火)를 상징하는 남쪽에 남대문(숭례문 : 崇禮門), 금(金)을 상징하는 서쪽에 서대문(돈의문 : 敦義門), 수(水)를 상징하는 북쪽에 북대문(홍지문 : 弘智門), 중앙에 종각(종각 : 鐘閣)인 보신각(보신각 : 普信閣)을 세웠는데 이는 오상(五常)인, 인(仁), 의(義), 예(禮), 지(智), 신(信)을 상징하기도 한다. 사주(四柱)보는데 등 역술(易術)에도 널리 쓰일 뿐만 아니라 건축 양식에도 적용되고 있다.

오행의 상호관계는 상생(相生)과 상극(相剋)의 두 원리가 있는데 이를 하나씩 검토해 보고자 한다.

② 오행의 상생(相生 : 좋은 관계)-중국 후한(後漢) 초기의 역사가, 문학가인 반고(斑固)는 오행의 상생을 다음과 같이 말한다. '목생화, 화생토, 토생금, 금생수, 수생목(木生火, 火生土, 土生金, 金生水, 水生木) 나무는 불을 생해 주고, 불은 흙을 생해 주고, 흙은 쇠를 생해 주고, 쇠는 물을 생해 주고, 물은 나무를 생해 준다' 즉 일상경험에서 나무를 태우면 불이 나고, 그 타다 남은 재는 모여서 흙이 된다. 금속이 흙에서 나오는 것은 물론, 금속은 자주 공기 중의 물기를 차게 응결시켜 물방울을 만들게 하고, 식물은

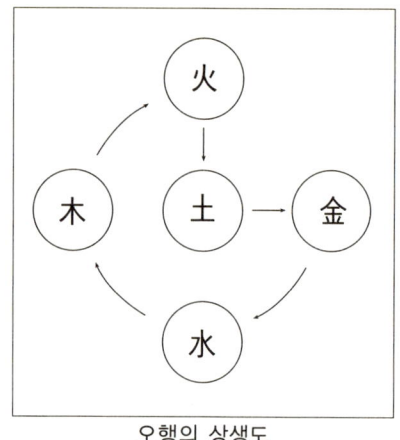
오행의 상생도

물을 주지 않으면 말라 죽으며 물을 얻어 번성한다.

　우주만물의 순환과정을 보면 봄에 싹이 돋아 자라고(生), 여름에 잎이 무성해지고(長), 이제 생장을 멈추고 가을의 찬바람 속에 열매를 맺는다(收). 겨울이 되어 씨앗은 땅속에 떨어져 묻히며 생명력을 간직했다가(藏) 봄이 되어 다시 뛰쳐나오는데 이 과정은 우주의 질서인 것이다. 봄에서 여름, 여름에서 가을, 가을에서 겨울, 겨울에서 봄으로 순환하는 것은 자연의 법칙이다.

　계절별로 오행을 봄에는 목(木), 여름에는 화(火), 가을에는 금(金)을, 겨울에는 수(水)를, 중앙에는 토(土)를 배치했는데, 자연 법칙은 봄→여름→가을→겨울→봄으로 순환하므로, 오행도 목(木 : 봄)→화(火 : 여름)→토(土 : 중앙)→금(金 : 가을)→수(水 : 겨울)→목(木 : 봄)순서로 자연 법칙에 따라 순환하면 상생(相生)이 되는 것이다. 그런데 계절별로 순환한다면 목→화→금→수→목의 순서가 되어야 할 텐데 화(火)와 금(金) 사이에 왜 토(土)가 끼었느냐 하는 것이다. 봄에서 여름까지는 생장을 하다가 가을이 되면 생장을 멈추고 결실을 하게 되는데 이는 엄청난 변화로서 그 사이에 작은 변화를 끼워 넣었는데 이것이 토(土)인 것이다. 그래 여름이 토의 변화를 거쳐 가을로 변화하는 것이다. 토를 전환점으로 보는 것이다. 그래서 자연의 질서대로 돌아가면 상생이 되는 것이다.

풍수지리(風水地理)와 역학(易學)에 있어서 음(陰)과 양(陽)의 배합(配合)이 잘되고 오행(五行)이 상생(相生)이 되어야 좋다고 보고, 음과 양의 배합(配合)이 맞지 않고 오행(五行)이 상극(相剋)이 되면 나쁘다고 하는 것이다. 같은 상생(相生)이라도 음택(墓地) 풍수에서는 내가 다른 것을 생(生)해 주면 설기(洩氣)해서 나쁘게 보고, 상극(相剋)이라도 내가 상대를 극(剋)하면 좋다고 보는 견해(見解)도 있다.

③ 오행의 상극(相剋 : 나쁜 관계)-반고(班固)는 오행의 상극(相剋)에 대하여 '수극화(水剋火), 화극금(火剋金), 금극목(金剋木), 목극토(木剋土), 토극수(土剋水)라고 말하고 있다. 물이 불을 극하고, 불이 금을 극하고, 금이 목을 극하고, 목이 토를 극하고, 토가 수를 극한다.' 즉, 물로써 불을 끄고, 불로써 금속을 녹이고, 금속으로써 나무를 자르고, 나무로써 흙을 판다.

목극토(木剋土), 화극금(火剋金), 토극수(土剋水), 금극목(金剋木), 수극화(水剋火)의 상극관계를 보면, 오행의 상생의 순환과정의 목→화→토→금→수→목의 순서를 무시하고 한 과정을 넘어서 서로 짝을 이루고 있다. 다시 말해 자연의 순환 질서를 무시하면 상극이 되는 것이다. 다시 설명하면, 목이 화를 뛰어 넘어 토와 관계를 이루면 상극이 되고, 화가 토를 뛰어넘어 금과, 토가 금을 뛰어넘어 수와, 금이 수를 뛰어넘어 목과, 수가 목을 뛰어넘어 화와 관계를 갖게 되면 상극이 되는 것이다.

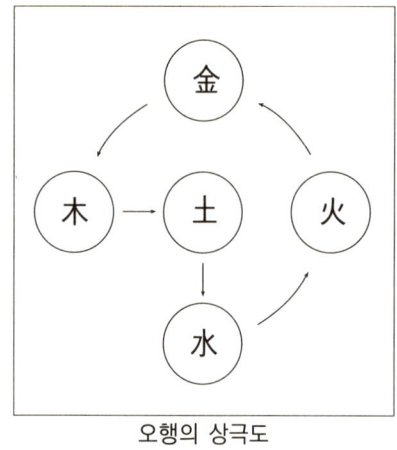

오행의 상극도

상극이 되면 흉하다고 보는 것이다. 그러나 음택 풍수에서 내가 상대를
극하는 것은 좋다고 본다.

④ 오행의 오친(五親)

오친(五親)은 오행의 상생과 상극관계를 다른 말로 표현한 것들이다. 오
친(五親)은 내가 타고난 오행을 기준으로 해서 다른 오행을 가족이나 사회
구성원으로 정해놓고 그 각각의 관계들이 좋은지 나쁜지를 가늠해볼 수
있게 만들어 놓은 방법이다.

○본인-타고난 오행

자신이 태어난 해가 되든지 태어난 달이 되든지 자기를 본위로 한 오행
이다. 오행은 태어난 해나 달, 날, 시간을 나타내는 천간(天干)이나 지지(地
支)가 가리키는 오행이다. 간지(干支)로 해당되는 납음오행(納音五行)으로
정 할 수도 있다. 무엇을 기준 하느냐에 따라 다르다.

○나와 같은 오행-형제 · 자매

내가 타고난 오행과 같은 오행은 음양의 구분 없이 형제와 자매가 되며, 사회에서는 동업자나 친구가 된다.

○나를 생해주는 오행-부모

내가 타고난 오행을 생해주는(生 : 도와주는 것)오행은 부모가 된다. 이를 아버지와 어머니로 구분하면, 오행 중에서 같은 음양의 오행은 어머니가 되고, 다른 음양의 오행은 아버지가 된다.

○내가 생해주는 오행-자식

내가 타고난 오행이 다른 오행을 생해주면 자식이 된다. 오행의 음양이 서로 같으면 딸이고 다르면 아들이다.

○내가 극하는 오행-처(妻), 재(財)

내가 타고난 오행이 다른 오행을 극(헨 : 상대를 무찌른다)하면 처나 재물이다. 오행 중에서 같은 음양의 오행은 재물이나 첩(妾)이 되고 다른 음양의 오행은 재물이나 정처(正妻 : 아내)가 된다.

○나를 극하는 오행-남편, 관(官)

내가 타고난 오행을 극하는 오행을 음양에 관계없이 남자에게는 관(官)이라 하고, 여자의 경우에는 관(官) 또는 남편이나 남자에 해당한다. 내가

오행의 오친			
상생과 상극	타와 상생 상극 관계	오친	나를 목(木)으로 했을 경우
비(比)	비화자(比和者)	형제, 자매(兄弟,姉妹)	木과 木
생(生)	아생타(我生他)	자식(子息)	木과 火
극(剋)	아극타(我剋他)	처, 재물(妻,財物)	木과 土
극(剋)	타극아(他剋我)	관(官)	木과 金
생(生)	타생아(他生我)	부모(父母)	木과 水

오행의 성질

분류＼오행	木	火	土	金	水
방위	동쪽	남쪽	중앙	서쪽	북쪽
계절	봄	여름	사계(四季)	가을	겨울
조화	생성(生)	성장(長)	조화(化)	수렴(收)	잠복(藏)
천간(天干)	갑,을(甲, 乙)	병,정(丙, 丁)	무,기(戊, 己)	경신(庚, 辛)	임계(壬, 癸)
지지(地支)	인,묘(寅, 卯)	사,오(巳, 午)	진,술,축,미 (辰,戌,丑,未)	신,유(申, 酉)	해,자(亥, 子)
수(數)	3 ,8	2, 7	5, 10	4 ,9	1 ,6
오악(五岳)	태산(泰山)	형산(衡山)	숭산(嵩山)	화산(華山)	항산(恒山)
오기후(五氣候)	바람 부는 것	더운 것	습한 것	건조한 것	추운 것
오곡(五穀)	보리	수수	조	벼	콩
오장(五臟)	간, 쓸개	심장, 소장	비장, 위	폐, 대장	신장, 방광
오각(五覺)	보는 것(視)	맛보는 것(味)	말하는 것(言)	냄새맡는것(嗅)	듣는 것(聽)
오상(五常)	인(仁)	예(禮)	신(信)	의(義)	지(智)
오복(五福)	장수하는것 (壽)	건강하고 편 안한 것(康寧)	깨끗이 죽는것 (考終命)	부귀를 누리 는 것(富)	덕있는 사람 을 가까이 두 는것(攸好德)
오색(五色)	청색	적색	황색	백색	흑색
오음(五音)	각(角)	치(徵)	궁(宮)	상(商)	우(羽)
오미(五味)	신맛(酸)	쓴맛(苦)	단맛(甘)	매운 맛(辛)	짠맛(鹹)
인체	피부와 털 (皮毛)	근육과 손발 톱(爪筋)	살(肉)	뼈(骨)	피(血液)
얼굴	눈	혀	입	코	귀
발음	ㄱ,ㅋ	ㄴ,ㄷ,ㄹ,ㅌ	ㅇ,ㅎ	ㅅ,ㅈ,ㅊ	ㅁ,ㅂ,ㅍ
오지(五志)	노여움	기쁨	생각함	슬픔	놀람
도형(圖形)	직사각형	역삼각형	원	정사각형	정삼각형
여기서 오악은 중국의 오악이다.					

타고난 오행의 기운이 강하면 나를 극하는 오행을 충분히 견딜 수 있으므로 실제로는 남녀 모두 관운이 좋아 사회생활을 잘 하게 되고, 팔자가 좋으면 고관대작의 자리까지도 올라갈 수 있게 된다.

우주만물의 현상을 설명하는데 있어 음양설과 오행설을 분리해서 생각할 수가 없다. 음양설에서는 태극에서 분리된 음양이 발전하여 만물을 이룬다고 한다. 이는 오행의 기가 활동해서 만물을 이룬다고 하는 오행설과 공통되고 있다. 때문에 음양설과 오행설은 서로 일치되는 성질이 있다. 다만 음양설은 자연현상에서 남녀, 우열(優劣), 강약, 생사와 같이 재대립적(再對立的)현상의 존재를 생각해 낸 것이며, 오행설은 인생에 필요한 5재(五材)와 같은 재료적 관념에서 출발했다. 재료가 되어야 할 오행이 우열, 강약이라는 상대적 관계 즉, 음양의 발전 법칙에 따라서 만물이 생긴다는 식으로 음양설과 오행설이 조화되었다. 이렇게 둘이 조화되어야 비로소 음양설과 오행설 모두 발전 전체를 완성할 수가 있다.

현대의 물리학적으로 관찰해 보면 원자의 핵은 양자와 전자로 되어 있는데 이들은 일정한 양으로 항상 균형을 이루고 있다. 이런 상태를 태극으로 보고, 전자를 얻거나 전자를 잃으면 음전기를 띠거나 양전기를 띤다. 이를 음양의 분화라고 보면 된다.

전자가 양자보다 많으면 음전기를, 전자가 양자보다 적으면 양전기를 띤다. 물질은 양자와 전자 간에 힘의 균형을 취하기 위해서 전자를 얻거나 잃는다. 두 물질 간에 전자의 양에 차이가 생기면 많은 쪽에서 적은 쪽으로 전자가 이동하는데 이것이 전류이다. 그런데 음전기를 띤 물질이든 양전기를 띤 물질이든 모두 원소로 이루어졌고 이들 원소들이 모여서 물질을 만든다고 볼 때 어떤 물질의 구성에 있어서 음과 양 그리고 구성 원소를 분리해서 해석할 수가 없다.

지금은 103개의 원소가 발견되어서 물질이 이런 원소로 이루어졌다고 말하지만, 옛날에는 지구상의 만물이 5가지의 성질을 가진 것들로 이루어졌다고 생각했다.

2. 24 방위

24방위를 정하는 데는 여러 설이 있으나 조선의 풍수에서 설명한 것이 가장 타당하다.

음택풍수에 있어서는 주로 24방위가 사용되지만 양택 풍수에서는 8방위가 주로 쓰이고 24방위는 별로 사용되지 않는다. 24방위에는 음양오행의 관점에서 배치되어 있어서 방위가 풍수에서 아주 중요하다. 24방위는 8괘(八卦)의 8개 및 천간(天干)의 10개, 지지(地支)의 12개를 배치시킨 것으로, 8괘는 정북쪽에 감, 정남쪽에 이, 정동쪽에 진, 정서쪽에 태를, 정북동쪽에 간, 정남서쪽에 곤, 정남동쪽에 손, 정북서쪽에 건을 배치했다. 천간의 10개 갑(甲), 을(乙), 병(丙), 정(丁), 무(戊), 기(己), 경(庚), 신(辛), 임(壬), 계(癸)는 갑과 을을 동쪽에, 병과 정을 남쪽에, 무와 기를 중앙에, 경과 신을 서쪽에, 임과 계를 북쪽으로 배열하고, 다음에 12지(支)의 자(子), 축(丑), 인(寅), 묘(卯), 진(辰), 사(巳), 오(午), 미(未), 신(申), 유(酉), 술(戌), 해(亥)는 자(子)를 정북쪽(正北)에 두고 순서대로 왼쪽으로 30°의 거리를 유지하면서 계, 간(癸, 艮) 사이에 축(丑)을, 간, 갑 (艮, 甲)사이에 인(寅)을, 갑, 을 (甲, 乙) 사이에 묘(卯 : 正東)를, 을, 손(乙, 巽) 사이에 진(辰)을, 손, 병(巽, 丙)

사이에 사(巳)를, 병, 정(丙, 丁)사이에 오(午: 正南)를, 정, 곤(丁, 坤) 사이에
미(未)를, 곤, 경(坤, 庚) 사이에 신(申)을, 경, 신 (庚, 辛)사이에 유(酉: 正西)
를, 신, 건(辛, 乾) 사이에 술(戌)을, 건, 임(乾, 壬) 사이에 해(亥)를 배열한 것
이다. 때문에 24방위는 8괘의 8방위, 10간의 10방위, 12지의 12방위를
조합한 것이지만 천간 중 무, 기(戊, 己)를 중앙에 배치했으므로 실제로 방
위에 배치된 것은 8개뿐이다.

　팔괘 중 감은 12지(地支)의 자와, 이는 오와, 묘는 진과, 태는 유와 겹친
다. 그래서 팔괘 중 이 4개는 쓰지 않고 자, 오, 묘, 유의 지지만 쓴다. 결
국 8괘 중의 간, 손, 곤, 건 4개와 천간 10 중의 갑, 을, 병, 정, 경, 신, 임,
계 8개와 12지지의 자, 축, 인, 묘, 진, 사, 오, 미, 신, 유, 술, 해의 12개
모두 24개를 24방위에 배치했다.

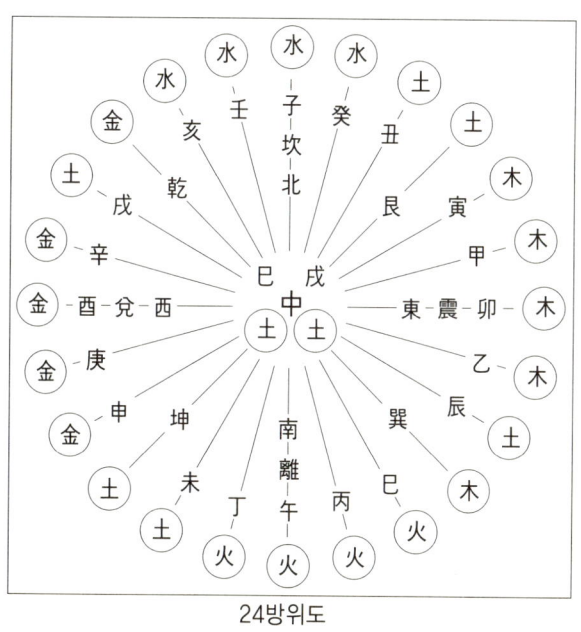

24방위도

양택풍수에서는 주로 팔괘가 나타내는 8방위를 사용하는데 팔괘의 1 개는 24방위의 3개씩의 방위를 포함한다.

감(坎)-임, 자, 계(壬 子 癸)　　간(艮)-축, 간, 인(丑 艮 寅)

진(震)-갑, 묘, 을(甲 卯 乙)　　손(巽)-진, 손, 사(辰 巽 巳)

이(離)-병, 오, 정(丙 午 丁)　　곤(坤)-미, 곤, 신(未 坤 申)

태(兌)-경, 유, 신(庚 酉 辛)　　건(乾)-술, 건, 해(戌 乾 亥)

3. 구성(九星)과 본명괘(本命卦)

(1) 구성(九星)

고대 중국에서는 별에 대한 신앙이 성행하였다. 별은 부족(部族)의 수호 신(守護神)이 되기도 하고, 왕자(王子)의 조상신(祖上神), 또는 유명한 인물의 신령(神靈)으로 숭배되어 왔다. 춘추시대(春秋時代)의 여러 나라에서는 각 그 분야의 별을 가지고 있었다. 그리고 별에 대한 제사는 천하의 통치자 인 천자(天子;중국의 황제)만이 거행할 수 있었다. 별에 대한 신앙은 민간신 앙 속에 깊이 뿌리를 내렸다.

천체(天體)의 중심인 북극성(北極星)의 4방(四方)으로 서쪽에 4개, 동쪽에 5개, 남쪽에 6개, 북쪽에 7개의 별들이 위치하면서 천체의 질서와 법칙을 주관하게 되는데, 이 4방위의 주체(主體)는 북두칠성이다. 옛날 왕들의 무 덤을 보면 이러한 별들이 그려져 있는 것을 볼 수 있다. 이 별자리 그림은 자신이 태어나고 죽을 때 어디서 오고 어디로 가는지를 나타낸다. 앞에서 말한 네 개의 별자리가 우주를 주관하듯이 자신이 왕으로서 4방위를 다스렸다는 것과 죽은 후에도 그러하기를 바라는 뜻이 강하다고 보는 것이 좋을 듯하다.

예로부터 북두칠성은 인간과 아주 밀접한 관련이 있다고 믿어져 왔는데, 북두칠성이 인간의 운명을 주관한다고 믿었다. 모든 생명체는 지구상에 태어날 때 북두칠성 중 한 별을 통해 나온다고 보는 것이다.

그래서 옛날 선조들은 하늘에 소원을 빌 때 정화수(井華水)를 떠놓고 자신에게 영향을 미치는 칠성님께 빌었던 것이다. 우리나라의 경우는 1년에 6번 정도 북두칠성과 가까워지는 날이 있는데, 이날을 본명일(本命日)이라고 한다. 이날에는 칠성님이 세상을 살피러 내려오는데, 이날에 지극한 정성으로 빌면 쉽게 소원이 이루어진다고 한다.

구성(九星)이라는 말은 북두칠성(北斗七星)에서 나온 말이다. 북두칠성은 7개의 별이다.

그런데 낙서(洛書)의 9개 방위에 맞춰 9개의 별을 만들다보니 북두칠성 7개의 별에 이름을 붙이고, 북두성 자루 부분의 무곡(武曲)의 양 옆으로 도와주는 별 하나씩 더하여 9개의 별을 만들었는데 이를 9성(九星)이라고 한다.

9개의 별에 이름을 붙였는데 국자 입구 쪽에서부터 탐랑(貪狼), 거문(巨門), 녹존(祿存), 문곡(文曲), 염정(廉貞), 무곡(武曲), 파군(破軍), 좌보(左補), 우필(右弼)이다.

양택 풍수에서는 9성의 이름을 달리 부르는데, 그 이름은 일백(一白), 이흑(二黑), 삼벽(三碧), 사록(四綠), 오황(五黃), 육백(六白), 칠적(七赤), 팔백(八白), 구자(九紫)이다. 이것을 5행과 10간(干), 12지(支)에 배당해서 별마다 주인이 되는 해가 있게 하였다. 예를 들면 삼벽(三碧)에 태어난 사람은 삼벽의 지배 하에서 일정한 성질과 운세(運勢)를 타고나게 되니, 그 해를 보아서 그 사람의 운세와 방위의 길흉(吉凶)을 점친다. 구성을 8괘에 배당해서 그 본궁(本宮)을 정했다. 예를 들면, 일백(一白)은 수성(水星)이 되어 북쪽(北方)을 본궁으로 하고, 이흑(二黑)은 토성(土星)이 되어 남서쪽(南西方)을 본궁으로 하고, 삼벽(三碧)은 목성(木星)이 되어 동쪽(東方)을 본궁으로 한다. 사록(四綠)은 목성(木星)이 되어 남동쪽(南東方)을, 오황(五黃)은 토성(土星)이 되어 중앙(中央)을, 육백(六白)은 금성(金星)이 되어 북서쪽(北西方)을, 칠적(七赤)은 금성(金星)이 되어 서쪽(西方)을, 팔백(八白)은 토성(土星)이 되어 북동쪽(北東方)을, 구자(九紫)는 화성(火星)이 되어 남쪽(南方)을 본궁으로 한다.

운세(運勢)는 구성의 본궁을 기점으로 해서 순환한다. 낙수(洛水)에서 발견되었다는 신귀(神龜 : 신령스런 거북이)의 등에 그려진 점들을 보면, 북쪽에는 1개, 남서쪽에는 2개, 동쪽에는 3개, 남동쪽에는 4개, 중앙에는 5개, 북서쪽에는 6개, 서쪽에는 7개, 북동쪽에는 8개, 남쪽에는 9개가 있다. 그래서 9성도 북쪽(坎)에는 일백(一白)을, 남서쪽(坤)에 이흑(二黑), 동쪽(震)에 삼벽(三碧), 남동쪽(巽)에 사록(四綠), 중앙에 오황(五黃), 북서쪽(乾)에 육백(六白), 서쪽(兌)에 칠적(七赤), 북동쪽(艮)에 팔백(八白), 남쪽(離)에 구자(九紫)를 배치했다.

운세(運勢)가 일백(坎)→이흑(坤)→삼벽(震)→사록(巽)→오황(中央)→육백(乾)→칠적(兌)→팔백(艮)→구자(離)→다시 일백(坎) 순으로 순환하는 것을 양순(陽循) 또는 순행(順行)이라 하고, 거꾸로 구자(離)→팔백(艮)→칠적(兌)→육백(乾)→오황(中央)→사록(巽)→삼벽(震)→이흑(坤)→일백(坎)→다시 구자(離) 순으로 순환하는 것을 음순(陰循) 또는 역행(逆行)이라고 한다.

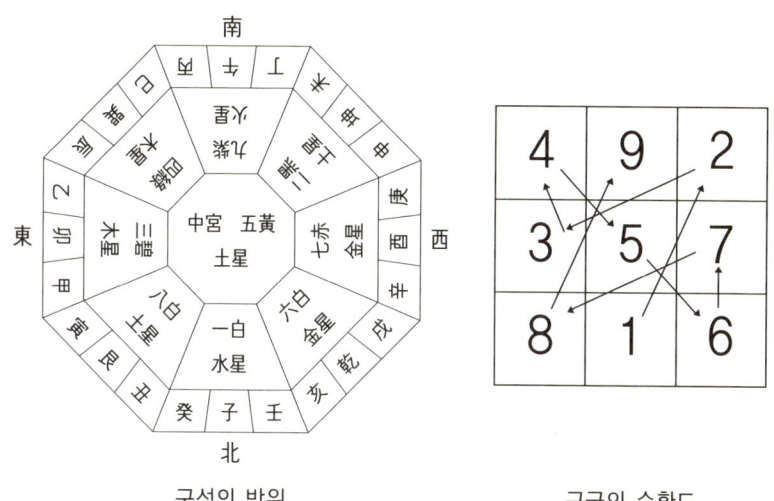

구성의 방위   구궁의 순환도

구성 (9星)	일백 (1白)	이흑 (2黑)	삼벽 (3碧)	사록 (4綠)	오황 (5黃)	육백 (6白)	칠적 (7赤)	팔백 (8白)	구자 (9紫)
오행 (五行)	水	土	木	木	土	金	金	土	火
방위 (方位)	북	남서	동	남동	중앙	북서	서	북동	남

구성의 오행과 방위

(2) 삼원육갑(三元六甲)

10간(十干 : 甲,乙,丙,丁,戊,己,庚,辛,壬,癸)과 12지(十二支 : 子,丑,寅,卯,辰,巳,午,未,申,酉,戌,亥)가 순차적으로 결합하여 잡자(甲子)부터 계해(癸亥)까지 60개의 간지(干支)가 결합하는데 이를 육십갑자(六十甲子) 또는 육갑(六甲)이라하고 이것을 해를 나타내는데 널리 사용되고 있다. 육갑은 60년이 되면제자리로 돌아온다. 예를 들어 임오(壬午)는 60년 마다 돌아온다. 그래서태어난 해가 60년이 되면 원래의 육갑으로 돌아오므로 회갑(回甲)이라고

한다.

삼원육갑(三元六甲)이란 처음의 60년을 상원(上元), 다음의 60년을 중원(中元), 그 다음의 60년을 하원(下元)이라고 하는데, 이 상원(上元), 중원(中元), 하원(下元)을 삼원(三元)이라 한다. 그래서 삼원육갑(三元六甲)의 1주기가 180년이 되는 것이다. 왜 삼원육갑(三元六甲)이 중요하느냐 하면 구성(九星)이 20회전을 히면 180이 되어서 산원육갑의 180과 일치하다. 구성에 육갑을 배치하면 구성이 원래의 자리로 돌아오면서 육갑도 원래 자리로 돌아와 둘이 일치되기 때문이다.

예를 들어 1865년은 구성으로는 구자(九紫)에 해당되고, 육갑(六甲)으로는 을축(乙丑)에 해당되는데, 180년 후인 2045년이 되면, 구성의 구자(九紫)와 육갑(六甲)의 을축(乙丑)에 다시 해당된다. 육갑은 3번, 구성은 20번 순회하면 180년이 되면서 구성과 육갑이 원래와 일치하게 된다.

역술(易術)에서는 이를 일, 월, 년에 배치하여 광범위 하게 활용되고 있다. 삼원(三元)의 180년을 1주기(週期)라고 하는데 1864년~2043년(上元 1864~1923, 中元1924~1983, 下元1984~2043)까지의 180년이 26주기에 해당된다. 2044년부터는 27주기가 되는 것이다. 그러면 언제부터 시작해서 2043년이 되면 26주기가 끝나게 되는 것인가.

중국의 사마천(司馬遷)의 사기(史記)에 의하면 황제(黃帝)는 이름을 헌원(軒轅)이라고 하며, 당시의 천자(天子) 신농씨(神農氏)를 대신하여 염제(炎帝), 치우(蚩尤) 등과 싸워 이겨 천자가 되었다고 한다. 중국에서는 황제가 처음으로 나라를 세웠다고 한다. 황제가 나라를 세운 해를 기원(紀元)으로 해서 2043년이 26주기가 된다. 그러니까 황제 기원은 BC2637년이 된다.

(3) 본명괘(本命卦)

운세(運勢) 전반에 대하여 영향을 주어 사업과 공부, 결혼, 인간관계 등에 따른 길흉(吉凶)을 판단하고 이사 방위와 모든 일을 하는데 좋은 날과 나쁜 날을 가릴 수 있는 것이 구성(九星)이다. 자기가 태어난 해에 따른 구성(九星)이 본명성(本命星)이고 구성의 방위에 따른 8괘가 본명괘(本命卦)이다. 그래서 본명성(本命星)과 본명괘(本命卦)가 같은 의미로 사용되기도 한다. 해를 말할 때는 본명성(本命星)이라 하고, 방위를 말할 때는 본명괘(本命卦)라고 한다.

본명성(本命星)에 있어서 구성(九星)의 순환 경로가 남자와 여자가 서로 다른데, 남자는 1백→9자→8백→7적→6백→5황→4록→3벽→2흑→다시 1백→9자…의 순으로 역해(逆行) 한다. 여자는 5황→6백→칠적→8백→9자→1백→2흑→3벽→4록 다시 5황→6백 순…으로 순행(順行)한다. 남자의 경우 마지막인 9자부터 1백 순으로 역행하고, 여자의 경우 처음인 1백부터 9자순으로 순행하여야 하는 것이 순리에 맞을 터인데 그렇지 않은 점에 대하여 의문이 생길 것이다. 본명성 표를 보면, 여자의 경우 상원은 5황에서, 중원은 2흑, 하원은 8백에서 시작하는데 이는 모두 오행으로 토(土)에 해당된다.

남자의 경우 상원은 5황에서, 중원은 8백, 하원은 2흑에서 끝나는데 이는 모두 오행으로 토(土)에 해당된다. 남자와 여자는 양과 음으로 서로 상대적인데, 남자의 끝나는 구성이 여자의 시작의 구성에 해당된다. 구성의 2흑과 5황, 8백은 오행으로 토(土)에 해당되고 이 셋은 남서와 중앙, 북동으로 일직선이 된다. 토(土)는 오행으로 중앙에 해당되며, 북동인 간(艮)은 정지(止)와 시작을 상징하므로 토(土)에서 시작하고 끝냈다고 생각된다.

본명성이 5황에 해당되면 5황은 중앙으로 8괘에 해당되는 방위가 없다. 남자가 5황에 해당되면 2흑으로, 여자가 5황에 해당되면 8백으로 간

태어난 해의 간지(干支)로 찾는 본명성(本命星;本命宮)									
三元	남녀별	태어난 해의 간지(干支)와 구성(九星)							
上元 1864-1923	남	一白	九紫	八白	七赤	六白	五黃	四綠	三碧	二黑
	여	五黃	六白	七赤	八白	九紫	一白	二黑	三碧	四綠
中元 1924-1983	남	四綠	三碧	二黑	一白	九紫	八白	七赤	六白	五黃
	여	二黑	三碧	四綠	五黃	六白	七赤	八白	九紫	一白
下元 1984-2043	남	七赤	六白	五黃	四綠	三碧	二黑	一白	九紫	八白
	여	八白	九紫	一白	二黑	三碧	四綠	五黃	六白	七赤
六十甲子		甲子	乙丑	丙寅	丁卯	戊辰	己巳	庚午	辛未	壬申
		癸酉	甲戌	乙亥	丙子	丁丑	戊寅	己卯	庚辰	辛巳
		壬午	癸未	甲申	乙酉	丙戌	丁亥	戊子	己丑	庚寅
		辛卯	壬辰	癸巳	甲午	乙未	丙申	丁酉	戊戌	己亥
		庚子	辛丑	壬寅	癸卯	甲辰	乙巳	丙午	丁未	戊申
		己酉	庚戌	辛亥	壬子	癸丑	甲寅	乙卯	丙辰	丁巳
		戊午	己未	庚申	辛酉	壬戌	癸亥			
九星 方位	9성	一白	二黑	三碧	四綠	五黃	六白	七赤	八白	九紫
	8괘	坎	坤	震	巽	中央	乾	兌	艮	離
	방향	北	남서	동	남동		북서	서	북동	남
五黃中宮		남자의 본명성이 오황에 해당되면 곤궁(坤宮)의 이흑(二黑)으로 따지고, 여자의 본명성이 오황에 해당되면 간궁(艮宮)의 팔백(八白)으로 따진다.								
중국의 黃帝 紀元		기산점(起算点)은 황제기원(黃帝紀元)으로 따지는데 현재 26주기(週期)임. 1주기는 180년임. 황제기원은 BC2637년이다.								

주하는데, 5황이 오행으로 토(土)에 해당되는데 2흑과 8백 모두가 같은 토(土)이다. 같은 토(土)라 할지라도 왜 남자는 2흑으로, 여자는 8백으로 했느냐 하면, 남자의 경우 역행(逆行)하므로 5황에서→4록→3벽→2흑 순으로 순행하게 되는데 8백보다 2흑을 먼저 만나게 되고, 여자의 경우 순행(順行)하므로 5황에서→6백→7적→8백 순으로 순행하게 되는 2흑보다 8백을 먼저 만나기 때문이다.

표를 이용해서 본명성을 찾는 방법을 알아보자. 1864년~1923년생은 상원에서 자기의 본명성을 찾아야 하는데, 먼저 자기가 태어난 해의 육갑(간지 : 干支)를 알아야 한다. 예를 들어 1917년에 태어난 정사생(丁巳生)남자일 경우, 육십갑자 난에서 정사(丁巳)를 찾으면 가장 왼쪽 제일 밑에 있다. 그 줄을 타고 상원의 남자 줄과 만나는 점을 찾으면 2흑과 만나게 된다. 이 사람의 본명성(本命星)은 2흑(二黑)이고, 본명괘(本命卦)는 곤(坤 : 2흑에 해당됨)이 된다. 여자 1917년생은 상원의 여자 난과 만나는 점을 찾으면 본명성이 4록(四綠)에 해당되고 본명괘는 손(巽 : 4록에 해당됨)이 된다.

1924년~1983년생은 중원에서 찾아야 되는데 1942년생의 육십갑자는 임오생(壬午生)이다. 임오는 육십갑자 난의 가장 왼쪽 위에서 3번째에 있다. 그 줄을 타고 위로 올라가면 중원의 남자 줄에 있는 4록(四綠)과 만나게 된다. 이 남자의 본명성은 4록이 된다. 본명괘는 손(巽 : 4록에 해당됨)이 된다. 1942년생 여자는 중원의 여자 줄의 2흑에 해당되므로 본명성이 2흑(二黑)이고 본명괘는 곤(坤 : 2흑에 해당됨)이 된다.

1894~2043년 사이에 태어난 사람은 하원에서 자기 본명성을 찾아야 하는데 2003년생의 육십갑자는 계미(癸未)이다. 계미는 육십갑자 난의 왼쪽에서 2번째, 위에서 3번째에 있다. 남자의 경우 이 줄을 타고 올라가

하원의 남자 줄과 만나는 점을 찾으면 6백과 만난다. 이 남자의 본명성은 6백(六白)이고 본명괘는 건(乾 : 6백에 해당됨)에 해당된다. 여자의 경우 여자 줄과 만나는 점을 찾으면 9자(九紫)와 만난다. 이 여자의 경우는 하원 여자 줄의 9자와 만나므로 본명성은 9자(九紫)이고 본명괘는 이(離 : 9자에 해당됨)가 된다. 이와 같은 방법으로 자기의 본명성과 본명괘를 찾아서 활용할 수가 있다.

●수식(數式)을 이용해서 본명성(本命星)을 산출하는 방법

본명성을 간단한 계산방법으로 구할 수가 있다. 그 수치는 1~9까지의 숫자로 산출된다. 산출은 다음과 같이 한다.

※ 남녀의 계산방법이 다르다.

※ 수치가 5인 경우는 남녀 각각 변화한다.

이상의 두 가지가 중요한 포인트이다. 먼저 기본수(本命卦)의 산출방법인데 남녀 모두 생년(生年 : 낳은 해 : 西紀)으로 산출 한다. 원칙적으로 1년 주기는 24절기 중의 하나인 입춘(立春)에서 다음 해의 입춘 직전까지로 한다. 예컨대 1956년생의 사람은 1956년의 입춘에서 1957년의 입춘 직전까지로 된다. 입춘은 해에 따라 약간의 차이가 있는데 양력으로 2월 4일 경이다. 상세한 것은 만세력(萬歲曆)을 보기 바란다.

남녀의 본명성 기본수 산출법

· 남자의 경우

① 태어난 해를 기입한다. 원칙적으로는 그해의 입춘(立春)을 지나 태어

난 것으로 한다. 입춘을 지나지 않았으면 그 전해로 계산한다.

② 생년의 한 자리씩 더한다.

③ ②에서 나온 답을 한자리씩 더한다.

④ 11에서 ③의 답을 뺀다.

기본수가 5일 때는 중앙에 해당되므로 자동적으로 그 기본수가 2가 된다.

예1)　① 1945년생

　　　　② 1+9+4+5 = 19

　　　　③ 19에서 1+9 = 10

　　　　④ 11에서 10을 뺌. 11-10=1(기본수)

이 사람의 본명성은 구성의 1백(一白)에 해당하는 감궁(坎宮 : 북쪽)이다.

예2)　① 1958년생

　　　　② 1+9+5+8=23

　　　　③ 23에서 2+3=5

　　　　④ 11-5= 6(기본수)

이 사람의 본명성은 6백(六白)이며, 본명괘는 건궁(乾宮:북서쪽)이 된다.

여자의 경우

① 남자와 마찬가지로 생년을 기입한다.

② 생년을 한자리씩 더한다.

③ ②의 답을 다시 한자리씩 더한다.

④ ③의 답에 숫자 4를 더한다.

⑤ 기본수가 10이상이면 9를 뺀 값을 취한다.

기본수가 5일 때는 자동적으로 8이 된다.

예)　① 1966년 생

　　　② 1+9+6+6=22

　　　③ 2+2=4

　　　④ 4+4=8

이 사람의 본명성은 구성의 8백(八白)이고 본명괘는 간궁(艮宮 : 북동쪽)이 된다.

여자의 경우 기본수가 5일 경우 기본수를 8로 한다. 왜냐하면 5는 본명괘가 중앙에 해당하여 방향이 없다.

기본수에 해당하는 본명괘

남녀 모두

1이 되면 북쪽(坎)이다.

2가 되면 남서쪽(坤)이다.

3이 되면 동쪽(震)이다.

4가 되면 남동쪽(巽)이다.

5가 되면 중앙으로 방향이 없다. 그래서 남자는 남서쪽(坤), 여자는 북동쪽(艮)으로 따진다.

6이 되면 북서쪽(乾)이다.

7이 되면 서쪽(兌)이다.

8이 되면 북동쪽(艮)이다.

9가 되면 남쪽(離)이다

남녀별 본명괘 조견표		
본명괘	성별	출생년도(서기)
기본수 1 북쪽(坎)	남자	1918, 1927, 1936, 1945, 1954, 1963, 1972, 1981, 1990, 1999, 2008, 2017
	여자	1914, 1923, 1932, 1941, 1950, 1959, 1968, 1977, 1986, 1995, 2004, 2013
기본수 2 남서쪽(坤)	남자	1914, 1917, 1923, 1926, 1932, 1935, 1941, 1944, 1950, 1953, 1959, 1962, 1968, 1971, 1977, 1980, 1986, 1989, 1995, 1998, 2004, 2007, 2013, 2016, 2022, 2025
	여자	1915, 1924, 1933, 1942, 1951, 1960, 1969, 1978, 1987, 1996, 2005, 2014
기본수 3 동쪽(震)	남자	1916, 1925, 1934, 1943, 1952, 1961, 1970, 1979, 1988, 1997, 2006, 2015
	여자	1916, 1925, 1934, 1943, 1952, 1961, 1970, 1979, 1988, 1997, 2006
기본수 4 남동쪽(巽)	남자	1915, 1924, 1933, 1942, 1951, 1960, 1969, 1978, 1987, 1996, 2005, 2014, 2023
	여자	1917, 1926, 1935, 1944, 1953, 1962, 1971, 1980, 1989, 1998, 2007
기본수 6 북서쪽(乾)	남자	1913, 1922, 1931, 1940, 1949, 1958, 1967, 1976, 1985, 1994, 2003, 2012, 2021
	여자	1919, 1928, 1937, 1946, 1955, 1964, 1973, 1982, 1991, 2000, 2009
기본수 7 서쪽(兌)	남자	1912, 1921, 1930, 1939, 1948, 1957, 1966, 1975, 1984, 1993, 2002, 2011, 2020
	여자	1920, 1929, 1938, 1947, 1956, 1965, 1974, 1983, 1992, 2001, 2010, 2019, 2028
기본수 8 북동쪽(艮)	남자	1920, 1929, 1938, 1947, 1956, 1965, 1974, 1983, 1992, 2001, 2010, 2019, 2028
	여자	1912, 1918, 1921, 1927, 1930, 1936, 1939, 1945, 1948, 1954, 1957, 1963, 1966, 1972, 1975, 1981, 1984, 1990, 1993, 1999, 2002, 2008, 2011, 2017, 2020, 2026
기본수 9 남쪽(離)	남자	1919, 1928, 1937, 1946, 1955, 1964, 1973, 1982, 1991, 2000, 2009, 2018, 2027
	여자	1913, 1922, 1931, 1940, 1949, 1958, 1967, 1976, 1985, 1994, 2003, 2012, 2021

Ⅲ. 운을 부르는 주택

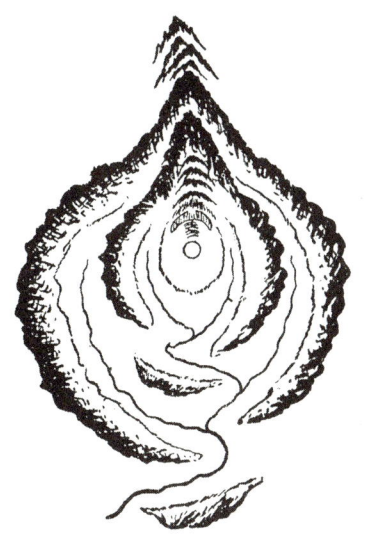

1. 땅의 생김새와 집터

좋은 집터를 잡기 위해서는 먼저 주변의 산의 생김새를 보아야 한다. 멀리 혹은 가까이에 있으면서 앞과 뒤, 왼쪽과 오른쪽에서 집터를 감싸주는 산들을 사(沙)라고 한다. 높은 산뿐만 아니라 평지보다 약간 높은 언덕이나 바위, 제방, 돌무더기 등도 사로 본다.

주변에 있는 산을 사(沙)라고 부르는 것은 옛 풍수가들이 제자에게 풍수를 가르칠 때 모래를 쌓아 산의 모양을 만들었다는 데서 유래한다. 일설에 의하면 도선국사(道詵國師)가 구례 화엄사에 있을 때 화엄사 입구의 섬진강변에서 모래로 산 모양을 만들어 놓고 제자들에게 풍수를 가르친 데서 사(沙)라는 말이 생겼다고 한다. 풍수를 가르치던 지역의 이름도 사도리(沙圖里)라고 부르게 되었고 여기에 상사(上沙)와 하사(下沙)마을이 속해 있다. 이 지역 사람들은 이를 사실로 받아들이고 있고 마을과 마을 이름이 그대로 지금까지 존속하고 있다.

주산(主山), 현무(玄武), 주작(朱雀), 청룡(靑龍), 백호(白虎), 조산(朝山), 안산(案山)도 사에 속한다. 이 중에서도 사신사(四神沙)는 집터의 사방을 둘러싼 산이다. 혈의 뒤에 있는 것을 현무(玄武), 앞에 있는 것을 주작(朱雀), 좌측에 있는 것을 청룡(靑龍), 우측에 있는 것을 백호(白虎)라 한다. 현무(玄武)는 거북이를, 주작(朱雀)은 봉황(鳳凰), 청룡(靑龍)은 푸른 용(龍), 백호(白虎)는 흰 호랑이를 상징하는데 이 모두 상상(想像)의 동물(動物)로 이들이 각기 방위를 보호해 준다고 믿는다.

만일 집터가 남향이면 현무는 북쪽, 청룡은 동쪽, 백호는 서쪽, 주작은 남쪽에 해당된다. 그런데 이는 절대적인 것이 아니다. 집터의 뒤쪽을 현무, 앞쪽을 주작, 왼쪽은 청룡, 오른쪽은 백호가 된다. 예를 들어 북서쪽을 앞으로 하고 집터를 잡았다면 뒤쪽인 남동쪽이 현무, 앞쪽인 북서쪽은 주작, 왼쪽인 남쪽과 남서쪽이 청룡, 오른쪽인 동쪽과 북동쪽이 백호에 해당한다. 그래서 후현(後玄 : 뒤는 현무), 전주(前朱 : 앞은 주작), 좌청(左靑 : 좌는 청룡), 우백(右白 : 우는 백호)으로 취급한다.

원래 색깔을 나타내는 이 청, 백, 현, 주(靑, 白, 玄, 朱)는 동쪽을 청(靑), 서쪽을 백(白), 북쪽 흑(黑), 남쪽을 적(赤), 그리고 중앙(中央)을 황(黃)으로 하는 5방위에 색을 배치하는 데서 나온 것이므로 청룡은 동쪽에, 백호는 서쪽에, 현무는 북쪽에, 주작은 남쪽에 정해진다. 집터에서 보면 현무는 원줄기로부터 내려오는 산이고 청룡은 왼쪽에 있는 산, 백호는 오른쪽에 있는 산, 주작(朱雀)은 앞에 놓인 산이다.

이 4개의 사는 집터를 호위하고 집터를 위한 장벽이다. 사신사는 기를 집터에 모으고 좋은 기가 만들어 지도록 한다. 그런데 어느 쪽이 나쁘면 좋은 기가 만들어지지 않는다. 왜냐 하면 사신사는 원래 바람을 막아주기 위한 것인데 한쪽에 결함이 있게 되면 바람이 새들어오기 때문이다.

(1) 현무(玄武)와 주작(朱雀)

풍수에서 집터를 이루는 4개 사(沙) 중에서 집터 뒤편의 산 즉, 원줄기에서 내려오는 산을 현무라 하고, 혈 앞에서 마주보는 산을 주작이라 부른다는 것은 앞서 설명 했다. 이 둘의 관계는 현무가 주인이라면 주작은 손님이며, 현무가 남편이라면 주작은 아내와 같다.

현무의 생김새는 머리를 숙이는 것 같아야 좋고 주작은 날개를 펴고 나는 듯 하는 형태가 좋다고 했다.

주작은 혈의 앞쪽에 있어서 현무와 마주보는 조산(朝山)과 안산(案山)의 두 종류가 있다. 혈 앞 가까이에 있는 산이 안산(案山)이고, 안산 뒤에 있는 산이 조산(朝山)인데, 조산이나 안산이 현무(혹은 主山)를 대하는 모습은 손님이 주인을 뵙는 듯, 신하가 임금을 알현하듯, 자식이 부모를 모시듯, 아내가 남편에게 순종하듯 하여 집터에서 바라다보면 그 형태가 단정하여 뭇 산에서 두드러지고 자연스럽게 현무에 조공하는 듯해야 한다.

조산의 형태는 천차만별인데 단정하고 깨끗한 것이 으뜸이고 이렇지 못한 것은 좋지 못하다. 조산의 형체가 빼어난 것은 왕이나 장관이 나오고, 뾰족하고 빼어난 것은 문필봉(文筆峰)으로 문장에 탁월한 자손이 나오고, 둥글고 비만하여 노적봉 모양이면 큰 부자가 나온다.

조산이 높아서 현무를 누르면 손님이 주인을 억누르고 신하가 임금을 거역하는 것이 되니 피하는 것이 좋다.

또 주작의 하나로 혈 앞쪽에 있으며 조산보다 낮은 산을 안산(案山)이라고 한다. 안산은 일반적으로 낮고 작은 것이 좋다. 사람이 앞에 놓고 사용하는 책상처럼 현무의 책상에 상당하는 것이 안산이다. 이 안산은 주산에 대해 마치 인간의 일상생활에 없어서는 안 되는 의식주나 생필품과 같은 존재이다. 조산이 없어도 집터로서의 조건은 되지만 안산이 없으면 집터로서의 자격이 없다. 안산은 바람을 막아 좋은 기가 생기도록 하고 현무의 위엄을 더해주는 것으로 집터에 있어서 중요하다. 평야지에서는 물이 안산을 대신할 수도 있다.

집터 뒤로 내려오는 산맥의 방향에 따라 주택의 방향을 잘 못 잡으면 나쁜 일을 당하게 되는데 이를 용상팔살(龍上八殺)이라 한다. 여기서 산맥은 산줄기만이 아니라 아주 낮은 땅의 맥도 말한다. 북쪽에서 내려오면

1) 祖宗山	
2) 主山	
3) 入首	
4) 頭腦	
5) 眉砂	
6) 明堂	
7) 穴	
8) 內白虎	
9) 內靑龍	
10) 外白虎	
11) 外靑龍	
12) 案山	
13) 朝山	
14) 水	
15) 外水口	
16) 內水口	

사신사

주택의 방향을 남동쪽이나 북서쪽으로 해서는 안 되고, 북동쪽에서 내려 오면 북동쪽, 동쪽에서 내려오면 남서쪽, 남동쪽에서 내려오면 서쪽, 남 쪽에서 내려오면 북서쪽, 남서쪽에서 내려오면 동쪽, 서쪽에서 내려오면 남동쪽, 북서쪽에서 내려오면 남쪽으로 주택의 방향을 잡아서는 안 된다. 이를 표로 나타내면 다음과 같다.

용상 팔살(龍上 八殺)								
산맥이 내려 오는 방향	북쪽	북동쪽	동쪽	남동쪽	남쪽	남서쪽	서쪽	북서쪽
주택의 방향	남동쪽(辰) 북서쪽(戌)	북동쪽 (寅)	남서쪽 (申)	서쪽 (酉)	북서쪽 (亥)	동쪽 (卯)	남동쪽 (巳)	남쪽 (午)

*( )안은 패철(풍수에서 사용하는 나침반)로 나타내는 24방위(방향)로 용상팔살의 정확한 방위임. 9층으로 된 패철을 보면 4번째, 6번째, 8번째 칸에 각각 24방위가 표시돼 있는데 4번째 칸으로 방위를 잰다.

(2) 청룡(青龍)과 백호(白虎)

청룡과 백호는 중국의 사천동물(四天動物 : 사방을 지키는 동물)인 용(龍), 호랑이(虎), 봉황(雀), 거북이(龜)의 넷 중에 동쪽에 위치하는 용(龍)과 서쪽에 위치하는 호랑이(虎)의 둘을 말하는 것으로 풍수에서 없어서는 안 되는 것이다. 청룡과 백호의 임무가 바람을 막아주는데 있음은 말할 필요도 없지만 주된 점은 팔다리가 사람의 몸을 잘 호위하는 것과 같이 서로 호위하여 집터를 지키는데 있다. 그 모습은 마치 옷깃을 여미는 것처럼 서로 둘러싸고 있는 것이 좋다. 따라서 청룡과 백호는 한 겹보다는 이중삼중 몇 겹이고 많이 둘러쌀수록 집터를 완전하게 보호해 주게 되는 것이다. 가장 안에 있는 것을 내청룡과 내백호(內青龍 內白虎), 그 밖에 있는 것을 외청룡과 외백호(外青龍 外白虎)라 한다.

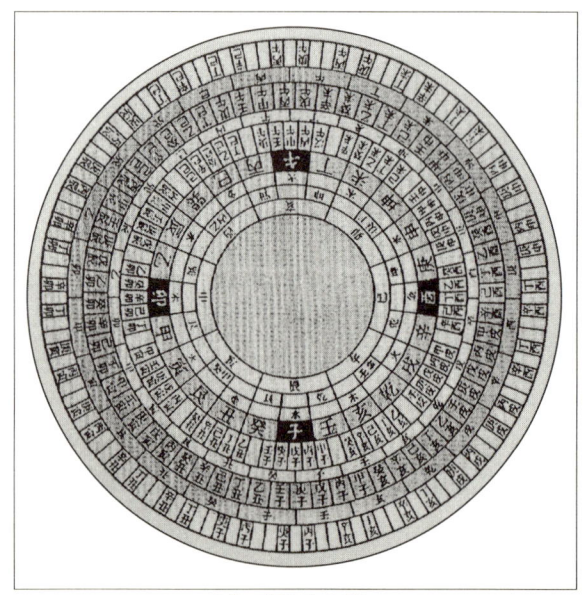

9층 패철의 모양

청룡백호는 집터 뒤에 있는 주산(主山 : 원줄기의 산)에서 양쪽으로 갈라져 나오는 것이 가장 좋다. 청룡은 길게 꿈틀거리며 뻗고, 백호는 웅크리고 앉은 모습이어야 좋고 또한 서로 친밀하게 다정한 모습으로 집터를 감싸는 것이 좋다. 청룡이 뒷산 현무를 질투하는 듯 하고, 백호가 시체를 물려고 하는 것 같은 자세이며, 청룡과 백호가 싸우는 듯 하는 모습은 좋지 않다.

청룡과 백호가 있어야 집터의 기가 더욱 좋게 된다. 청룡과 백호가 꼭 산이어야 한다는 것은 어디까지나 철칙이 아니고 산이 없을 경우는 물(水)이 대신 할 수도 있다. 물이 청룡백호로서 내려오는 산줄기를 잘 감싸주면 좋은 기가 모이게 되고 땅속에 좋은 기가 만들어진다. 청룡백호는 산만이 아니라 물로도 대용이 가능한 것이다.

어디까지나 현무(玄武)가 주(主)이고 청룡과 백호가 종(從)이어야 하는데, 현무에 비해 청룡과 백호의 기세가 크고 빼어나면 주인이 천(賤)하게 되고 종(奴婢)이 귀(貴)하게 되는 격이 되어 좋지 않다.

(3) 안산(案山)과 조산(朝山)

집터 앞에서 정면으로 가장 가깝고 작은 모든 산을 안산(案山)이라 하고 안산 뒤로 보이는 높고 먼 산들을 조산(朝山)이라 한다. 안산은 사람 앞에 놓인 책상과 같고 조산은 주인을 찾아온 손님이 주인에게 예(禮)를 드리는 것과 같다.

안산 없이 좋은 집터 있을 수 없고 조산 없이 좋은 땅이 될 수가 없다. 안산은 멀고 가깝고 또는 높고 낮음이 주인 앞에 놓인 책상으로서의 격을 갖추어야 한다. 지나치게 멀거나 가깝거나 높거나 낮으면 안산으로서 소용이 없다.

안산은 수려하고 단정하며, 둥글고 평평하고, 가지런하고, 광채가 나며, 서기(瑞氣)가 서린 것은 좋은 것이고, 표면과 머리 부분이 깨지고, 뾰족하고, 한쪽으로 기울고, 혹 같은 것이 생기고, 추악하고, 무너지고, 돌이 있고, 높은 위태한 바위나 기이하게 생긴 바위가 있고, 웅장하여 핍박하는 형세를 하는 것, 달아나는 듯 하는 형세를 가진 것은 흉하다.

안산이 없을 경우에는 큰 강이나 호수가 집터를 둘러싸거나 집 앞에 모여 산을 대신 함으로써 집터의 기를 보호할 수 있다.

조산은 신하가 임금을 알현하는 듯 하는 자세를 하는 산을 말한다. 손님이 주인을 만나보고, 신하가 제후를 배알하고, 제후가 왕을 알현 할 때 예를 갖추는 것과 같은 형국을 말한다. 조산은 단정하고 엄숙하며 공손하게 엎드려 절하는 형상이어야 한다.

집터의 운이 좋고 나쁨은 주변 산의 역량에 따라 결정되지만 집터의 운이 사라지고 자라며, 왕성하고 쇠하여짐을 구체적으로 가늠하는 것은 안산과 조산에 있다. 조산이 좋으면 훌륭한 인물을 배출한다. 좋은 안산과 조산이 없으면 큰 인물과 큰 부자가 나지 않는다.

안산이나 조산을 보고 향을 정하는 경우 세 개의 봉이 있으면 그 중 가운데 산봉우리를 보고, 쌍봉이 있으면 두 봉우리의 가운데 빈 곳을 향해 향을 정한다. 그러나 여러 개의 산봉우리가 솟아 있으면 그 중에서 특이하게 우뚝 솟은 것을 향해서 향을 정한다.

조산에 있어 하나의 빼어난 산봉우리가 멀리 구름 밖에서 촛불이 깜박이듯 보이면 이는 대귀격(大貴格)으로 훌륭한 학자, 신동(神童)이 나오고 자손이 장원급제한다.

(4) 물의 흐름

땅속을 흐르는 기(氣)는 물을 만나야 멈춘다. 모든 만물은 음과 양으로 구성돼 있고, 이 음과 양이 만남으로 인해 생동(生動)하는 것이다. 그러므로 풍수에서는 음과 양의 조화를 기본으로 삼고 있다.

풍수에서 산은 움직이지 않고 정지해 있으므로 음으로, 물은 움직이기 때문에 양으로 본다. 그러므로 풍수에서 물(水)은 산(龍)과 더불어 중심을 이룬다. 좌향을 정할 때도 물이 들어오는 방향과 빠져나가는 방향을 기준으로 삼는다.

양인 물의 기운과 음인 산 기운이 만물을 낳고 기르며 사람의 운명을 좌우한다. 그러므로 집터는 모름지기 좋은 물을 만나야 훌륭한 터가 된다. 아무리 수려한 산세를 가졌다고 해도 물의 흐름이 나쁘면 좋은 터가 될 수 없다.

산 기운은 주로 벼슬과 자손의 많고 적음을 주관하고, 물 기운은 재물(財物)을 주관한다. 그렇다고 해서 산 기운과 재물, 물과 벼슬과의 사이가 아주 무관한 것은 아니다. 산 기운과 재물, 물 기운과 벼슬도 상당한 관계가 있다.

주변에 물이 풍부한 집터는 부자를 많이 배출하고, 물이 적은 집터는 가난한 사람을 많이 배출한다. 물이 집터를 감싸주면 집터의 정기(精氣)가 흩어지지 않고 모인다. 물이 집터를 감싸주지 않고 등지고 배반하는 형상이면 집터의 정기(精氣)가 흩어진다. 물이 흐르는 발원처(發源處)가 멀어야 땅의 기운이 왕성하고 정기가 오래 간다.

집터의 양쪽에서 흘러온 물이 집터 앞에서 하나로 만나서 꾸불꾸불 흘러나가야 좋고 물이 빠져나가는 곳(水口)이 집터에서 보이지 않아야 좋다.

물이 직선으로 곧게 빠져나가면 나쁘다. 모름지기 굽이굽이 휘돌며 돌아가야 좋은 기운이 감돈다. 그리고 급히 흐르지 않고 도도히 흘러야 한다. 산세는 약한데 물이 세력이 커도 좋지 않다. 산세와 물의 세력이 균형을 이루어야 한다. 그리고 물줄기가 집터를 감아 주면서 흘러야지 집터를 등지고 흐르면 나쁘다.

(5) 명당(明堂)

명당은 하늘의 기와 땅의 기가 융화하여 생기(生氣)와 밝은 기운을 드러내는 일정 지역을 말하는 것으로 집터 앞에 펼쳐지는 크고 작은 모가지거나 둥근 모양을 한 땅을 말한다. 명당은 평평하면서도 둥글거나, 네모난 것, 앞이 트인 것, 감싸 안은 것, 화목하게 한데 모인 것과 같은 모양을 하는 것이 좋고, 아래서 위로 경사진 것, 한쪽으로 기울인 것, 깨진 것, 막힌 것, 등을 돌린 것은 좋지 않다.

산세가 완만하게 내려와 평탄한 곳으로 좌청룡우백호가 감싸 안은 가운데 가까운 안산 앞의 공간을 내명당(內明堂)이라고 하는데 이 내명당은 너무 넓거나 좁아도 안 된다.

내명당이 너무 넓으면 내명당에 참다운 기가 모일 수 없다. 내명당은 주변의 산과 물이 화목하게 한자리에 모인 것 같으면서 낮고 작은 안산이 가까운 곳에 가로로 놓여 안에 있는 좋은 기가 밖으로 빠져나가지 못하도록 하여야 한다. 또 내명당이 너무 좁으면 집터가 촉박하여 좋은 기를 잃게 되니 넓기가 적당하여야하고, 모양이 네모지거나 둥글며 너무 습하지 않고 기울지 않으며 흉한 산봉우리나 흉물스러운 바위가 없어야 한다. 내명당의 넓이가 적당하고 주변의 산들이 수려한 모습으로 집터를 둘러싸고 있으면 당대에 발복한다. 이런 곳에 집을 짓고 살면 곧 부귀(富貴)를 얻는다. 내명당이 넓어서 주변의 산봉우리가 멀리 떨어져 있으면 그만큼 발복이 늦어진다.

안산 뒤의 트인 공간을 외명당(外明堂)이라 하는데 외명당은 양쪽을 넓게 벌려야 하고 좁힌 곳이 없어야 한다. 사방에서 산이 둘러싸고 빈 곳이 없어야 한다. 그리고 밖에서 물이 굽어 돌아와 집터를 안으면 좋은 것이다. 대개 좋은 터는 내명당이 감싸 안고 외명당이 환히 트이는 곳이다. 내명당이 트이면 기가 모이지 않고 외명당이 좁으면 밝게 열리지 못하기 때문이다. 집터가 낮고 명당이 가까이 있으면 발복이 빠르고 집터가 높고 명당이 멀리 있으면 산세가 좋더라도 발복이 어렵다.

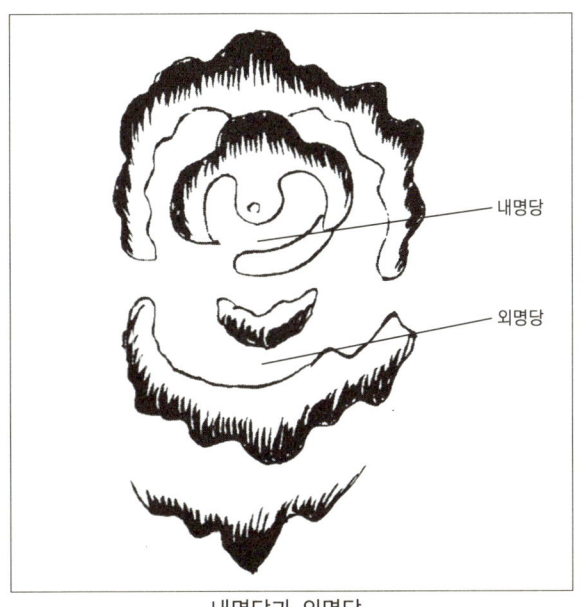

내명당

외명당

내명당과 외명당

2. 집터를 구할 때 주의할 사항

집터로서 좋지 못한 경우는 다음과 같다.

첫째, 공동묘지나 개인 묘 자리였던 곳을 택지로 조성한 토지를 구입해서는 안 된다. 이런 곳에는 그 묘 자리에 있던 혼령들이 남아 있을 수 있다.

둘째, 신을 모신 곳이나 사당(祠堂)의 일부를 판 땅을 구입해서 집터로 사용하면 좋지 않다. 신들이 활동하는 곳으로 집터로서는 부적당하다.

셋째, 옛날 전쟁터, 사형장 등 사람들이 죽었던 것과 인연이 있는 땅을 집터로 해서는 안 된다.

넷째, 교통사고, 살인, 자살 등 횡사(橫死)사건이 있었던 땅은 흉하다. 망령들이 남아 있을 수가 있다.

다섯째, 신전(神殿)이나 사당이 내려다보이는 곳, 사찰의 뒤는 집터로 적합하지 않다. 큰 신에게 작은 신이 억압을 당한다.

여섯째, 묘지와 가까운 곳의 땅은 집터로서 부적합하다.

이상의 것들은 우리나라보다 일본에서 더 꺼리고 있다.

3. 집터의 기울어진 방향에 따른 좋고 나쁨

집터가 어느 쪽으로 기울어져 있느냐를 가지고 좋고 나쁨을 변별한다. 집터의 기울기로 보는 방법은 채광과의 관계, 물 빠짐과 연관지어 보게 되는 것인데 어느 한쪽도 전혀 기울어지지 않고 평평한 것은 사실상 찾기 힘들지만 대체로 평탄한 곳을 좋게 보고 있다.

① 동쪽이 높고 서쪽이 낮으면(東高西低) 생기(生氣 : 좋은 기)가 차차 쇠하여져 재산이 점점 줄어들게 되고 벼슬도 하지 못한다.

② 동쪽이 낮고 서쪽이 높으면 (東低西高) 생기를 받아들여 부자가 되고 벼슬을 하게 된다.

③ 남쪽이 높고 북쪽이 낮으면 (南高北低) 집안이 쇠락(衰落 : 쇠하여 말라 떨어짐)하여 멸망하게 된다.

④ 남쪽이 낮고 북쪽이 높으면 (南低北高) 영웅호걸이 배출 되고 가축이 잘 길러진다.

⑤ 북서쪽이 높고 남동쪽이 낮으면 (北西高南西低) 가장 좋은 곳으로서 점차로 재산이 늘어나며 집안의 운이 열려서 화목한 가정을 이룬다.

⑥ 북서쪽이 낮고 남동쪽이 높으면 (北西低南東高) 집안 살림의 형편이 기울게 된다.

⑦ 집터의 중심부가 주변에 비해 솟아올라 있으면 처음에는 좋아 재산이 모이게 되나 어느 시점을 지나면 재산을 서서히 잃게 된다.

⑧ 집터의 중심부가 주변에 비해 움푹하게 꺼져 있으면 집안이 점차 쇠하게 되고 가족이 병에 시달리게 된다.

⑨ 북쪽, 서쪽, 동쪽 3면이 높고 남쪽만 낮은 경우에는 대체적으로 무난한 집터지이지만 화재의 피해를 입기 쉬우므로 주의해야 한다.

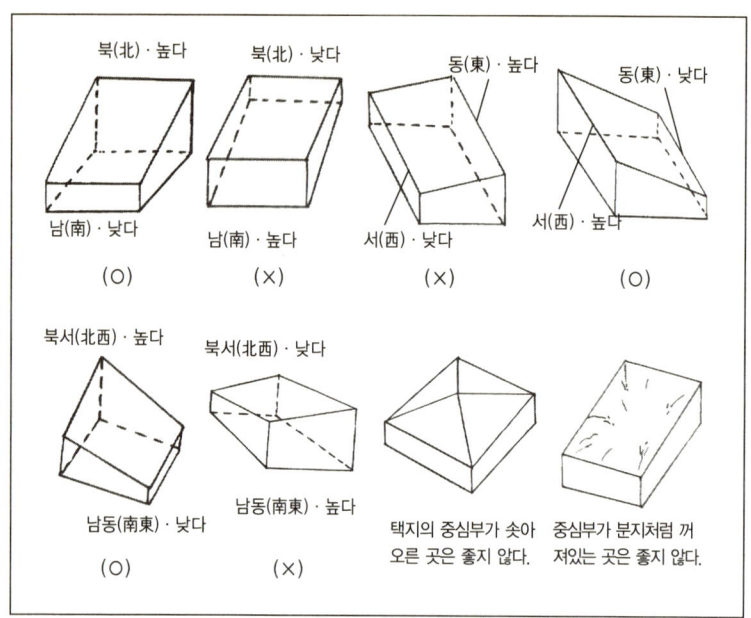

북(北)·높다 북(北)·낮다
남(南)·낮다 남(南)·높다
(○) (×)

동(東)·높다 동(東)·낮다
서(西)·낮다 서(西)·높다
(×) (○)

북서(北西)·높다 북서(北西)·낮다
남동(南東)·낮다 남동(南東)·높다
(○) (×)

택지의 중심부가 솟아 중심부가 분지처럼 꺼
오른 곳은 좋지 않다. 져있는 곳은 좋지 않다.

집터의 기울어진 방향에 따른 좋고 나쁨

4. 집터와 건물의 모양에 따른 좋고 나쁨

집터와 건물은 대개 사각형으로 되어 있다. 그러나 많은 집터나 건물이
일정한 모양으로 되어 있지 않고 모양들이 다르다. 집터와 건물의 모양에
따라서 운이 다르게 미친다.

① 남쪽이 길고 북쪽이 짧은 사다리꼴 모양의 집터나 건물은 재산의 운
이 좋지 않다.

② 남쪽이 짧고 북쪽이 긴 사다리꼴 모양의 집터나 건물은 재산이 모인다.

③ 정삼각형의 집터나 건물은 재물이나 인물이 일어나지 못한다.

④ 이등변 삼각형의 집터나 건물은 재앙이 자주 생기고 아내를 잃는다.

⑤ 동서로 긴 직사각형의 집터나 건물은 무난하나 인물이나 재산이 일어나지 않는다.

⑥ 남북으로 긴 직사각형의 집터나 건물은 자손이 큰 벼슬을 하게 되고 나중에 큰 부자가 된다.

⑦ 정사각형의 집터나 건물은 집안에 인물이 나고 재산도 모여 안정된 생활을 하게 된다.

⑧ 원형의 집터나 건물은 부자가 되고 벼슬을 할뿐만 아니라 주위로부터 덕망을 얻는다.

⑨ 동쪽에서 서쪽으로 기울어진 모양의 집터는 집주인이 행세를 하지 못한다.

⑩ 서쪽에서 동쪽으로 기울어진 모양의 집터는 자식간에 화목하지 못한다.

⑪ ㄷ자나 ㄴ자 모양이거나 들어가고 나온 부분이 많은 모양의 집터나 건물은 재물을 잃고 후손이 잘 되지 않는다.

일본에서는 특히 삼각형 모양의 집터를 가장 꺼리는데 이런 집터도 일부를 채소밭이나 주차장, 정원 등으로 사용하여 집터의 모양을 바꾸면 운이 좋아진다.

삼각형의 집터를 사각형으로 만들어 사용하면 좋다. 삼각형의 집터는 우선 택하지 않는 것이 좋다. 이는 건축 상으로 제한을 받을 뿐만 아니라 나쁜 운을 미치기 때문이다. 삼각형의 집터는 땅의 에너지가 원활하게 순환 하지 않고 흐트러져 버린다. 때문에 이런 모양의 집터에 살면 하는 일마다 막힘이 많고 벌이는 사업마다 재앙을 당하게 된다. 또 뇌나 척추 같은 중추신경이 마비되어 결국 뇌졸중이나 협심증의 위협을 받기도 쉽다.

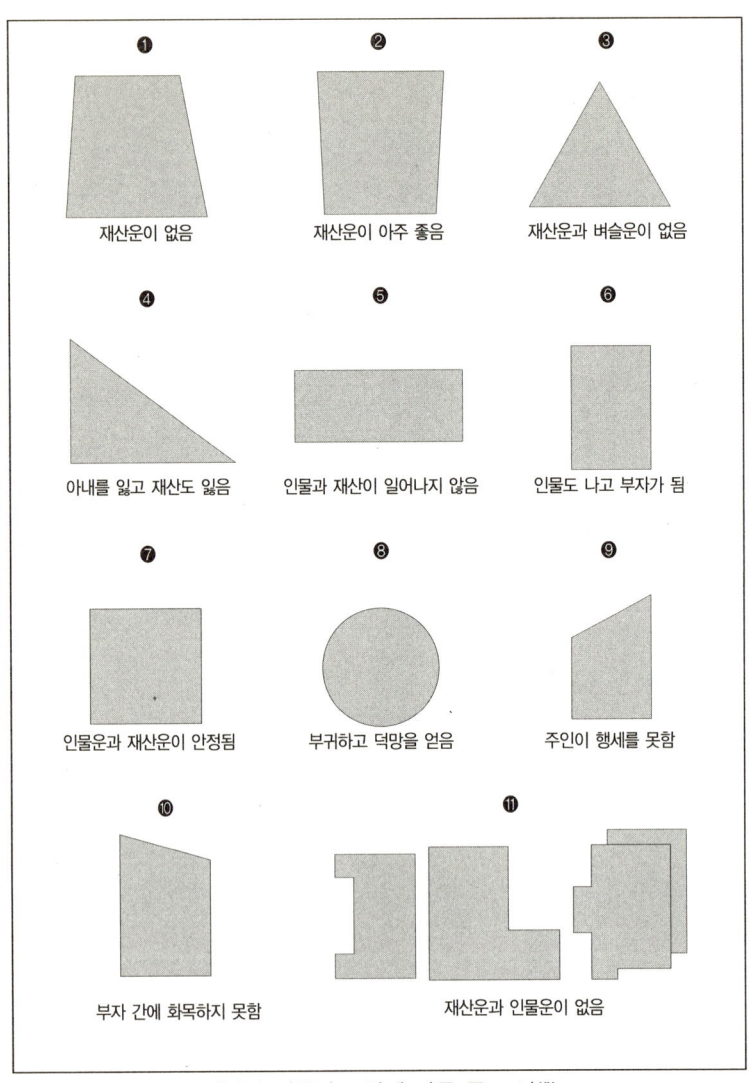

① 재산운이 없음
② 재산운이 아주 좋음
③ 재산운과 벼슬운이 없음
④ 아내를 잃고 재산도 잃음
⑤ 인물과 재산이 일어나지 않음
⑥ 인물도 나고 부자가 됨
⑦ 인물운과 재산운이 안정됨
⑧ 부귀하고 덕망을 얻음
⑨ 주인이 행세를 못함
⑩ 부자 간에 화목하지 못함
⑪ 재산운과 인물운이 없음

집터와 건물의 모양에 따른 좋고 나쁨

더 나아가 가족 중에 신경증이나 신경쇠약에 걸린 사람도 나오는데 증상
이 심해지면 죄를 범하는 경우도 있을 수 있다.

특히 집터 중 삼각형의 뾰족한 부분이 직업과 관련 있는 방위와 합치할 경우 모든 일을 실패하게 된다. 삼각형의 집터에 살다가 다른 곳으로 이사를 한다 해도 이 집터가 가지고 있던 재앙이 좀처럼 사라지지 않는다. 그렇다면 삼각형의 택지가 가지는 나쁜 운을 막을 수 있는 방법은 무엇인지 알아보자.

먼저 삼각형의 집터가 가지는 뾰족한 부분은 생활공간으로 사용하지 말아야 한다. 그리고 이곳에는 나무를 심거나 화단을 만들어 집터 모양을 사각형으로 만들어야 한다. 나무에서 배출되는 나무의 기(氣)는 액운(厄運 : 재난을 당할 운)을 억누르는데 도움이 될 것이다.

삼각형 모양의 집터 이외에 돌출한 모양, 들어간 모양, ㄷ자형, ㄴ자형 등의 변형 토지들 역시 사각형으로 만들어 사용하는 것이 좋고 나무를 심어 재난을 막아야 한다. 그리고 건물의 주위를 콘크리트로 막아서 흙의 기가 흐르는 것을 제지해야 한다. 흙의 기가 올라오지 않게끔 자갈을 까는 것도 한 방법이다.

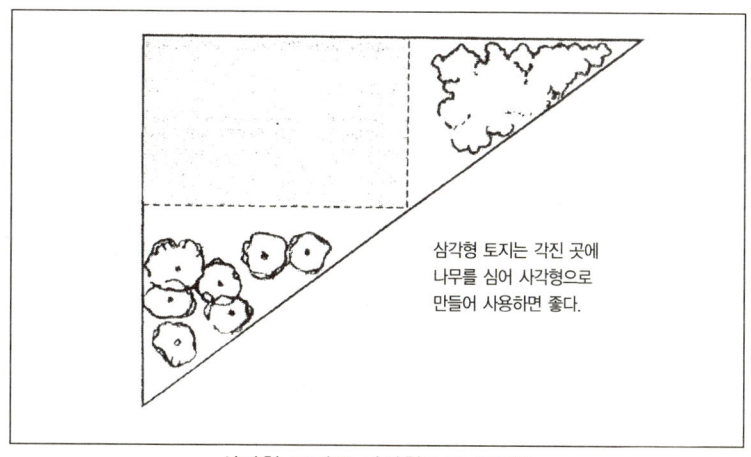

삼각형 토지는 각진 곳에 나무를 심어 사각형으로 만들어 사용하면 좋다.

삼각형 토지를 사각형으로 이용법

5. 집터나 건물의 들어가고 나온 모양과 방향에 따른 좋고 나쁨

집터나 건물의 일부가 돌출되거나 들어감에 따라 운이 다르게 나타난다. 집터나 건물이 약간 튀어나온 것은 좋으나 너무 튀어나온 것은 나쁘다. 한 변의 길이가 전체 길이의 1/3 이하 되게 불거진 것을 돌(埃)이라 하고, 한 변의 길이가 2/3 이내로 들어간 것을 결(缺)이라한다

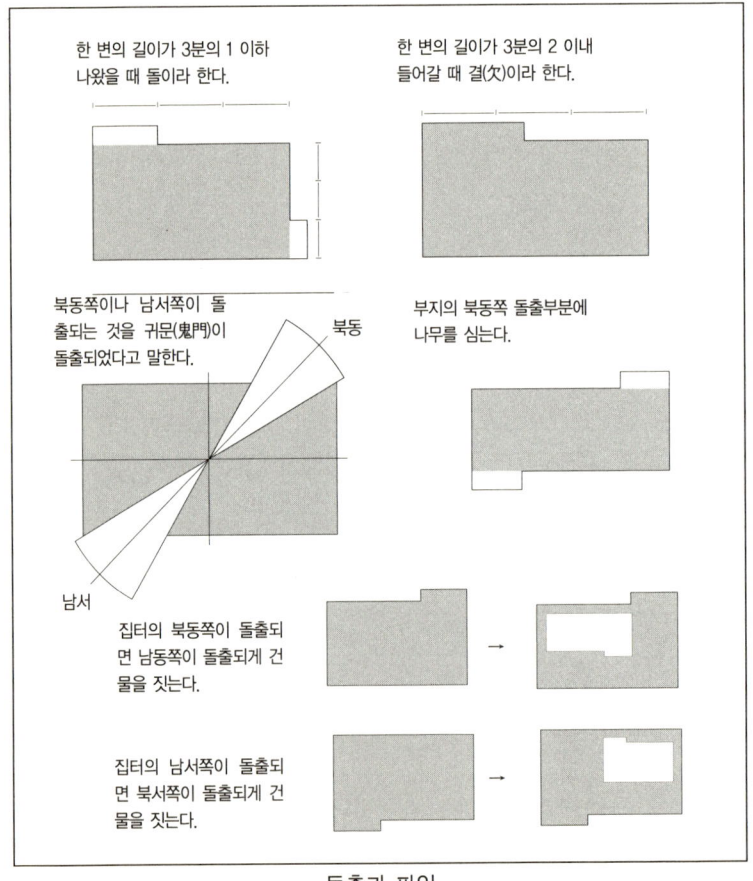

돌출과 파임

① 북쪽이 적당하게 돌출되면 집안이 일어나고 재산을 모으게 된다. 그러나 심하게 돌출되거나 들어가 있으면 인물이 나지 않으며 재산운도 없다. 이는 특히 가운데 아들에게 불리하다.

② 북동쪽이 적당하게 돌출되면 집안이 부귀하고 자손이 많으며 벼슬을 하게 되는데 특히 막내아들에게 이롭다. 그러나 이 방위는 귀문방위(鬼門方位 : 귀신이 드나드는 곳)라 하여 나쁘게 보는 사람도 있으며 자손 중에 불구자가 나오고 가난해지며, 관청으로부터 억압을 받는 일이 따르기도 한다.

③ 동쪽이 적당하게 돌출되면 집안이 부자가 되고 벼슬이 높아지는데 특히 장손에게 이롭다. 그러나 지나치게 돌출되거나 움푹 들어가면 가업(家業)이 일어나지 않으며 장남의 운세가 쇠한다.

④ 남동쪽이 적당히 돌출되면 부자가 되고 인재가 나오는데 특히 장녀에게 이롭다.

그러나 지나치게 돌출되거나 움푹 들어가면 모든 일이 제대로 되지 않으며 장녀의 운이 특히 나쁘다.

⑤ 남쪽이 적당히 돌출되면 높은 사람이 도와주며 벼슬이 높아지게 된다. 그러나 지나치게 돌출하거나 심하게 움푹 들어가면 벼슬 할 운이 없고 소송사건이 생기며 여자가 음란해진다. 가운데 딸에게 영향이 크다.

⑥ 남서쪽이 돌출되면 남편이 실권(實權)을 잃고 아내가 주도권을 잡아 집안을 다스려 재산을 모은다, 이 방위를 귀문(鬼門 : 귀신이 드나드는 문)방위라 하여 흉하게 보기도 하는데 심하게 돌출되거나 들어가면 아내가 질병을 얻게 되거나 남녀가 음란해진다.

⑦ 서쪽이 적당하게 돌출되면 부자가 되고 벼슬을 하게 되는데 특히 막

내딸에게 크게 작용한다. 그러나 지나치게 돌출되거나 심하게 들어가면 전쟁에서 상처를 입거나 객지에서 죽게 된다. 이는 특히 막내딸에게 불리하다.

⑧ 북서쪽이 적당하게 돌출되면 남편이 집안의 주도권을 잡아 위계질서가 바로 서게 되며 무병장수하게 된다. 그러나 지나치게 돌출되거나 심하게 들어가면 손재가 생기고 남편이 일찍 죽는다.

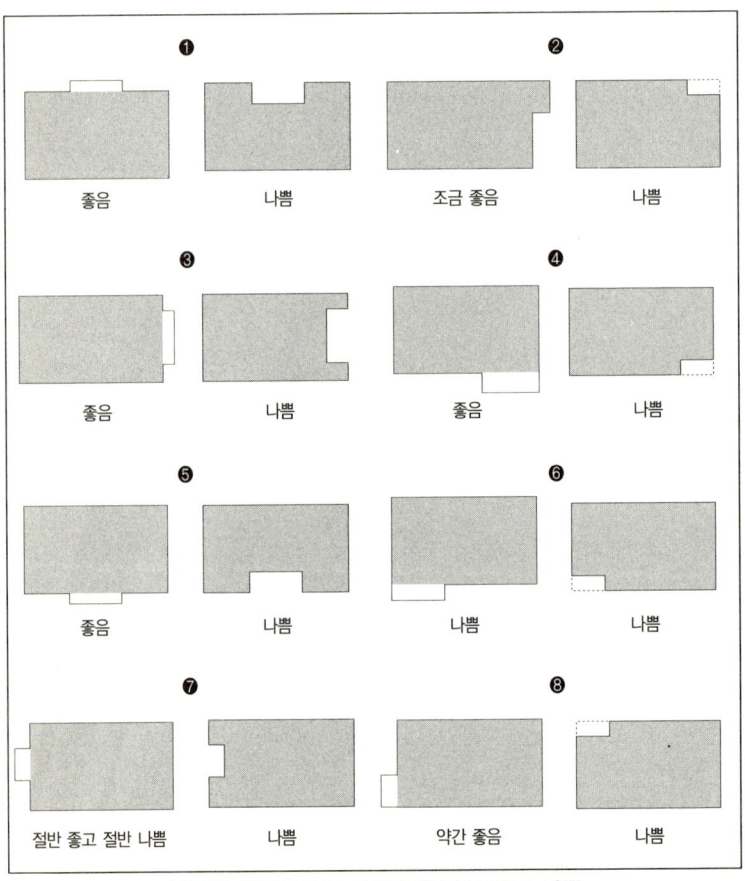

건물의 튀어나오고 들어감에 따른 좋고 나쁨

일반적으로 풍수상 집터나 건물의 일부가 돌출한 것은 좋고 들어간 것은 나쁘다고 본다.

집터의 중심에서 보아 북동쪽과 남서쪽이 돌출된 토지는 나쁘다. 이런 경우 가족들의 운세가 기울어지는데 특히 주인과 주부가 크게 화(禍)를 당한다. 이런 집터나 건물에 거주할 경우 꼭 이사를 가야 하는 건 아니지만 좋은 운으로 바뀌도록 대책을 강구하지 않으면 안 된다. 북동쪽과 남서쪽이 돌출되어 있을 경우 우선 돌출된 부분을 생활공간으로 사용하지 않는 것이 좋다. 이는 사람이 살지 않는 창고 터로 사용하면 될 것이다.

돌출된 부분에는 나무를 심거나 채소밭으로 사용하면 좋다. 그러나 불가피하게 이런 곳을 사용하지 않으면 안 될 경우가 있다. 이때 나쁜 운을 없앨 수 있는 가장 좋은 방법은 북동쪽이 돌출되어 있는 집터는 남동쪽이 돌출되게, 남서쪽이 돌출되어 있는 집터는 북서쪽이 돌출 되도록 설계하여 건물을 지으면 된다. 그러나 집터의 여유가 전혀 없는 경우가 있을 것이다. 이런 경우 북동쪽이 돌출된 집터라면 동남쪽에 기초 공사를 튼튼히 하여 차고를 만들거나 나무를 심으면 된다. 또는 정원을 만들어 주변 주택 건물을 돌출되게 하는 것과 같은 효과를 주면된다.

남서쪽이 돌출되어 있는 경우도 같은 방법으로 북서쪽에 차고를 만들거나 나무를 심어 조치를 취하면 좋다. 이러한 조치를 취할 수 없을 때는 돌출된 부지 부분에 소나무, 삼나무, 화양나무, 회화나무 등 뿌리가 널리 퍼지는 나무를 심거나 벗나무를 제외한 매화, 동백나무, 산다화 등의 꽃이 피는 나무를 심으면 액운(厄運)을 억누를 수 있다.

북동쪽이 돌출되어 있는 집터는 북동쪽 건물의 각진 곳에 남서쪽이 돌출되어 있는 집터는 남서쪽 건물의 각진 곳에 나무를 심는다.

집터나 건물이 움푹 들어간 부분을 결(缺)이라 하는데 어느 방위라도 결이 생기면 나쁘다. 집터의 경우 북동과 남서쪽의 두 귀문(鬼門 : 귀신이 드나드는 문)이 들어간 것을 가장 나쁘다고 보는데 다음으로 동, 남동, 북서의 순서이다.

한쪽이 들어간 집터에 살면 건강상에는 별로 영향이 나타나지 않지만 가족의 사회적 운세가 약해져 승진이 잘되지 않는다. 이 경우 역시 나쁘므로 좋은 것으로 바꾸는 조치가 필요하다. 좋은 것으로 만드는 방법은 먼저 집터 중 들어간 방위에 건물이 돌출되도록 설계를 한다.

예를 들면 집터의 동쪽이 들어가 있다면 건물의 동쪽을 돌출되게 지으면 된다. 그러나 가장 나쁜 북동쪽이나 남서쪽이 들어가 있다면 그 방위의 건물을 돌출되도록 설계하는 것은 좋지 않다. 이런 경우는 들어간 부분의 바깥쪽에 나무를 심어 나무에서 나오는 기로 들어간 부분을 보충해 준다. 특히 이런 장소에는 정화조와 같은 깨끗하지 못한 것을 두어서는 안 된다.

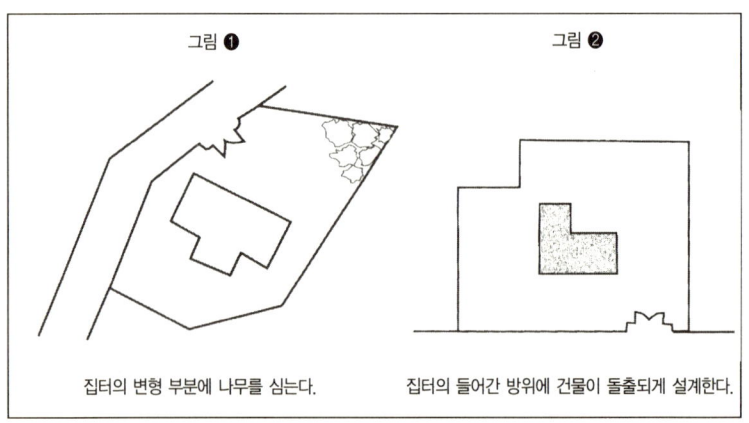

집터의 변형 부분에 나무를 심는다.   집터의 들어간 방위에 건물이 돌출되게 설계한다.

집터와 건물의 돌출 예 및 보완법

6. 동사택(東四宅)과 서사택(西四宅)

팔택가상법(八宅家相法)이란 주택에 있어서 안방, 대문, 부엌, 화장실 등의 생활공간이 북쪽, 북동쪽, 동쪽, 남동쪽, 남쪽, 남서쪽, 서쪽, 북서쪽의 8 방위 중 어디에 위치하느냐를 가지고 좋고 나쁨을 변별하는 것을 말한다. 이는 주택풍수에 있어서 가장 중요한 요소이다.

이는 집터의 중심점으로부터 대문, 부엌, 안방이 어느 방위에 속해 있느냐에 따라 먼저 동사택(東四宅)과 서사택(西四宅)으로 나누는 것이다. 동사택과 서사택은 어떻게 구분했는가?

동사택과 서사택의 각각 4개의 방위는 주역 8괘의 방위를 배치한 것이다. 원래 아무런 변화가 없는 상태를 태극(太極) 또는 무극(無極)이라 한다. 이것이 음(陰)과 양(陽)으로 나뉘어 음양(陰陽)이 대립하는 것을 양의(兩儀)라 하고, 이 양(陽)이 나뉘어 태양(太陽)과 소음(少陰)이 되고, 이 음(陰)이 나뉘어 태음(太陰)과 소양(少陽)으로 되는데 이를 사상(四象)이라 한다.

태양(太陽)이 나뉘어 건(乾)과 태(兌)가 되고, 소음(少陰)이 나뉘어 이(離)와 진(震)이 되며, 소양(少陽)이 나뉘어 손(巽)과 감(坎)이 되고, 태음(太陰)이 나뉘어 간(艮)과 곤(坤)이 되는데 이를 8괘(八卦)라 한다.

여기에서 태양에서 나뉘어 진 건(乾)과 태(兌), 태음에서 나뉘어 진 간(艮)과 곤(坤) 즉, 같은 태(太)끼리의 음과 양 을 배합해서 서사택으로 정했고, 소양에서 나뉘어 진 이(離)와 진(震), 소음에서 나뉘어 진 손(巽)과 감(坎) 즉, 같은 소(少)끼리의 음과 양을 배합하여 동사택으로 정했다.

앞서 동사택과 서사택은 대문, 부엌, 안방이 집터의 중심점에서 보아 어느 방위에 속해 있는가에 따라 나뉜다고 언급하였다. 그렇다면 먼저 중

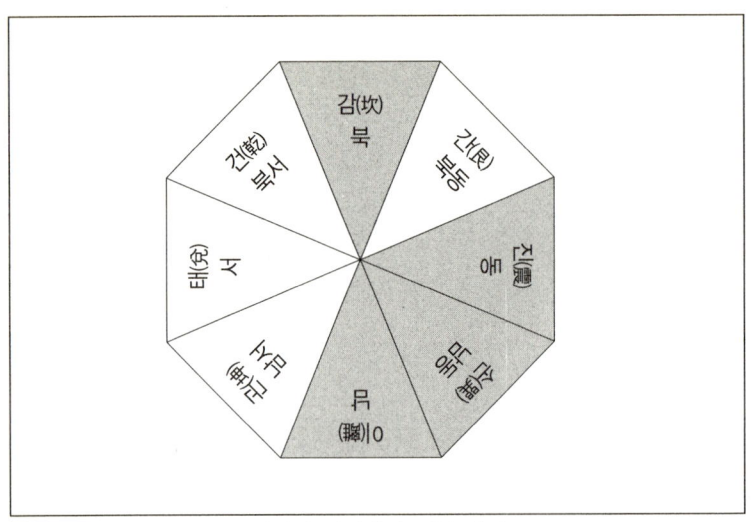

동사택과 서사택의 기본 개념도

심점을 찾을 수 있어야 할 것이다. 아파트의 경우는 호실에서 중심점을 잡아야 한다.

중심점은 각 면이 교차하는 점으로 보는 정진법이 주로 쓰인다. 중심점 잡는 방법을 그림에서 소개한다.

그림에서 ①과 같이 바깥마당이 있고 안마당이 있을 경우는 안마당의 중앙이 중심점이 된다. 그림의 ②~⑤에서 와 같이 집터의 한 변의 일부분이 돌출되거나 들어가 있으면 돌출된 부분은 무시하고 들어간 부분은 그 부분이 있는 것으로 생각하고 대각선을 그어 만나는 점을 중심점으로 정한다. 그림의 ⑥과 같이 ㄱ자형일 경우는 ㅁ자형으로 간주하고 대각선을 그어 만나는 점을 중심점으로 한다. 그림에서와 같이 2곳 이상이 돌출되거나 들어가 있으면 돌출된 곳은 없는 것으로 간주하고 들어간 부분은 있는 것으로 생각하여 대각선을 그어 만나는 점을 중심점으로 정한다.

그림의 ⑫와 같이 한 변이 길고 한 변이 짧을 경우는 긴 변과 짧은 변의 길이를 더하고 2로 나누어 변의 평균 길이를 구한 다음 직사각형으로 간주하고 대각선을 그어 대각선이 만나는 점을 중심점으로 한다.

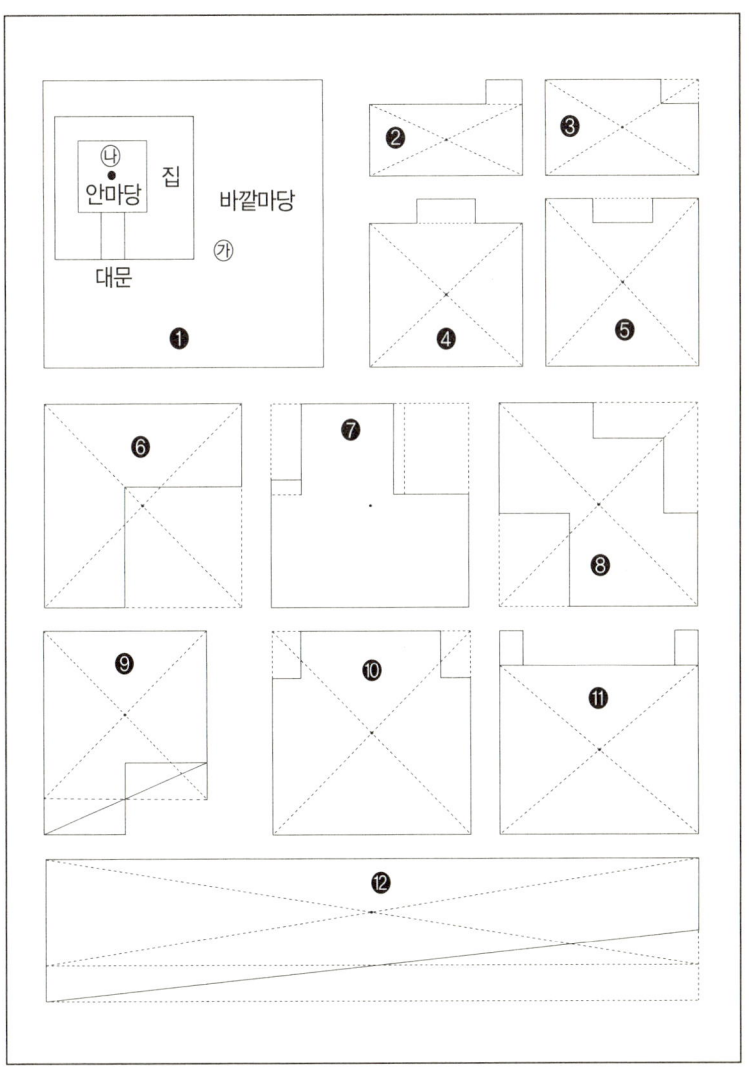

마당이 있는 일반 주택에서 방위의 중심점 잡기

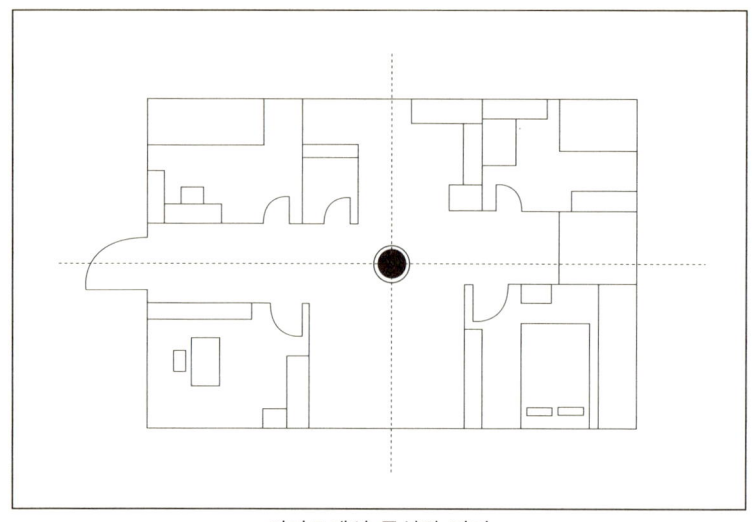

아파트에서 중심점 잡기

　그런데 여기에서 하나 알아야 할 것은 8방위가 차지하는 각도의 범위에 있어서 우리나라에서는 북, 북동, 동, 남동, 남, 남서, 서, 북서의 8방위가 똑 같이 45°의 범위를 차지하는데, 일본에서의 일부 풍수가는 동, 서, 남, 북의 4방위는 30°, 북동, 남동, 남서, 북서의 4방위는 60°를 의 범위를 차지한다고 말하고 있다. 이에 대해 착오 없기를 바란다. 우리는 우리나라 방식을 써야한다.

　동사택과 서사택에서 대문, 안방, 부엌의 3요소가 같은 사택에 속해야 좋고 하나의 요소라도 다른 사택에 속하면 나쁘다. 즉, 대문, 부엌, 안방 모두가 동사택인 경우는 이들의 요소가 북, 동, 남동, 남의 4방위 중에 위치하거나 서사택인 경우 3요가 북동, 북서, 서, 남서의 4방위 중에 위치하면 좋다. 그러나 만약 대문, 부엌, 안방 중 2개는 동사택에 속하나 1개는 서사택에 속하는 것과 같이 어느 하나라도 위치를 달리하면 나쁘다는

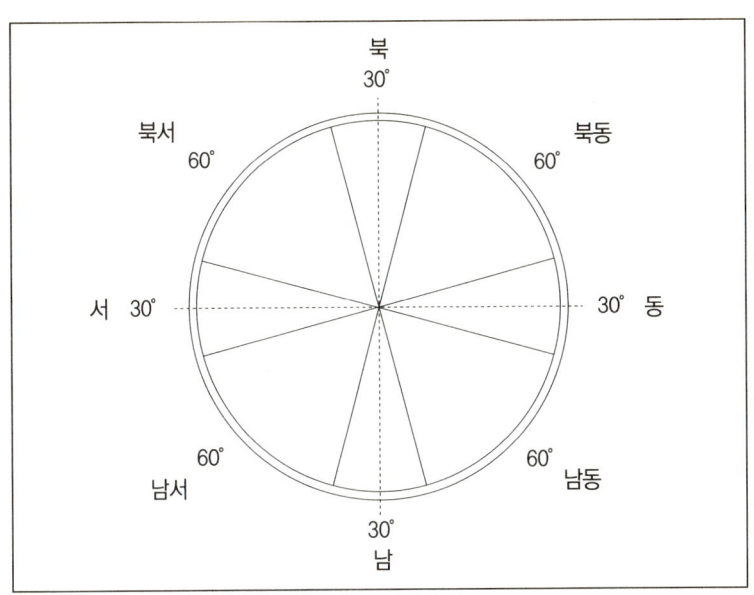

북
30°

북서
60°

북동
60°

서 30°

30° 동

남서
60°

남동
60°

남
30°

일본 일부 풍수가의 8방위의 범위

것이다. 그러나 화장실이나 하수구, 목욕탕과 같이 더러운 것은 다른 사택에 속해야 한다. 예를 들면 대문, 부엌, 안방이 동사택이면 화장실과 하수구, 목욕탕은 서사택이어야 좋다는 것이다. 이는 일반 주택뿐만 아니라 아파트에서도 마찬가지이다. 아파트는 대문이 자기 호실의 현관문이 된다. 예를 들어 1203호는 1203호로 들어가는 현관문이 대문이 된다. 그리고 각 방이나 화장실 등의 방위는 자기 호실의 한 가운데서 측정한다. 예를 들어 1203호는 1203호의 한 가운데서 측정한다.

그런데 건물 구조상 모두가 이런 조건을 갖추기가 어렵다. 그러므로 절반 이상의 조건만 갖춘다면 무난하다고 봐야 한다.

그리고 집주인의 본명성에 따라 길한 사택을 택해야 한다. 식구가 여럿일 경우는 식구마다 본명성이 다르므로 전 식구의 본명성(本命星)에 맞는

괘명	성별	출생년도(서기)
감(坎북쪽) 동사택	남자	1936, 1945, 1954, 1963, 1972, 1981, 1990, 1999, 2008, 2017, 2026, 2035
	여자	1932, 1941, 1950, 1959, 1968, 1977, 1986, 1995, 2004, 2013, 2022, 2031
곤(坤남서쪽) 서사택	남자	1932, 1935, 1941, 1944, 1950, 1953, 1959, 1962, 1968, 1971, 1977, 1980, 1986, 1989, 1995, 1998 2004, 2007, 2013, 2016, 2022, 2025, 2031, 2034
	여자	1933, 1942, 1951, 1960, 1969, 1978, 1987, 1996, 2015, 2024, 2033
진(震동쪽) 동사택	남자	1934, 1943, 1952, 1961, 1970, 1979, 1988, 1997, 2016, 2025, 2034
	여자	1934, 1943, 1952, 1961, 1970, 1979, 1988, 1997, 2016, 2025, 2034
손(巽남동쪽) 동사택	남자	1933, 1942, 1951, 1960, 1969, 1978, 1987, 1996, 2015, 2024, 2033
	여자	1935, 1944, 1953, 1962, 1971, 1980, 1989, 1998, 2017, 2026, 2035
건(乾북서쪽) 서사택	남자	1913, 1922, 1931, 1940, 1949, 1958, 1967, 1976, 1985, 1994, 2013, 2022, 2031
	여자	1937, 1946, 1955, 1964, 1973, 1982, 1991, 2000, 2009, 2018, 2027, 2036
태(兌서쪽) 서사택	남자	1930, 1939, 1948, 1957, 1966, 1975, 1984, 1993, 2012, 2021, 2030
	여자	1929, 1938, 1947, 1956, 1965, 1974, 1983, 1992, 2001, 2010, 2019, 2028, 2037
간(艮북동쪽) 서사택	남자	1929, 1938, 1947, 1956, 1965, 1974, 1983, 1992, 2001, 2010, 2019, 2028, 2037
	여자	1927, 1930, 1936, 1939, 1945, 1948, 1954, 1957, 1963, 1966, 1972, 1975, 1981, 1984, 1990, 1993, 1999, 2002, 2008, 2011, 2017
이(離)남쪽 동사택	남자	1928, 1937, 1946, 1955, 1964, 1973, 1982, 1991, 2000, 2009, 2018, 2027, 2036
	여자	1931, 1940, 1949, 1958, 1967, 1976, 1985, 1994, 2003, 2012, 2021, 2030

방위를 택할 수는 없다. 그러므로 집주인의 본명성에 맞출 수밖에 없다.

본명성의 방위가 감(坎북), 진(震동), 손(巽동남), 이(離남)중에 해당되면 동사택(東四宅)이, 본명성의 방위가 간(艮북동), 건(乾북서), 태(兌서), 곤(坤남서) 중의 하나에 해당되면 서사택(西四宅)이 좋다. 본명괘를 표로써 제시하니 참고하기 바란다.

7. 대문, 부엌, 안방 및 기타 요소의 방향에 따른 길흉

주택에 있어서 안방, 부엌, 대문을 3요(三要)라 하여 이들의 방위를 가지고 운을 판단한다. 그 집안의 운의 판단은 첫째로 집주인의 본명괘가 동사택과 서사택 중 어디에 속하는가를 먼저 가려야 한다. 집주인의 본명괘가 동·서사택과 일치하면 복이 있고 장수하며 집안이 화목해지나, 일치하지 않을 경우는 재난과 근심이 많다.

본명괘는 각자의 출생년도에 따라 정해지는 것인데 일생 동안 변하지 않는 것이다. 우선 자기의 본명괘를 알아야 할 것이다. 이는 앞서 설명했고 표로 제시했으니 참고하기 바란다.

대문, 안방, 부엌의 방위를 가지고 길흉(吉凶 : 운이 좋고 나쁨)을 판단하는 것은 가택구성법(家宅九星法)을 운용한다.

구성은 1. 생기(生氣) 2. 오귀(五鬼) 3. 연년(延年) 4. 육살(六殺) 5. 화해(禍害) 6. 천을(天乙) 7. 절명(絕命) 8. 보필(輔弼)로 구분되며 이의 구체적 의미는 다음과 같다.

① 생기(生氣)는 오행의 목(木)에 해당되며 집안이 부귀하게 된다.

② 오귀(五鬼)는 오행의 화(火)에 해당되며 질병에 시달리거나 일찍 죽고 나쁜 일이 계속 일어난다.

③ 연년(延年)은 오행의 금(金)에 해당되며 벼슬이 높아지고 재물을 모으며 자손이 많고 수명이 길다.

④ 육살(六殺)은 오행의 수(水)에 해당되며 집안이 망하고 가족이 상처를 입거나 부정을 저지르게 된다.

⑤ 화해(禍害)는 오행의 토(土)에 해당되며 재난이 많아 재산을 잃으며 수명이 짧아 후대가 끊긴다.

⑥ 천을(天乙)은 오행의 토(土)에 해당되며 부와 귀를 겸하고 복이 많아 집안이 화목하고 좋은 일이 많다.

⑦ 절명(絶命)은 오행의 금(金)에 해당되며 병에 시달려 수명이 짧고 나쁜 일이 계속 생긴다.

⑧ 보필(輔弼)은 오행의 목(木)에 해당되며 모든 일이 순조롭고 경사스러운 일이 계속 생긴다.

이를 주택에 적용시켜보면 대문, 안방, 부엌, 주택내의 각방, 객실, 우물은 길(吉)한 자리인 생기, 연년, 천을, 보필에 해당되는 방위에 배치되어야 기(氣)가 왕성하여 복이 많고 편안하게 된다. 그리고 화장실, 축사, 헛간, 하수구, 목욕탕과 같은 더러운 것을 배출하는 공간은 오귀, 육살, 화해, 절명의 흉(凶)한 자리에 배치되어야 나쁜 기를 쫓아내어 건강하게 오래 산다.

어느 기준점에서 보았을 때 이 8가지 중 어디에 해당되느냐를 가지고 좋고 나쁨을 가리는데 장결법(掌訣法)을 활용한다. 장결법에 의해 만들어진 가택구성법에 의한 길흉 판단표를 활용하면 편리하다.

대문방위 (위치)	서쪽 (兌)	동쪽 (震)	북쪽 (坎)	남쪽 (離)	북동쪽 (艮)	남동쪽 (巽)	북서쪽 (乾)	남서쪽 (坤)
가택구성법(家宅九星法)에 의한 길흉판단 조견표								
북서쪽(乾)	생기	오귀	육살	절명	천을	화해	보필	연년
남서쪽(坤)	천을	화해	절명	육살	생기	오귀	연년	보필
북동쪽(艮)	연년	육살	오귀	화해	보필	절명	천을	생기
남동쪽(巽)	육살	연년	생기	천을	절명	보필	화해	오귀
남쪽(離)	오귀	생기	연년	보필	화해	천을	절명	육살
북쪽(坎)	화해	천을	보필	연년	오귀	생기	육살	절명
서쪽(兌)	보필	절명	화해	오귀	연년	육살	생기	천을
동쪽(震)	절명	보필	천을	생기	육살	연년	오귀	화해

여기에서 하나 짚고 넘어갈 것은 기준이 꼭 대문일 필요는 없다는 것이다. 기준을 안방이나 부엌으로 정해도 길흉에는 변함이 없다. 그리고 안방은 주택 내에서 가장 큰 방을 의미하는 것이 아니라 집주인이 거처하는 방을 말한다. 그러므로 안방도 마음대로 바꿀 수 있다. 건축할 때 대문, 안방, 부엌의 방위가 잘못되었다면 차후에 고치면 된다.

화장실과 욕실, 하수구는 더러운 것이 모이거나 빠져나가는 곳이다. 그래서 이 3요와 달리 취급한다. 화장실, 목욕탕, 하수구 등 깨끗하지 못한 것은 안방, 대문, 부엌과는 반대되는 사택(四宅)에 있어야 한다.

예를 들어 안방, 대문, 부엌이 동사택에 속하면 화장실, 목욕탕, 하수구의 방위는 서사택에 속해야 되고, 반대로 안방, 대문, 부엌이 서사택에 속하면 화장실, 목욕탕, 하수구는 동사택에 속해야 한다. 다시 부연해서 말하면 안방, 대문, 부엌은 생기, 연년, 천을, 보필에 해당되어야 좋고, 화장실, 목욕탕, 하수구는 오귀, 육살, 화해, 절명에 속해야 좋다.

가택 구성법에 의한 길흉판단 조견표를 활용하면 쉽게 길흉을 판단할 수 있다. 표에서 기준 방위는 안방, 대문, 부엌, 화장실, 목욕탕 ,하수구의 어디를 정해도 좋다. 기준 방위를 서쪽에 있는 안방으로 정했을 경우, 북서쪽은 생기, 남서쪽은 천을, 북동쪽은 연년, 남동쪽은 육살, 남쪽은 오귀, 북서쪽은 화해, 서쪽은 보필, 동쪽은 절명에 해당되는데 화장실, 목욕탕 하수구는 오귀, 육살, 화해, 절명에 해당되어야 하므로 화장실 목욕탕, 하수구는 남동쪽, 남쪽, 북쪽, 동쪽에 있어야 좋다. 안방이 서쪽으로 서사택에 속한다면 화장실, 목욕탕 하수구는 동사택인 남동쪽, 남쪽, 북쪽 동쪽에 있어야 좋다는 것이다.

동,서,남,북의 정중선(正中線)과 북동, 남동, 남서, 북서의 사우선(四隅線) 상에 화장실의 변기가 있으면 흉상이다. 특히 귀문방(鬼門方 : 귀신이 드나드는 방위)인 정북동과 정남서에 변기가 있으면 크게 피해를 당하니 주의해

가택구성법(家宅九星法)에 의한 길흉(吉凶) 판단 조견표								
대문방위 (위치)	서쪽 (兌)	동쪽 (震)	북쪽 (坎)	남쪽 (離)	북동쪽 (艮)	남동쪽 (巽)	북서쪽 (乾)	남서쪽 (坤)
북서쪽(乾)	생기	오귀	육살	절명	천을	화해	보필	연년
남서쪽(坤)	천을	화해	절명	육살	생기	오귀	연년	보필
북동쪽(艮)	연년	육살	오귀	화해	보필	절명	천을	생기
남동쪽(巽)	육살	연년	생기	천을	절명	보필	화해	오귀
남쪽(離)	오귀	생기	연년	보필	화해	천을	절명	육살
북쪽(坎)	화해	천을	보필	연년	오귀	생기	육살	절명
서쪽(兌)	보필	절명	화해	오귀	연년	육살	생기	천을
동쪽(震)	절명	보필	천을	생기	육살	연년	오귀	화해

동사택 : 북, 동, 남동, 남   서사택 : 북동, 남서, 서, 북서

야 한다.

또 신성한 북의 방위에 엉덩이가 향하도록 되어 있는 변기도 피해야 한다. 그 때에는 변기만이라도 빨리 바꿔주어야 한다. 그러나 나쁜 방위인지 알면서도 즉시 고칠 수 없는 경우가 많을 것이다. 그런 경우에는 적어도 흉함을 약화시키기 위해 소금을 활용한다. 화장실의 구석에 소금을 가득 담은 작은 접시를 둔다. 주의 할 것은 이때 사용하는 소금이 식염이 아니라 천연의 거친 소금이어야 한다. 또 소금을 그냥 두는 것이 아니라 매일 반드시 새 소금으로 바꾸어 두는 것이 중요하다. 사용 후에는 화장실에 흘려두면 좋다. 소금에는 정화시키는 에너지가 있어서 다소 흉함을 억누를 수 있다. 또 통기가 잘되게 하기 위해 화장실에는 커다란 창을 설치해 두거나 환풍기를 설치하는 것도 중요하다.

8. 대문의 구조

대문과 현관 풍수에 있어 일본의 풍수가와 김대은씨 등의 주장을 참고하면 다음과 같다.

대문이란 주택과 외부와의 경계가 되며 출입의 통로가 되는 것이다. 그렇기 때문에 대문의 좋고 나쁨이 주택에 큰 영향을 주는 것은 당연한 일이다. 만약에 대문이 주택건물에 비하여 지나치게 빈약할 경우에는 빈궁함을 면하기 어려우며, 반대로 주택에 비하여 너무 클 경우 낭비가 심하고 비록 외관상 화려하다 하여도 속빈 강정이다. 대문의 형태에 있어서도 대문 위에 방범용으로 유리조각이나 뾰족한 철재 가시 철망 등을 설치하는 것은 매우 나쁘다. 이는 귀금속이나 금전을 안전하게 보관하기 위해서 설치하지만 이는 정신적 안정을 해친다. 이외에 풍수적으로 대문의 길흉(吉凶)을 보면 다음과 같다.

① 대문이 주택바닥의 대지보다 지대가 낮은 경우에는 집안의 가장이나 장남이 이성문제를 갖는다.

② 대문이 주택의 바닥 대지보다 높은 경우에는 차남이나 삼남이 가업을 잇거나 양자가 승계할 운이다.

③ 대문이 파손되어 수리할 때 눈에 띄게 조화가 되지 못하면 흉한 모습이 돼 집안에 질병이 발생한다.

④ 비슷한 크기의 대문이 한 집안에 두 개 있으면 집안에 파쟁이 끊이지 않고 두 집 살림할 운이다.

⑤ 대문을 등나무 등으로 넝쿨져 씌우면 주부가 허영심을 갖게 되고, 등나무 등으로 길게 터널(pergola)같이 만들면 불운이 온다.

⑥ 대문이 대지의 안으로 들어와 있으면 불행하다. 특히 북서방위면 가장(家長)에게 불운이 발생하고, 남서방위면 주부에게 불운이 온다.

⑦ 대문은 담보다 높아야 한다.

대문 정면에 바로 현관이 있으면 이웃과 화목 하는 데는 좋은 형태이지만 자만하는 경우가 생기며 쉽게 외도에 빠지거나 가정에서는 부자간에 불화가 생긴다. 대문과 현관은 약간 비스듬하게 각도를 이루는 것도 좋다. 대문의 방위는 주택 3요 (三要)에 의한 동·서사택법을 벗어날 수 없다.

대문이 오목하게 들어가면 흉가가 된다.

9. 도로

묘지 풍수나 주택 풍수에서 재물이 많겠는가, 적겠는가는 물의 흐르는 형상과 물의 양으로 본다. 도로 또한 사람과 차량이 통행하기 때문에 물과 같이 재물의 운을 본다. 집터를 중심으로 도로가 어떻게 설치돼 있는가를 본다. 여기서 말하는 도로는 자기 가족만이 드나드는 골목길을 말하는 것이 아니라 여러 사람이 다니는 공용의 큰길을 말한다.

예로부터 가장 좋은 도로는 집터를 동쪽과 남쪽으로 'ㄱ'자형으로 싸안은 도로이다. 이런 도로는 태양이 비치는 조건이 좋기 때문이기도 하다. 그 다음으로 좋은 도로는 집터를 남쪽과 서쪽으로 'ㄱ'형으로 싸안은 도로이다. 좋지도 나쁘지도 않은 무난한 도로는 집터의 동쪽이나 남쪽, 서쪽의 어느 한쪽으로만 있는 도로이다.

나쁜 도로는 집터의 북쪽 한쪽으로만 있는 도로이다. 이런 경우 집터가 아주 넓지 않을 경우 현관의 방위가 북동쪽이나 북쪽, 북동쪽이 되기 마련이다. 이들의 방위는 겨울철에 찬바람이 불어오기 때문에 좋지 않다. 특히 북동쪽은 귀신이 드나드는 방위이기 때문에 현관을 설치해서는 안 된다.

그 다음으로 나쁜 것은 'ㄷ'모양으로 3면이 도로로 둘러싸인 집터이다. 가족에게 교통사고나 괴질 등의 재난이 끊임없이 나타난다. 그러나 도로에 접한 방위의 구조에 따라 기(氣)가 들어오면 나쁜 일을 적게 당한다.

나쁜 일이 많이 생기는 순서로는 첫째가 서~북~동의 3방면으로 둘러싸인 도로이고, 둘째는 북~서~남의 3방명으로 둘러싸인 도로, 셋째는 남~동~북의 3방면으로 둘러싸인 도로, 넷째는 남~동~서의 3방면으로 둘러싸인 도로이다. 그러나 3방면으로 둘러싸인 도로라 하더라도 집터의 면적이 500㎡이상이면 집터에 여유가 있으므로 나쁜 일을 어느 정도 막을 수 있다. 도로의 한쪽에 나무를 벽처럼 줄로 심어서 도로가 양쪽으로만 있는 것처럼 하면 어느 정도 나쁜 일 당하는 것을 막을 수 있다. 한편의 도로 쪽으로 건물을 짓고 반대 방면에 있는 도로의 안쪽으로 울타리처럼 나무를 심으면 나무에서 깨끗한 기가 발산되어서 좋다. 이런 방법은 집터의 면적이 300㎡ 이하에서는 효과가 없다. 또 2방면의 도로만 두고 한쪽의 도로는 다른 사람들이 아파트나 주택을 세워서 이용하도록 한다. 그러나 이 도로가 다른 사람의 소유일 경우는 별수가 없다.

절대적으로 피해할 집터는 'ㅁ'모양으로 4방면이 도로로 둘러싸인 집터이다. 이것을 '사방위(四方圍)'라 부른다. 최악의 경우 생명이 위협을 받는 가장 나쁜 집터이다. 이런 집터에 살면 주로 복부(腹部 : 배)에 원인 불명의 병이 생긴다. 2방면에 울타리 모양으로 나무를 심으면 피해가 줄어든다. 그러나 집터가 500㎡이상 넓으면 크게 해를 당하지 않는다.

4방이 둘러싸인 집터를 한자(漢字)로 표시하면 '수(囚 : 가둘 수)'자 되니 사람이 감옥에 들어앉아 있는 형상이다. 500㎡이하 면적의 집터가 4방으로 둘러싸여 있는 경우는 즉시 이사 가는 것이 좋다. 그러나 이사가 불가능한 경우 궁여지책으로 맨션이나 아파트를 세워 남쪽이나 동쪽의 방을 자기 가족이 사용하는 것이 좋다. 이때도 한쪽만이라도 나무를 울타리 모양으로 심는 것이 좋다. 여러 사람들이 통행하는 큰 도로가 3면으로 둘러싸인 것보다는 가족만이 통행하는 작은 길이 3면으로 둘러싸이면 흉함이 덜하다. 집터 바로 옆이 아니라 좀 멀리서 3면이나 4면으로 둘러싸이면 흉함이 덜하다.

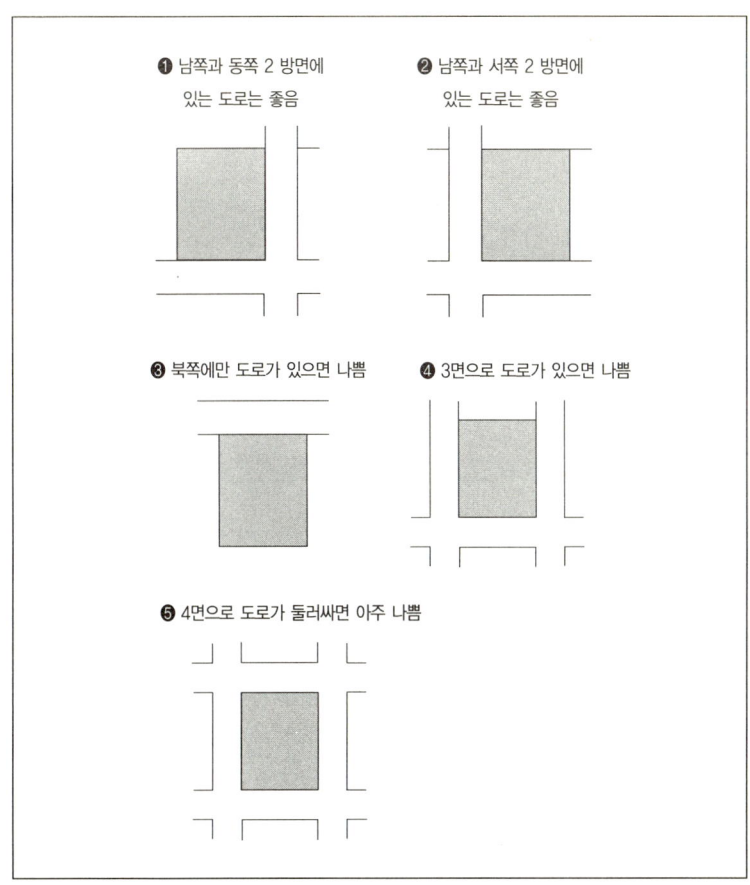

❶ 남쪽과 동쪽 2 방면에 있는 도로는 좋음

❷ 남쪽과 서쪽 2 방면에 있는 도로는 좋음

❸ 북쪽에만 도로가 있으면 나쁨

❹ 3면으로 도로가 있으면 나쁨

❺ 4면으로 도로가 둘러싸면 아주 나쁨

도로에 따른 집터의 좋고 나쁨

10. 물길

산은 움직이지 않기 때문에 음으로 보고, 물은 흘러 움직이기 때문에 양으로 본다. 산은 인물을 보고 물은 재물로 본다. 현무가 힘 있게 구불구불 내려오고 앞에서 주작이 받쳐주고 양쪽에서 좌청룡과 우백호 그리고 다른 산들이 잘 싸주면 큰 인물이 나고 큰 물길이 감싸 주면서 구불구불 흘러나가면 큰 부자가 난다. 산이 어떻게 생겼느냐를 가지고 얼마나 큰 인물이 날 것인가를 가늠하고, 물이 어떻게 흐르는가를 가지고 얼마나 큰 부자가 날 것인가를 가늠한다. 그래서 풍수에서 물은 큰 위치를 차지한다.

물길은 도로와는 달리 집에서 좀 떨어진 거리에 있어도 크게 영향을 미친다. 좌청룡과 우백호에서 흘러나온 물이 집터를 허리띠 모양으로 감아

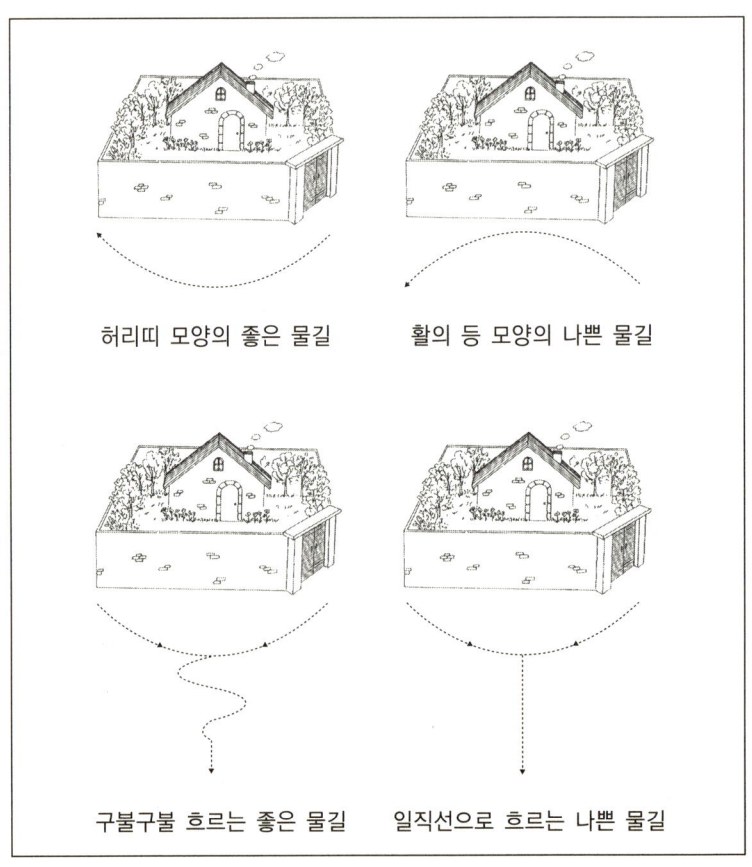

허리띠 모양의 좋은 물길   활의 등 모양의 나쁜 물길

구불구불 흐르는 좋은 물길   일직선으로 흐르는 나쁜 물길

준 후 구불구불 도도히 흘러가야 좋다. 물이 서서히 흘러야지 급하게 흐르면 좋지 않다. 그리고 집터 앞으로 구불구불 흘러야지 일직선으로 흐르면 재물이 빠져나가 버린다. 물길이 집터를 허리띠 모양으로 안아 주어야지 집터를 등지고 활의 등 모양(反弓水)으로 흘러가면 전혀 재물이 모이지 않는다.

물은 맑고 깨끗해야지 더럽거나 흐리면 집안에 재앙이 생기고 음탕한 사람이 나온다.

11. 담과 울타리

담과 울타리는 첫째 자기 땅과 남의 땅의 경계선을 밝히는 것이다. 그리고 짐승들의 난입이나 바람과 먼지를 막고 도둑 등 외부 사람의 출입을 제한하는 역할을 한다.

담장이 주거에 미치는 영향은 외기(外氣)가 주택으로 들어올 때 그 힘을 약화시켜주는 방풍의 역할을 해주고 주택내의 공기를 순환시켜준다.

풍수적으로 고려할 점에 대해 임 준씨는 다음과 같이 주장한다.

· 담의 높이는 가능한 한 외부의 시선을 차단할 수 있는 정도로 해야지 너무 높거나 낮으면 좋지 않다.

· 돌이나 시멘트 재료로 된 담보다는 나무 울타리가 좋다. 이는 미관이 좋고, 나무에서 산소를 공급해 주고 공기가 잘 통하기 때문이다.

· 터가 좁은 주택의 경우 담이 높으면 그늘지고, 공기 유통이 잘 안 되어 좋지 않다.

· 담에 금이 가거나 기울어지면 빨리 개축해서 붕괴를 예방해야 한다.

· 생 울타리는 낮아야 공기 유통이 잘 되어 좋다.

· 정원이 좁거나 정원에 연못이 있으면 담을 낮게 하여 공기 유통을 좋게 한다.

· 처마보다 높은 담은 좋지 않고 터가 넓을 경우 높은 담은 무방하다. 낮은 대지에 높은 담은 좋지 않다.

12. 정원수 종류에 따른 방위

정원은 주택의 미적 효과뿐만 아니라 신선한 산소를 공급해 건강상에도 크게 도움을 준다.

정원수는 가시가 있거나 너무 키가 큰 것은 삼가는 것이 좋다. 예부터 궁전에는 가시가 있거나 속이 빈 나무, 넝쿨나무, 색깔이 자주 변하는 단풍나무 같은 것은 심지 않았다고 한다. 가시가 있으면 고통이 따르고, 속이 비면 실속이 없고, 넝쿨은 꾸불꾸불 파란이 많고, 색깔이 변하는 것은 신하들의 충성심이 변한다는 뜻에서 이다.

담이나 파고라(綠廊 : 나무 터널)에 등나무 같은 넝쿨을 올리면 뿌리에서 분비된 탄산에 의해 콘크리트가 부식되고 그늘을 만들어 좋지 않다.

홍만선(洪萬善)이 지은 '증보 산림경제' 에서 보면 정원수도 방위에 따라 좋고 나쁜 것이 있다.

방위에 따라 좋은 나무 종류

○ 어느 방위에 심어도 좋은 나무-사철나무, 홰나무, 감나무, 소나무, 대나무, 대추나무, 라일락, 장미, 향나무, 향기로운 화초류

○ 동쪽에 심으면 좋은 나무-벗나무, 매화나무, 소나무, 은행나무, 차나무, 자두나무

○ 서쪽에 심으면 좋은 나무-떡갈나무, 느릅나무, 대추나무, 석류나무

○ 남쪽에 심으면 좋은 나무-매화나무, 자두나무, 대추나무

○ 북쪽에 심으면 좋은 나무-홰나무, 은행나무, 키가 큰 나무

○ 북동쪽에 심으면 좋은 나무- 매화나무, 키가 작은 관목류

○ 남동쪽에 심으면 좋은 나무-대추나무, 매화나무, 산뽕나무

○ 남서쪽에 심으면 좋은 나무-대추나무, 모란, 매화나무, 느릅나무, 구기자

○ 북서쪽에 심으면 좋은 나무-소나무, 측백나무, 감나무, 은행나무, 느릅나무, 석류나무

장소에 따라 나쁜 나무 종류

○ 우물가에 오동나무나 복숭아나무를 심는 경우

○ 귀문(鬼門)인 북동이나 남서에 키가 큰 나무를 심는 경우

○ 집안에 있는 오래된 거목(巨木)을 잘라 버리는 경우

○ 집 뜰에 정원석을 지나치게 깔아 둔 경우

○ 집 앞에 단풍나무를 심는 경우

○ 키가 큰 교목(喬木 : 키큰 나무)을 집 가까이 심는 경우

○ 집안에 무궁화나무를 심는 경우

○ 대문 앞에 큰 오동나무가 있는 경우

○ 서남쪽에 복숭아, 자두나무가 있는 경우

○ 동남쪽에 은행나무를 심는 경우

○ 동쪽에 복숭아나무를 심는 경우

○ 북서쪽에 키 큰 나무를 심는 경우

○ 대문 앞이나 양쪽에 키 큰 나무를 심는 경우

○ 줄기가 굽어진 나무는 심지 않아야 하고 보기 좋게 한다고 나무를 기울어지게 심으면 가세가 기운다. 줄기에 붙은 나무 가지는 세력이나 간격 면에서 서로 균형을 이루어야지 한쪽으로 가지의 세력이 치우치거나 한쪽이 비어 있으면 안 된다. 아무튼 사방이 고루 자란 나무가 좋다.

○ 마당 한 가운데에 나무를 심으면 한자로 곤(困)자가 되어 가정에 어려움이 많다. 마당과 건물을 그늘지게 하고 나무가 바람에 쓰러지면 어느 건물이든지 피해를 보게 된다.

○ 정원 한 가운데에 버드나무 종류를 심으면 여자가 놀아나 가산을 탕진하고 술(戌)방위에 큰 정원수가 있으면 집안에 우환이 생긴다. 지붕을 덮는 큰 나무가 있으면 태풍에 의해 넘어져 피해를 볼 수도 있고, 나무의 기에 집의 기가 눌려 화란과 우환이 생긴다.

○ 예부터 정원수로서 좋은 나무는 소나무, 대나무, 매화나무, 대추나무, 감나무, 느릅나무이고 나쁜 나무는 복숭아나무, 자두나무, 버드나무, 오동나무, 배나무, 잣나무이다.

공기 정화 식물

식물은 실내에서 주로 생활하는 우리에게 깨끗하고 신선한 공기를 얻을 수 있게 하는 가장 큰 자원이다. 경제적이면서도 효율적으로 실내 오염물질을 제거해주고, 집안 구석구석을 보기 좋게 해주는 공기정화 식물을 어느 장소에 두면 좋을까?

○ 현관에는 이레키야자

불쾌한 냄새를 제거하는 데 탁월한 효과가 있는 이레키야자는 실내 악취를 흡수하고 담배 연기를 제거하는데 좋다. 특히 신발장 위나 현관에 두면 보기에도 좋고 현관에서 나는 나쁜 냄새를 없애는 데 도움이 된다. 또한 실내가 건조하면 수분을 많이 내뿜어 실내습도를 조절하기도 하는데, 1.8m 정도의 높이라면 24시간 동안 약 1리터 정도의 수분을 뿜어내 가습기 역할을 하기도 한다.

이레키야자는 화분흙이 말랐을 때 물을 흠뻑 주되 잎에는 분무기를 이용해 수시로 수분을 공급해 준다. 강한 직사광선은 피한다.

○ 거실에는 아이비, 행운목과 인도고무나무

두릅식물과 식물로써 요즘 새집증후군을 없애기 위해 자주 이용되는 아이비는 포름알데히드 제거에 효과적인 것으로 알려져 있다. 무엇보다 공기정화 능력이 뛰어나 커튼, 실내장식용품, 깔개 등에서 발산되는 화학 물질을 흡수한다. 실내 정원의 지피용(地被用 : 바닥을 덮는데 쓰임), 매달기 화분용 등으로 다양하게 이용되며 생육이 매우 강하여 일반 가정에서도 쉽게 키우는 즐거움을 맛볼 수 있다. 아이비는 여름에는 통풍이 잘 되는 곳에 두고 직사광선을 피한다.

가장 대중적인 관엽식물 중의 하나인 행운목은 아황산가스와 이산화질소 내성 식물이라 오염된 실내공간에서도 잘 자라며 물만으로도 잘 자란다고 해서 행운목이라는 이름이 붙여졌다는 속설이 있다. 전자제품과 실내 장식품 등에서 나오는 유해물질을 흡수하는 효과가 있어 공기를 정화시키는 역할을 한다. 거실에 두면 보기에도 좋고 실내의 답답함을 없애 공간을 시원하게 연출해 주는 역할을 한다. 행운목은 화분 표면에 흙이 마르지 않도록 물만 주면 잘 자란다.

잎의 광택이 멋진 식물인 인도고무나무는 포름알데히드나 실내미세분진 제거에 효과가 있다. 따라서 카펫이나 벽지 등에서 나오는 유독가스와 미세먼지를 흡수해 실내공기를 맑게 해주며 잎이 넓어 공기정화 작용이 뛰어나고 밝은 곳이나 먼지가 많은 창가 쪽에 배치하면 효과가 더 크다.

○ 주방에는 스킨답서스와 스타키필름

덩굴성 열대 상록 관엽식물인 스킨답서스는 일산화탄소의 제거 능력이 다른 공기정화 식물보다 5배 정도 뛰어나 난방이나 조리 시 발생하는 불완전 연소 가스를 빨아들이는 데 탁월한 효과가 있다. 음지에서 잘 자라고 생명력이 강하다. 스킨답서스는 생명력이 강하지만 추위에는 약한 식물이기 때문에 관리가 필요하다.

매니큐어 제거용 아세톤은 물론 새로 칠한 페인트에서 나온 공업용 아세톤도 흡수하는 것으로 유명한 스타키필름은 난방이나 조리 시 불완전하게 연소된 이산화질소와 이산화황과 같은 물질을 효과적으로 제거하기 때문에 주방이나 보일러실 앞에 놓으면 좋다.

빛이 많지 않은 곳에서도 잘 자라기 때문에 실내에서 키우기 적합하고 일정 온도만 유지된다면 하얀색 꽃대가 일 년 내내 올라오므로 인테리어에도 효과만점이다.

○ 침실에는 싱고니움

키우기 쉽고 관리하기도 용이하기 때문에 가정과 사무실에서 인기가 높은 식물인 싱고니움은 실내공기에 함유된 독성물질과 실내 미세먼지를 제거하는 효과가 있다. 또한 실내 습도 조절 기능도 우수하여 침대 맡에 두면 숙면에 도움이 된다. 실내 화초 중에서도 환경 적응력이 뛰어난 식물이기 때문에 초보자도 쉽게 키울 수 있다는 장점이 있다. 여름에는 수경재배의 형태로 시원한 분위기를 연출할 수 있다. 싱고니움은 분무기를 사용해 물을 주고 반그늘에 두면 잘 자란다.

○ 화장실에는 국화와 관음죽

꽃과 잎에 독특한 향기가 있어 냄새제거에 많이 사용되는 국화는 공기 중의 유독가스나 암모니아를 흡수 제거하는 능력이 있다. 또한 질소나 암모니아를 양분으로 적당량 흡수해야 꽃과 잎이 선명해지는 특성이 있어 화장실에 두기에 제격이다. 국화는 꽃이 활짝 핀 것으로 구입한 후 바로 유기질 비료를 뿌려주면 잘 자란다.

암모니아 흡수율이 뛰어난 관음죽은 음지식물로 빛이 많지 않은 실내에서도 잘 자라며 열대식물이지만 추위도 잘 견디기 때문에 화장실 변기 주변에 두면 좋다. 이산화탄소와 포름알데히드, 이산화질소 제거에도 효과적인데다 동양적인 멋까지 지니고 있어 인테리어에도 그만이다. 관음죽은 3~4일에 한 번씩 물을 주되, 직사광선을 받으면 잎이 타므로 주의한다.

13. 아파트 호실의 길흉관계

(1) 택향(宅向)을 정하는 방법

아파트나 빌딩, 주거 또는 사무실이 끝에서 몇 번째에 있는가 하는 "건물 내의 위치"를 택향(宅向)이라 하는데 이에 대해서 알아보자. 그림을 보자 이 그림은 북, 북동, 동, 남동, 남, 남서, 서, 북서의 8방위를 각 15도씩 나눈 24산 방위가 쓰여 있다. 이 방위판은 이등분(二等分)돼 있는데 아파트나 빌딩의 정면 현관의 방향에 따라 결정되는 것이다. 방위를 인방(寅方)~곤방(坤方)까지를 양향(陽向), 신방(申方)~간방(艮方)까지를 음향(陰向)으로 구분한다.

○ 방위를 잴 때에 주의할 일은 건물 밖 정면 현관에서 1m 쯤 떨어진

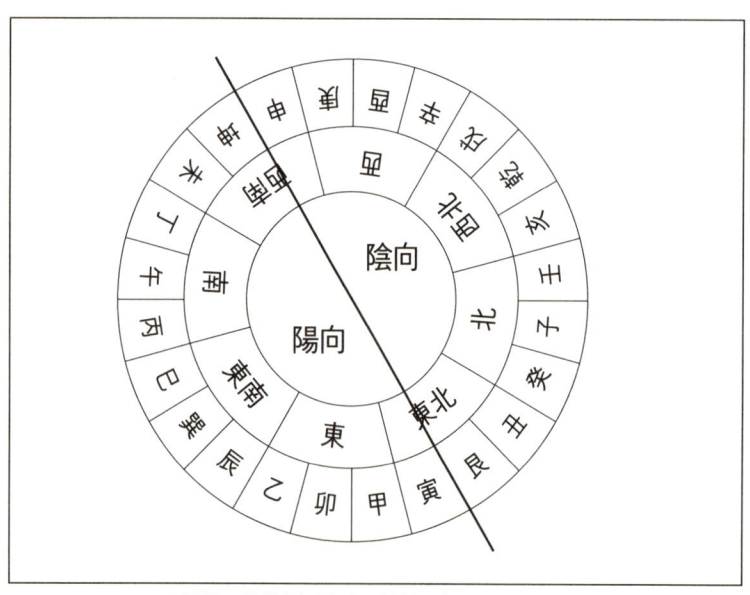

24방위를 음향(陰向)과 양향(陽向)으로 나눈 그림

장소에서 현관에서 밖으로 향해서 서서 잰다.

○ 패철(나침판)의 46도~210도까지는 양향(陽向), 211~45도까지는 음향(陰向)이다. 패철에는 4층, 6층, 8층에 각각 24방위가 표시 돼 있는데 4층으로 24방위를 잰다.

위의 그림에서 인(寅)과 신(申)을 중심으로 해서 양향과 음향으로 정하는 것은 인시(寅時 : 새벽 3시~5시)에 양(陽)이 태동(胎動)하여 날이 밝아지기 시작하고, 신시(申時 : 오후 3시~5시)에 음(陰)이 태동(胎動)하여 날이 어두워지기 시작하기 때문이다.

○ 음향의 건물이라면 층수나 호수에 제한하지 않고 정면 현관을 향해 1층의 왼편 끝이 1이 된다고 외워두면 좋다. 그런 다음 9성(九星)을 순서대로 1, 2, 3, 4, 5, 6, 7, 8, 9, 1, 2, 3, 4,…순으로 배정해가면 쉽다. 다음으로는 위쪽으로 2, 3, 4, 5, 6, 7, 8, 9, 1, 2, 3, 4,…순으로 번호를 매긴다.

○ 양향에 속하는 건물은 정면 현관을 향해 1층의 오른편이 1이 된다. 다음으로는 왼쪽으로 1, 2, 3, 4, 5, 6, 7, 8, 9, 1, 2, 3,…, 위쪽으로도 2, 3, 4, 5, 6, 7, 8, 9, 1, 2,…의 순으로 배정하면 된다.

○ 양향의 건물이라면 변형의 건물도 물론 층의 오른편이 1이 되므로 그것을 기점으로 하면 좋다.

(2) 본명괘와 아파트 호실과의 길흉

택위(宅位)의 판정법에 관해서는 여러 사람의 학설이 있다. 지금의 단계로는 그 어느 것이 올바른가를 간단히 단정하기는 힘들다.

본명괘와 구성 배치도에 의한 택위를 가지고 좋고 나쁨을 따진다.

다음의 표에서 구성법에 의한 본명괘의 오행과 구성법에 의한 택위(宅位)의 오행과의 상생 상극을 가지고 길흉을 판단한다. 예를 들면 남자 1942년생은 본명괘가 손(巽)인데 오행으로 목(木)이다. 여기서 자기가 살고 있는 아파트의 택위가 5라고 하자. 5는 구성에서 중앙으로 토(土)에 해당된다.

본명괘와 택위를 가지고 길흉을 따져보면 목극토(木剋土)로써 상극이 되므로 좋지 않다. 같은 상극이라도 내가 상대를 극하면 소흉(小凶)이고 내가 상대한테 극을 당하면 대흉(大凶)이다.

상대가 나를 생(生)해 주면 가장 좋고, 같은 오행끼리는 그 다음에 해당되며, 내가 상대를 생해 주면 조금 좋다. 내가 상대를 극(剋)하면 약간 나쁘고, 상대가 나를 극하면 아주 나쁘다.

구성의 숫자에 의한 오행을 보면 1은 水, 2는 土, 3과 4는 木, 5는 土, 6과 7은 金, 8은 土, 9는 火이다. 오행의 상생을 보면 목생화, 화생토, 토생금, 금생수, 수생목이고 상극은 목극토, 화극금, 토극수, 금극목, 수극화이다.

다음의 그림과 같은 건물은 음향(陰向) 건물이기 때문에 정면 현관을 향해 1층의 왼쪽 끝에서 1부터 시작해 오른쪽으로 가면서 1, 2, 3, 4, 5, 6, 7, 8, 9로 구성 순서대로 매겨간다. 구성법에서 9가 마지막 숫자이기 때문에 9다음부터 다시 1, 2, 3, …순으로 매겨간다. 1층이 9를 넘지 못할 때는 6이든지 7이든지 끝나는데 까지만 숫자를 매긴다. 1층이 5호실로 끝나면 5의 숫자로 끝난다.

2층, 3층, …으로 올라갈 때는 1층의 다음 숫자부터 9까지 매기고 9를 넘을 때는 다시 1, 2, 3, …의 순서대로 숫자를 매긴다.

A. 음향 건물의 구성 기본 배치도

3	4	5	6	7	8	9	1	2	3	4	5	6
2	3	4	5	6	7	8	9	1	2	3	4	5
1	2	3	4	5	6	7	8	9	1	2	3	4
9	1	2	3	4	5	6	7	8	9	1	2	3
8	9	1	2	3	4	5	6	7	8	9	1	2
7	8	9	1	2	3	4	5	6	7	8	9	1
6	7	8	9	1	2	3	4	5	6	7	8	9
5	6	7	8	9	1	2	3	4	5	6	7	8
4	5	6	7	8	9	1	2	3	4	5	6	7
3	4	5	6	7	8	9	1	2	3	4	5	6
2	3	4	5	6	7	8	9	1	2	3	4	5
1	2	3	4	5	6	7	8	9	1	2	3	4

↓
정면현관의 방향

3	4	5
2	3	4
1	2	3

↓
정면현관의 방향

5	6	7	8	9
4	5	6	7	8
3	4	5	6	7
2	3	4	5	6
1	2	3	4	5

↓
정면현관의 방향

B. 양향 건물의 구성 기본 배치도

7			
6	5		
5	4	3	
4	3	2	1

↓
정면현관의 방향

6	5	4	3	2	1	9	8	7	6	5	4	3
5	4	3	2	1	9	8	7	6	5	4	3	2
4	3	2	1	9	8	7	6	5	4	3	2	1
3	2	1	9	8	7	6	5	4	3	2	1	9
2	1	9	8	7	6	5	4	3	2	1	9	8
1	9	8	7	6	5	4	3	2	1	9	8	7
9	8	7	6	5	4	3	2	1	9	8	7	6
8	7	6	5	4	3	2	1	9	8	7	6	5
7	6	5	4	3	2	1	9	8	7	6	5	4
6	5	4	3	2	1	9	8	7	6	5	4	3
5	4	3	2	1	9	8	7	6	5	4	3	2
4	3	2	1	9	8	7	6	5	4	3	2	1

↓
정면현관의 방향

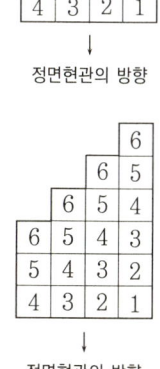

↓
정면현관의 방향

7층	7	8	9	1	2	3	4	5	6	7	8	9	1
6층	6	7	8	9	1	2	3	4	5	6	7	8	9
5층	5	6	7	8	9	1	2	3	4	5	6	7	8
4층	4	5	6	7	8	9	1	2	3	4	5	6	7
3층	3	4	5	6	7	8	9	1	2	3	4	5	6
2층	2	3	4	5	6	7	8	9	1	2	3	4	5
1층	1	2	3	4	현관	6	7	8	9	1	2	3	4

건물 앞면
택위의 입체도―음향인 건물

　현관은 사람이 살지 않기 때문에 매긴 것으로 간주하고 다음 호실로 건너 뛰어 숫자를 매긴다.

　위 그림에서 보는 바와 같이 1층 숫자 5의 위치에 현관이 있기 때문에 숫자는 매기지 않았으나 숫자 5로 간주하고 2층부터 7층까지 5다음 숫자인 6부터 7, 8, 9, 1, 2로 숫자를 매겨 놓았다. 1층의 숫자가 매겨지면 2층부터는 1층의 다음 숫자부터 매겨 가는데 숫자가 9를 넘으면 다시 1, 2, 3,… 순으로 숫자를 매긴다.

　예를 들어 1층 4호실은 위층으로 올라가면서 5, 6, 7 ,8 ,9, 1 로 숫자가 매겨져 있다. 현관은 사람이 살지 않기 때문에 숫자는 매길 수 없지만 숫자를 매긴 것으로 간주하고 다음 호실은 건너뛰어 6, 7, 8, 9, 1, 2, 3으로 숫자를 매긴다.

　양향(陽向)의 건물인 경우 정면을 향해 1층 오른쪽부터 1, 2, 3, 4,…순으로 구성법에 의해 순서대로 숫자를 매긴다. 1층부터 7층까지 숫자를 매기는 방법은 음향의 경우와 같다. 1층의 다음 숫자부터 차례로 숫자를 매

7층	9	8	7	6	5	4	3	2	1	9	8	7
6층	8	7	6	5	4	3	2	1	9	8	7	6
5층	7	6	5	4	3	2	1	9	8	7	6	5
4층	6	5	4	3	2	1	9	8	7	6	5	4
3층	5	4	3	2	1	9	8	7	6	5	4	3
2층	4	3	2	1	9	8	7	6	5	4	3	2
1층	3	2	1	9	8	7	현관	5	4	3	2	1

건물 앞면

택위의 입체도-양향인 건물

기며 9를 넘으면 다시 1, 2, 3, …순서대로 숫자를 매긴다.

사람은 태어날 때 타고난 방위가 있다. 이를 본명궁(本命宮 : 本命星) 또는 본명괘(本命卦)라고 부른다. 본명괘는 같은 해에 태어났어도 남자와 여자가 다르다. 절기 중의 입춘(立春)을 중심으로 결정되는데 대개 입춘은 양력 2월 4일 경이다.

입춘 이전에 태어난 사람은 전년의 본명괘를, 입춘 이후에 태어난 사람은 당년의 본명괘를 택해야 한다. 본명괘는 앞서 설명되고 제시되었지만 다음의 남녀별 본명괘표를 보면 쉽게 찾을 수 있다. 본명괘는 가족마다 다르므로 가족 모두를 가지고 길흉을 따지기가 힘들다. 그래서 세대주의 본명괘를 가지고 좋고 나쁨을 변별하게 된다. 여기서 세대주는 가족 중에서 주도권을 갖고 있는 사람을 말한다. 한 집에서 대가족이 살 경우 나이가 많은 어른이 세대주가 아니고 실제로 경제권을 갖고 주도적 역할을 하는 사람이 세대주가 된다.

표 안에 있는 숫자는 구성법에 의해 매겨진 숫자들로 자기가 살고 있는

남녀별 본명괘와 오행

생년월일시	남	여	생년월일시	남	여	생년월일시	남	여
1912.02.05.12:54~	태(金)	간(土)	1942.02.04.19:49~	손(木)	곤(土)	1972.02.05.02:20~	감(水)	간(土)
1913.02.04.18:43~	건(金)	이(화)	1943.02.05.01:40~	진(木)	진(木)	1973.02.04.08:04~	이(火)	건(金)
1914.02.05.00:29~	곤(土)	감(水)	1944.02.05.07:23~	곤(土)	손(木)	1974.02.04.14:00~	간(土)	태(金)
1915.02.05.06:25~	손(木)	곤(土)	1945.02.04.13:19~	감(水)	간(土)	1975.02.04.19:59~	태(金)	간(土)
1916.02.05.12:14~	진(木)	진(木)	1946.02.04.19:04~	이(火)	건(金)	1976.02.05.01:39~	건(金)	이(火)
1017.02.04.17:58~	곤(土)	손(목)	1947.02.05.00:50~	간(土)	태(金)	1977.02.04.07:33~	곤(土)	감(水)
1918.02.05.23:53~	감(水)	간(土)	1948.02.05.06:42~	태(金)	간(土)	1978.02.04.13:27~	손(木)	곤(土)
1919.02.05.05:39~	이(火)	건(金)	1949.02.04.12:23~	건(金)	이(火)	1979.02.04.19:12~	진(木)	진(木)
1920.02.05.11:27~	간(土)	태(金)	1950.02.04.18:21~	곤(土)	감(水)	1980.02.05.01:09~	곤(土)	손(木)
1921.02.04.17:20~	태(金)	간(土)	1951.02.05.00:13~	손(木)	곤(土)	1981.02.04.06:55~	감(水)	간(土)
1922.02.04.23:06~	건(金)	이(火)	1952.02.05.05:53~	진(木)	진(木)	1982.02.04.12:45~	이(火)	건(金)
1923.02.05.05:00~	곤(土)	감(水)	1953.02.04.11:46~	곤(土)	손(木)	1983.02.04.18:40~	간(土)	태(金)
1924.02.05.10:50~	손(木)	곤(土)	1954.02.04.17:31~	감(水)	간(土)	1984.02.05.00:19~	태(金)	간(土)
1925.02.04.16:37~	진(木)	진(木)	1955.02.04.23:18~	이(火)	건(金)	1985.02.04.06:12~	건(金)	이(火)
1926.02.04.22:38~	곤(土)	손(木)	1956.02.05.05:12~	간(土)	태(金)	1986.02.04.12:08~	곤(土)	감(水)
1927.02.05.04:30~	감(水)	간(土)	1957.02.04.10:55~	태(金)	간(土)	1987.02.04.17:52~	손(木)	곤(土)
1928.02.05.10:16~	이(火)	건(金)	1958.02.04.16:49~	건(金)	이(火)	1988.02.04.23:43~	진(木)	진(木)
1929.02.04.16:09~	간(土)	태(金)	1959.02.04.22:42~	곤(土)	감(水)	1989.02.04.05:27~	곤(土)	손(木)
1930.02.04.21:51~	태(金)	간(土)	1960.02.05.04:23~	손(木)	곤(土)	1990.02.04.11:14~	감(水)	간(土)
1931.02.05.03:41~	건(金)	이(火)	1961.02.04.10:22~	진(木)	진(木)	1991.02.04.17:08~	이(火)	건(金)
1932.02.05.09:29~	곤(土)	감(水)	1962.02.04.16:17~	곤(土)	손(木)	1992.02.04.22:48~	간(土)	태(金)
1933.02.04.15:09~	손(木)	곤(土)	1963.02.04.22:08~	감(水)	간(土)	1993.02.04.04:37~	태(金)	간(土)
1934.02.04.21:04~	진(木)	진(木)	1964.02.05.04:05~	이(火)	건(金)	1994.02.04.10:31~	건(金)	이(火)
1935.02.05.02:49~	곤(土)	손(木)	1965.02.04.09:46~	간(土)	태(金)	1995.02.04.16:13~	곤(土)	감(水)
1936.02.05.08:29~	감(水)	간(土)	1966.02.04.15:38~	태(金)	간(土)	1996.02.04.22:08~	손(木)	곤(土)
1937.02.04.14:26~	이(火)	건(金)	1967.02.04.21:31~	건(金)	이(火)	1997.02.04.04:02~	진(木)	진(木)
1938.02.04.20:15~	간(土)	태(金)	1968.02.05.03:07~	곤(土)	감(水)	1998.02.04.09:57~	곤(土)	손(木)
1939.02.05.02:10~	태(金)	간(土)	1969.02.04.08:59~	손(木)	곤(土)	1999.02.04.15:57~	감(水)	간(土)
1940.02.05.08:08~	건(金)	이(火)	1970.02.04.14:46~	진(木)	진(木)	2000.02.04.21:40~	이(火)	건(金)
1941.02.04.13:50~	곤(土)	감(水)	1971.02.04.20:25~	곤(土)	손(木)	2001.02.04.03:28~	간(土)	태(金)

건(乾), 태(兌), 이(離), 진(震), 손(巽), 감(坎), 간(艮), 곤(坤)

곤(坤) 2 土	간(艮) 8 土	감(坎) 1 水	손(巽) 4 木	진(震) 3 木	이(離) 9 火	태(兌) 7 金	건(乾) 6 金	본명괘 택위 길흉
9	9	6, 7	1	1	3, 4	2, 5, 8	2, 5, 8	아주좋음
2, 5, 8	2, 5, 8	1	3, 4	3, 4	9	6, 7	6, 7	보통좋음
6, 7	6, 7	3, 4	9	9	2, 5, 8	1	1	약간좋음
1	1	9	2, 5, 8	2, 5, 8	6, 7	3, 4	3, 4	약간나쁨
3, 4	3, 4	2, 5, 8	6, 7	6, 7	1	9	9	아주나쁨

표 상단: 건물 내의 호실 위치에서의 본명괘에 의한 길흉 판단

호실의 구성 숫자 즉, 택위(宅位)이다.

집주인의 본명괘의 오행과 호실의 숫자에 의한 오행이 상생이냐 상극이냐에 따라 길흉(吉凶)을 따진다. 같은 상생이라도 호실의 오행이 집주인의 본명괘 오행을 생해주면 아주 좋고, 집주인의 본명괘의 오행이 호실을 생해주면 약간 좋고, 집주인의 본명괘 오행과 호실의 오행이 같으면 비화(比和)로서 보통이다. 상극이 되면 나쁜데 같은 상극이라도 본명괘의 오행이 호실의 오행을 극하면 약간 나쁘고, 호실의 오행이 본명괘의 오행을 극하면 아주 나쁘다.

표에서 본명괘가 건(乾)인 사람의 경우는 건의 오행이 금(金)이다. 호실 2는 곤(坤)으로 오행은 토(土), 5는 중앙으로 토(土), 8은 간(艮)으로 토(土)이다. 호실 2, 5, 8이 모두 토(土)이므로 토생금(土生金)이 된다. 호실 2. 5. 8은 토(土)로서 본명괘 금(金)을 생해주므로 아주 좋고, 호실 7은 태로 오행은 금(金), 6은 건으로 오행은 금(金)이다. 7과 6은 같은 금(金)이다. 본명괘도 금(金)으로서 이는 비화 관계이므로 보통이다. 호실 1은 감으로 오행은 수(水)이다. 금생수(金生水)이므로 본명괘 금(金)이 호실 수(水)를 생하므로

집주인의 기가 빠져나간다. 그래서 약간 좋다.

호실3은 진으로 오행은 목(木)이고, 호실 4는 손으로 오행은 목(木)이다. 3과 4는 같은 목(木)이다. 금극목(金剋木)으로 본명괘 금(金)이 호실의 목(木)을 극하므로 나쁘다. 호실 9는 오행상 화(火)이다. 화극금(火剋金)으로 호실의 오행이 본명괘를 극(剋)하므로 아주 나쁘다. 다른 본명괘도 상생상극(相生相剋) 관계를 따져 보면 알 수 있다. 앞서 자세히 설명했지만 오행의 상생상극관계를 따져보면 목생화(木生火), 화생토(火生土), 토생금(土生金), 금생수(金生水), 수생목(水生木)은 상생이고, 목극토(木剋土), 화극금(火剋金), 토극수(土剋水), 금극목(金剋木), 수극화(水剋火)는 상극이다.

출생년도별로 어느 택위(宅位)가 좋고 나쁜가를 보면 다음 표와 같다.

아파트에 있어서 건물의 출입구가 어느 방향으로 되어 있느냐를 가지고 음향과 양향으로 나누고 각 호실별로 구성의 숫자를 매기는 것은 앞서 설명했다. 각 호실별로 구성의 숫자가 매겨지면 출생년도별로 좋고 나쁜 호실을 변별할 수 있다. 호실별로 매긴 구성의 숫자가 출생년도의 본명괘와 비화가 되거나 상생이 되면 좋다. 예를 들어 표의 첫째 칸의 남자와 둘째 칸의 여자의 출생년도에 태어난 사람은 본명괘가 감(坎)이고 구성의 숫자로는 1이고 오행으로 수(水)이다. 호실별로 매겨진 구성의 숫자가 1, 7, 6에 해당되면 좋다는 것이다. 1은 감(坎)으로 오행은 수(水)로 비화이고, 7은 태(兌)로 오행은 금(金)이고, 6은 건(乾)으로 오행이 금(金)이다. 금(金)이 수(水)를 생(生)해주니 좋다.

자기가 몇 년생인가를 알면 그 해당난의 좋은 택위의 숫자(호실의 구성 숫자)를 가진 호실을 선택하면 된다. 여자의 1954년생과 1957년생은 호실의 구성 숫자가 8, 2, 9에 해당된 아파트의 호실이 좋다.

출생년도에 따른 택위의 좋고 나쁨		
성별	출 생 년 도	좋은 택위 (號室의九星)
남자	1936, 1945, 1954, 1963, 1972, 1981, 1990, 1999, 2008, 2017	1, 7, 6
여자	1932, 1941, 1950, 1959, 1968, 1977, 1986, 1995, 2004, 2013	1, 7, 6
남자	1932, 1935, 1941, 1944, 1950, 1953, 1959, 1962, 1968, 1971, 1977, 1980, 1986, 1989, 1995, 1998, 2004, 2007, 2013, 2016	2, 9
여자	1933, 1942, 1951, 1960, 1969, 1978, 1987, 1996, 2005, 2014	2, 9
남자	1934, 1943, 1952, 1961, 1970, 1979, 1988, 1997, 2006, 2015	3, 4, 1
여자	1934, 1943, 1952, 1961, 1970, 1979, 1988, 1997, 2006, 2015	3, 4, 1
남자	1933, 1942, 1951, 1960, 1969, 1978, 1987, 1996, 2005, 2014	3, 4, 1
여자	1935, 1944, 1953, 1962, 1971, 1980, 1989, 1998, 2007, 2016	3, 4, 1
남자	1931, 1940, 1949, 1958, 1967, 1976, 1985, 1994, 2003, 2012	6, 7, 2, 8
여자	1937, 1946, 1955, 1964, 1973, 1982, 1991, 2000, 2009, 2018,	6, 7, 2, 8
남자	1930, 1939, 1948, 1957, 1966, 1975, 1984, 1993, 2002, 2011	6, 7, 2, 8
여자	1938, 1947, 1956, 1965, 1974, 1983, 1992, 2001, 2010, 2019	6, 7, 2, 8
남자	1938, 1947, 1956, 1965, 1974, 1983, 1992, 2001, 2010, 2019,	8, 2, 9
여자	1930, 1936, 1939, 1945, 1948, 1954, 1957, 1963, 1966, 1972, 1975, 1981, 1984, 1990, 1993, 1999, 2002, 2008, 2011, 2017	8, 2, 9
남자	1937, 1946, 1955, 1964, 1973, 1982, 1991, 2000, 2009, 2018	9, 3, 4
여자	1931, 1940, 1949, 1958, 1967, 1976, 1985, 1994, 2003, 2012	9, 3, 4

(3) 아파트의 현관, 안방, 부엌 3요의 방위와 길흉

아파트나 빌라에서 현관과 안방, 부엌의 3요소 방위에 의한 길흉 판단
은 앞서 밝힌 "대문, 안방, 부엌에서의 방향" 과 같다. 단독 주택에서 다
른 점은 방위를 단독주택에서는 택지의 중심점에서 측정하지만 아파트,

빌라 등은 호실의 중심점(한 가운데)에서 방위를 측정한다.

아파트나 빌라에서의 대문은 라인 출입문이나 엘리베이터를 타는 출입구가 아니라 자기가 사는 호실의 출입문 즉 호실의 현관문을 말한다.

한 아파트에 화장실이 여러 개가 있는 경우도 있는데 주로 많이 쓰는 화장실을 가지고 길흉을 따지는 것이 좋다.

단독주택에서와 마찬가지로 방위가 진(震), 손(巽), 이(離), 감(坎)에 속하면 동사택(東四宅)이라 하고 방위가 간(艮), 곤(坤), 태(兌), 건(乾)에 속하면 서사택(西四宅)이라 한다. 집주인이 본명괘가 동사택에 속할 경우 동사택의 집에, 본명괘가 서사택에 속할 경우 서사택에 속하는 집에 사는 것이 좋다. 출생년도에 따른 동·서사택 조견표를 보고 자기가 어느 사택에 속하는가를 쉽게 알아 낼 수가 있다.

현관과 안방, 부엌의 방위를 가지고 길흉을 판단하는 것은 가택 구성법을 운용한다. 구성은 1.생기(生氣) 2.오귀(五鬼) 3.연년(延年) 4.육살(六殺) 5.화해(禍害) 6.천을(天乙) 7.절명(絶命) 8.보필(輔弼)로 구분되며 이의 구체적 의미는 다음과 같다.

① 생기는 오행의 목(木)에 해당되며 집안이 부귀하게 된다.

② 오귀는 오행의 화(火)에 해당되며 질병에 시달리거나 일찍 죽고 나쁜 일이 계속 일어난다.

③ 연년은 오행의 금(金)에 해당되며 벼슬이 높아지고 재물을 모으며, 자손이 많고 수명이 길다.

④ 육살은 오행의 수(水)에 해당되며 집안이 망하고 가족이 상처를 입거나 부정을 저지르게 된다.

⑤ 화해는 오행의 토(土)에 해당되며 재난이 많아 재산을 잃으며 수명

남 자	
서사택	동사택
1926, 1929, 1930, 1931, 1932, 1935	1924, 1925, 1927, 1928, 1933, 1934
1938, 1939, 1940, 1941, 1944, 1947	1936, 1937, 1942, 1943, 1945, 1946
1948, 1949, 1950, 1953, 1956, 1957	1951, 1952, 1954, 1955, 1960, 1961
1958, 1959, 1962, 1965, 1966, 1967	1963, 1964, 1969, 1970, 1972, 1973
1968, 1971, 1974, 1975, 1976, 1977	1978, 1979, 1981, 1982, 1987, 1988,
1980, 1983, 1984, 1985, 1986, 1989	1990, 1991, 1996, 1997, 1998, 1999
1992, 1993, 1994, 1995	2000
여 자	
서사택	동사택
1924, 1927, 1928, 1929, 1930, 1933	1925, 1926, 1931, 1932, 1934, 1935
1936, 1937, 1938, 1939, 1942, 1945	1940, 1941, 1943, 1944, 1949, 1950
1946, 1947, 1948, 1951, 1954, 1955	1952, 1953, 1958, 1959, 1961, 1962
1956, 1957, 1960, 1963, 1964, 1965	1967, 1968, 1970, 1971, 1976, 1977
1966, 1969, 1972, 1973, 1974, 1975	1979, 1980, 1985, 1986, 1988, 1989
1978, 1981, 1982, 1983, 1984, 1987	1994, 1995, 1997, 1998, 1999
1990, 1991, 1992, 1993, 1996, 2000	

이 짧아 후대가 끊긴다.

⑥ 천을은 오행의 토(土)에 해당되며 부귀를 겸하고 복이 많아 집안이 화목하고 좋은 일이 많다.

⑦ 절명은 오행의 금(金)에 해당되며 병에 시달려 수명이 짧고 나쁜 일이 계속 생긴다.

⑧ 보필은 오행의 목(木)에 해당되며 모든 일이 순조롭고 경사스러운 일이 계속 생긴다.

이를 주택에 적용시켜 보면 대문, 안방, 부엌, 주택내의 각방, 객실, 우물은 길한 자리인 생기, 연년, 천을, 보필에 해당되는 방위에 배치되어야 기가 왕성하여 복이 많고 편안하게 된다.

그리고 화장실, 축사, 헛간, 하수구 등은 오귀, 육살, 화해, 절명의 흉한 자리에 배치되어야 나쁜 기를 쫓아내어 건강하게 오래 산다. 현관과 안방, 부엌의 방위에 따른 길흉을 다음 표를 보면 쉽게 판단 할 수 있다.

현관, 안방, 부엌 중 어느 것을 기준으로 삼아도 변함이 없다. 안방이 남쪽에 있다고 생각하고 현관이나 부엌의 방위에 따른 길흉을 판단해 보자. 현관이나 부엌이 동남쪽에 있으면 천을에 해당되어 좋고, 동쪽은 생기에 해당되어 아주 좋다. 북동쪽은 화해에 해당되어 나쁘고, 북쪽은 연년에 해당되어 좋다. 북서쪽은 절명, 서쪽은 오귀, 남서쪽은 육살에 해당되어 나쁘고, 남쪽은 보필에 해당되어 좋다.

안방이 남서쪽에 있다고 가정하고 이를 기준으로 삼아 현관과 부엌의 방위에 따른 길흉을 판단해 보면 남쪽은 육살, 남동쪽은 오귀, 동쪽은 화해에 해당되므로 나쁘고, 북동쪽은 생기에 해당되어 좋고, 북쪽은 절명에 해당되므로 나쁘다. 북서쪽은 연년, 서쪽은 천을, 남서쪽은 보필에 해당되어 좋다.

위의 표를 통하여 안방, 부엌, 현관이 같은 사택(四宅)에 속하면 좋고, 다른 사택에 속하면 나쁘다는 것을 알 수 있다. 이의 3요소 즉, 안방, 현관, 부엌이 모두 서사택(북동쪽, 남서쪽, 서쪽, 북서쪽)에 속하거나 모두 동사택(북쪽, 동쪽, 남동쪽, 남쪽)에 속하면 생기, 천을, 연년, 보필에 해당되어 좋고, 현관, 안방, 부엌이 각기 다른 사택에 속하면 화해, 절명, 오귀, 육살에 해당되어 나쁘다.

기준방위	동·서 사택 구분	8방위	구성	길흉	기준방위	동·서 사택 구분	8방위	구성	길흉

<table>

현관, 안방, 부엌의 길흉 판단표

기준방위	동·서 사택 구분	8방위	구성	길흉	기준방위	동·서 사택 구분	8방위	구성	길흉
진 (동)	동사택	동	보필	○	태 (서)	서사택	서	보필	○
		동남	연년	○			북서	생기	○
		남	생기	○			북	화해	×
		남서	화해	×			북동	연년	○
		서	절명	×			동	절명	×
		북서	오귀	×			남동	육살	×
		북	천을	○			남	오귀	×
		북동	육살	×			남서	천을	○
손 (남동)	동사택	남동	보필	○	건 (북서)	서사택	북서	보필	○
		남	천을	○			북	육살	×
		남서	오귀	×			북동	천을	○
		서	육살	×			동	오귀	×
		북서	화해	×			남동	화해	×
		북	생기	○			남	절명	×
		북동	절명	×			남서	연년	○
		동	연년	○			서	생기	○
이 (남)	동사택	남	보필	○	감 (북)	동사택	북	보필	○
		남서	육살	×			북동	오귀	×
		서	오귀	×			동	천을	○
		북서	절명	×			남동	생기	○
		북	연년	○			남	연년	○
		북동	화해	×			남서	절명	×
		동	생기	○			서	화해	×
		남동	천을	○			북서	육살	×
곤 (남서)	서사택	남서	보필	○	간 (북동)	서사택	북동	보필	○
		서	천을	○			동	육살	×
		북서	연년	○			남동	절명	×
		북	절명	×			남	화해	×
		북동	생기	○			남서	생기	○
		동	화해	×			서	연년	○
		남동	오귀	×			북서	천을	○
		남	육살				북	오귀	×

</table>

기준방위는 현관, 안방, 부엌 중 하나를 택하면 된다.
○은 길(좋음)을, ×는 흉(나쁨)을 나타냄

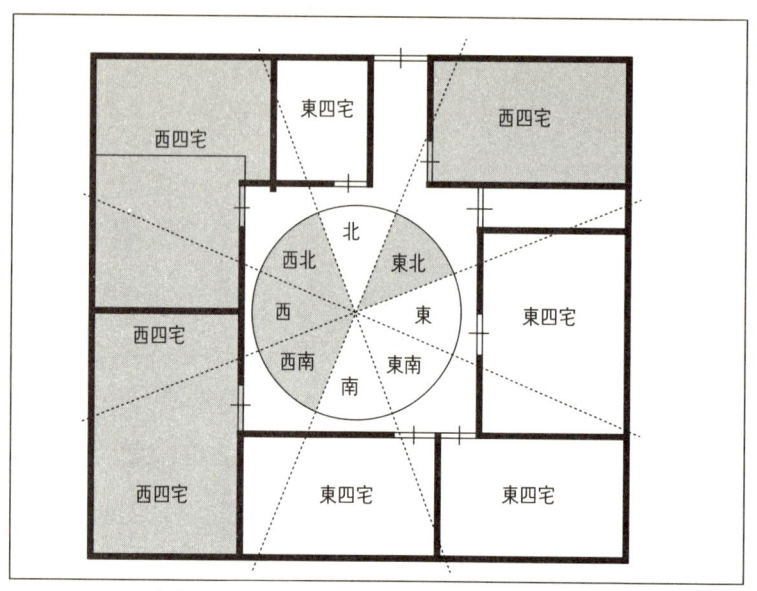

아파트에서 동사택과 서사택 방위의 측정 및 구분

14. 직업별 좋은 방위

직업별, 업종별 좋은 방위는 오행의 상생상극 관계로 정할 수도 있으나 8괘(八卦)의 상징에 따라 정하는 것이 좋다. 방위는 터가 없는 빌딩일 경우 빌딩의 중앙에서, 터가 있는 건물일 경우는 터의 중앙에서 측정한다.

황종찬씨는 직종별로 좋은 방위를 다음과 같이 분류하고 있다. 이는 팔괘의 상징에 따른 것이다.

직종별로 좋은 방위

① 북쪽–주류생산업자, 주류 판매상, 수산업 종사자, 상하수도 공사업

자나 관리자, 매춘 등의 향락 산업, 밀수업자

② 북동쪽-건축업자, 요식업자, 부동산 중개업자, 보험설계사, 등산가

③ 동쪽-전기기술자, 전기재료판매상, 전자제품제조업자, 전자제품 및 컴퓨터 판매업자, 과일 판매상, 수목원 관리자, 성악가, 가곡 작곡가

④ 남동쪽-목재상, 제지공장, 항공우체국, 비행장, 파일럿, 우편취급소, 우체국 근무자, 택시나 버스 등의 운수업자, 중개업자, 가구점, 무역회사, 오퍼상, 택배서비스업, 유통 관계업, 물류도매업

⑤ 남쪽-출판이나 인쇄업 및 출판종사자, 소설가, 판사, 검사, 배우나 탤런트 등의 연예인, 매니저, 흥행업자, 과학자, 발명가, 신문사나 잡지사의 기자, 연구소 직원, 교육계통 종사자

⑥ 남서쪽-산부인과 의사, 산파, 보육원, 유아원, 놀이방의 직원, 간호원, 부동산거래업자, 농부, 잠업종사자, 심리상담가, 곡물 생산이나 가공업자

⑦ 서쪽-철물점, 금속기구점, 배우나 가수, 탤런트, 작곡가, 디스코텍이나 카바레 등의 성인 음식점이나 유흥점종사자, 음료수판매상, 다방이나 음식점영업자, 금융관계업자, 변호사, 치과의사, 증권업자, 목욕탕업자

⑧ 북서쪽-단체장, 기관장, 대표이사, 사장, 최고책임자, 경영주, 지배인, 제철업, 정치인, 군인, 재판관, 종교가, 중역, 경찰관, 과일가게, 교육가, 무역업자, 기계제조업

상가별로 유리한 방위
① 북쪽-병원, 주점, 주류도매점, 음료품상, 생수판매나 대리점

② 북동쪽-숙박업, 버스터미널, 보험사, 하치장, 분양사무소, 주차장, 등산용품 판매점

③ 동쪽-전기재료상, 전자제품상, 음향기기 판매상, 과일 가게, 수목원, 화원, 꽃집,

④ 남동쪽-화장품점, 예식장, 수출입상, 운송회사, 시장, 가스판매대리점, 가구점, 목재상, 무역회사, 택배사무실, 물류유통업

⑤ 남쪽-카메라나 안경판매점, 인쇄소, 출판사, 연구소, 신문사, 잡지사, 흥행사무실, 박람회장, 극장, 미장원이나 이발소, 화장품점, 의료용품점

⑥ 남서쪽-택지분양사무소, 곡물판매점, 보육원, 골프장, 산부인과병원, 유아원, 놀이방, 부동산사무소, 장례용품점

⑦ 서쪽-다방, 음식점, 오락실, 철물점, 목욕탕, 치과, 은행, 전당포, 극장, 증권사, 디스코텍, 카바레

⑧ 북서쪽-각종 기관이나 공공단체사무실, 교회, 사찰, 귀금속상, 제철관련업, 광공업, 철공장

15. 장사가 잘 되는 위치

장사가 잘되게 하는 위치는 오행이나 구성법으로 따지기 보다는 일반적인 상식으로 따지는 것이 좋다.

가게 입구가 건물 한쪽 벽의 한 가운데 있으면 가게의 중심부로 순환이 되지 않은 기가 뚫고 들어오는 형국이 되므로 좋지 않다. 아울러 이런 가

게의 입구는 다량의 먼지가 들어오므로 위생상으로도 좋지 않다.

식당, 제과점, 생선가게, 야채류 판매상 등은 외부의 거친 나쁜 기나 먼지를 효과적으로 방비해야 한다. 음식물에 먼지가 붙게 되면 외관상 불결하게 보일 뿐만 아니라 세균이 감염되어서 건강상 좋지 않다.

가게의 터를 고를 때는 가급적 가게의 앞쪽에 가로막는 건물들이 없는 것을 택하는 것이 좋다. 즉, 전방이 넓게 트인 장소가 좋다. 하지만 넓은 장소라고 해서 건물 자체의 규모가 큰 것을 의미하는 것은 아니다. 전망이 툭 트인 곳이라는 것은 건물의 대지 자체는 좁더라도 가게의 앞에 건물들이 없거나 넓은 도로가 있는 경우를 말한다. 따라서 가게의 앞쪽이 넓으면 사방에서 모여드는 재물의 운과 생기를 바탕으로 하여 가게가 번창 하고 발전하여 마침내 성공하게 된다. 쉽게 말해서 이런 장소에 있는 가게는 많은 사람들이 모이게 된다.

장사는 사람과 사람의 왕래에서 비롯된다. 사람의 왕래가 빈번한 곳에 생기와 행운이 있다는 것을 자영업자는 알아야 한다.

자기의 가게가 있는 앞쪽에 다른 가게의 간판이나 벽, 전주가 설치되어 있다면 원활한 기의 흐름이 방해되어 손님의 왕래가 줄어들 것이다. 만약 가게의 앞에 다른 가게의 벽이 놓이거나 간판 등 장애물이 있는 경우에는 이에 대한 보완책으로 출입문의 크기를 크게 하는 것이 좋다. 출입문을 적당히 키우면 생기의 유통이 원활해진다.

가게의 입구를 남쪽이나 남동쪽으로 하면 장사가 잘 될 수도 있다. 남향이나 남동향은 겨울의 북서풍을 막아주고 햇볕을 잘 받아 사람들을 모여들게 한다. 입구가 동쪽이나 서쪽이면 직사광선을 받아 좋지 않고 북쪽이나 북서쪽에 있는 경우 찬 계절풍의 영향으로 나쁜 영향을 받는다. 이는 절대적인 것이 아니고 사람들이 많이 다니는 쪽으로 입구를 내야 한다. 만약 북쪽에 사람의 왕래가 많다면 북쪽으로 입구를 내는 것이 현명하다.

도로가 가게를 'ㄱ'나 'ㄷ' 모양으로 감싸지 않고 앞으로나 뒤로 일직선으로 지나가 버리면 재물 운이 흘러가 버려 돈이 들어오지 않는다.

가게의 방위는 주인의 본명괘(본명성)와 같은 방위이거나 같은 사택(四宅)의 방위와 일치하면 좋다.

일본 사람들은 태어난 날의 시간을 나타내는 12지(十二支)와 같은 방향을 중요시 하고 있기 때문에 여기 소개한다. 여기서 12지의 방위는 풍수에서 사용하는 패철의 4층에 표시된 방위를 말하는데 여기에는 24방위가 표시돼 있다. 이 24방위 중 12지가 써져 있는 방위만을 말한다.

출생시간별 좋은 방위는 가게를 얻는 위치뿐만 아니라 주택을 사서 이

출생 시간별 좋은 방위 조견표		
출생 시간	12지(十二支)	길방위(吉方位)
밤 11시~1시	자(子)	북
1시~3시	축(丑)	북~북동 사이
3시~5시	인(寅)	북동~동 사이
5시~7시	묘(卯)	동
7시~9시	진(辰)	동~남동 사이
9~11시	사(巳)	남동~남 사이
낮 11시~1시	오(午)	남
1시~3시	미(未)	남~남서 사이
3시~5시	신(申)	남서~서 사이
5시~7시	유(酉)	서
7시~9시	술(戌)	서~북서 사이
9~11시	해(亥)	북서~북 사이

사하는 경우, 사무실을 얻거나 빌딩을 건축하려할 때의 방위, 취직할 회사의 방위 등에 적용하여 자신에게 유리한 방향으로 활용할 수 있다. 출생 시간은 동양 역학에서 적용하고 있는 것으로 한다. 밤 11시~1시 사이에 태어났다면 자시생(子時生)으로서 자신에게 좋은 방위는 북쪽이다. 점포를 얻을 때도 북쪽 방향으로 하는 것이 유리하다.

가게 내에서 주인과 점원, 창고 등의 위치에 따른 길흉은 사무실 내에서의 자리 배치와 같다. 출입문을 중심으로 주인과 사원 등의 자리위치가 같은 사택(四宅)에 속하고 오행상 상생이 되느냐로 따진다

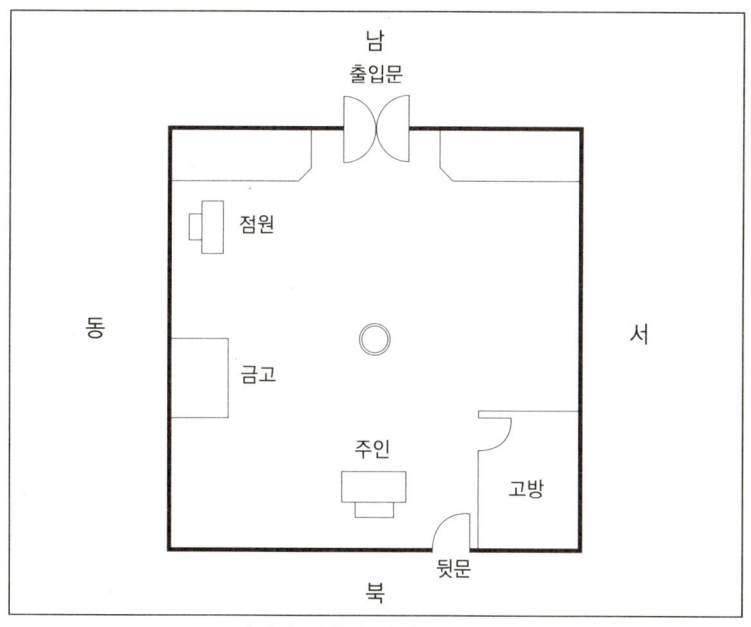

사장과 점원의 좌석 배치 길흉

그림에서 보면 주인의 자리는 감(坎 : 북)방위로 연년에 해당되어 날로 번창하고 돈도 잘 벌게 된다. 출입문은 남쪽에 있어 오행상 화(火)이고 주

인의 자리는 북쪽에 있어 오행상 수(水)로써 서로 상극이 되나 북쪽은 음이고 남쪽은 양으로 음양 배합상으로는 좋다. 점원의 자리는 손(巽 : 남동) 방위로 천을에 해당되어 점원이 정직하고 부지런히 일한다. 금고의 위치는 진(震 : 동)방위에 있어 생기에 해당되므로 날로 돈이 쌓인다. 창고는 건(乾 : 북서)방위에 있어 절명에 해당되므로 도둑이 우려된다. 뒷문은 감(坎 : 북)방위로 연년에 해당되어 좋다.

주택 풍수에 있어서 사무실의 좌석을 좋은 방위에 배치하여야 한다.

사무실에서 가장 지위가 높은 사장이나 기관의 대표 자리를 중심으로 해서 길흉을 판단하는 방법도 있고 사무실의 출입구를 중심으로 좋고 나쁨을 판단하는 방법도 있다. 신광주씨는 출입구를 중심으로 좋고 나쁨을 판단한다. 일반적으로 주택의 3요인 대문, 안방, 부엌에 관점을 두고 좋고 나쁨을 판단하기 때문에 사무실 출입구를 기준으로 하여 좌석 배치의 좋고 나쁨을 판단하는 것이 좋다고 생각된다.

동사택과 서사택의 좋고 나쁨의 판단에서와 마찬가지로 사무실 출입문과 사장, 사원들의 자리 방위가 생기, 천을, 연년, 보필에 해당되면 좋고, 화해, 육살, 오귀, 절명에 해당되면 나쁘다. 출입문의 방위와 사무실 대표의 본명괘(本命卦)가 같은 사택(四宅)에 속하면 더욱 좋다.

사무실 내에서의 방위 측정은 사무실 중심점(한 가운데)에서 한다. 사무실의 출입문을 정남, 정북, 정동, 정서나 정남동, 정남서, 정남북, 정북동에 두어서는 안 된다. 여기서 정(正)은 각 방위의 15°내를 말한다.

그런데 건물이나 집터, 사무실의 어느 방위가 움푹 들어가면 운기가 나쁘게 작용한다. 각 방위가 움푹 들어갈 때의 영향을 보면 다음과 같다.

① 북－부하가 따르지 않는다.

② 북동-사고나 상처가 생긴다.

③ 동-계획이 무너지거나 좋은 계획이 있어도 실행되지 않아 고민이 많다.

④ 남동-작은 실수에도 큰 피해가 생긴다. 신용도 잃는다.

⑤ 남과 남서-계획대로 일이 잘 되지 않는다. 안정감이 없고 생각만 앞선다.

⑥ 서와 북서-자금 유통에 어려운 점이 있다.

이상과 같이 건물이 움푹 들어간 것은 좋지 않다. 일반 가정에서는 별로 문제가 안 되어도 경영자의 입장에서는 좋든 나쁘든 그 나름대로 강한 영향을 받는다. 그러니 주의해야 한다.

또 회사나 사업소에서 가장 중요시 되는 방위는 북서쪽이다. 이 방위는 원래 「주인」과 잘 맞고 강한 운기를 나타낸다. 따라서 회사의 대표자나 책임자가 북서쪽을 사용하면 신기하게도 주인으로서 품격이나 분위기를 갖추게 된다.

Ⅳ. 방위에 따른 기의 작용

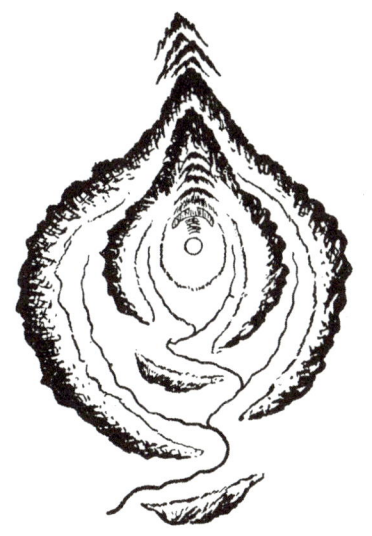

1. 침실의 방위

사람뿐만 아니라 동물의 대부분이 잠을 잔다. 잠자는 동안에 뇌세포의 80%가 재생되며 하루 동안의 피로가 풀어진다. 그리고 잠으로 인해 생리적으로 활력을 얻게 된다. 그래서 잠을 얼마나 잘 잤느냐에 따라서 활동력이 달라지고 건강과도 직결된다.

잠은 잠자는 장소와 잠자는 방위에 따라 잠의 질과 잠자는 시간의 길이가 달라진다. 이는 장소와 방위에 따라 땅으로부터 받은 기운이 다르기 때문이다. 각 방위가 침실에 미치는 영향을 살펴본다.

(1) 북쪽의 침실-조용하고 행복한 가정이 이루어진다

우리가 북쪽하면 선입견으로 춥다는 이미지를 갖고 있기 때문에 북쪽에 있는 침실은 나쁠 것이라고 단정하기가 쉬운데 실재로는 그렇지 않다. 큰 행운은 얻을 수 없지만 작은 행운은 불러올 수가 있다. 북쪽에 침실을 두면 살림이 차츰 늘어나고 한쌍의 원앙처럼 부부 사이가 화목해진다. 그런데 북쪽에 침실을 둔 경우는 사교성이 부족한 성격의 소유자가 될 가능성이 크다. 그래서 남자가 외출을 싫어하기도 한다. 자기 홍보 나아가 처세술에 능숙하지 못하고 특히 출세가 뒤지기 쉽다. 사회적 성공보다는 행복한 가정을 만드는데 힘을 쏟는 경향을 보인다. 그렇다고 해서 결코 나쁜 행운을 가져다주는 방위는 아니다.

주변 사람들과 친해지도록 적극적으로 노력하고 의식적으로 외출을 하도록 하며 인간관계를 소중히 하면 큰 행복을 얻을 수 있다. 집중력을 요구하는 학자나 기술자자가 북쪽의 침실을 선택하면 남성의 경우 크게 성공할 수 있다. 북쪽의 침실은 「대기만성형(大器晚成形)」남성을 만든다. 북쪽의 침실은 쥐띠에 태어난 사람과 본명성이 일백(一白)인 사람에게 유리하다.

중국 주(周)나라가 처음에는 서울을 호경(鎬京)에 정했다가 나중에 낙양(洛陽)으로 옮겼는데 낙양의 북쪽에는 북망산(北邙山)이 있다. 이 북망산에는 왕이나 훌륭한(賢人)사람이 묻혔다. 그래서 북망산 하면 죽어서 묻히는 장소로 인식되었고 죽음과 연관을 갖게 되었다. 따라서 사람이 죽으면 머리를 북쪽으로 한다는 속설이 생겼다. 이로 인해 북쪽을 꺼리는데 낙양의 북망산이 있는 북쪽과 일반적으로 말하는 북쪽과는 아무 상관이 없다.

(2) 북동쪽의 침실-변화가 많은 삶을 살 가능성이 많다

북동쪽은 변화를 부르는 방위이다. 북동쪽은 멈춤(止)을 상징하고 계절적으로는 겨울에서 봄으로 바뀌는 계절을 나타낸다. 그래서 변화를 의미하는 방위인 것이다.

북동쪽에 침실이 있으면 좋건 나쁘건 변화가 많은 일생을 보낼 가능성이 크다. 직장에 들어가 정년까지 그 직장에서 봉사해야겠는 생각을 가진 사람은 북동쪽에 있는 침실을 피해야 한다. 중간에 직장을 그만 두거나 옮기게 되는 변화가 생기기 때문이다. 북동쪽에 침실을 두면 이사, 전근, 전직, 사고, 질병 등 많은 파란을 겪게 된다.

그러나 운이 풀리지 않을 경우 운세의 호전을 위해서 북동쪽의 침실을 선택하면 절호의 찬스를 얻을 수도 있다. 부동산이나 주식에 투자할 경우 망하기도 하고 벼락부자가 되기도 한다. 불행을 당하기 쉬운 방위이지만 돌연히 행운이 찾아올 수도 있다.

의협심이 강하고 남 돌보기를 좋아하는 사람에게 괜찮지만 성격이 급하게 되는 것이 결점이다. 소띠나 호랑이띠에 태어난 사람과 본명성이 팔백(八白)인 사람에게 유리하다. 그러나 별수 없는 경우를 제외하고는 선택하지 않은 것이 현명하다고 보겠다.

(3) 동쪽의 침실-젊은 에너지가 가득하다

특히 소극적인 성격을 가진 사람은 동쪽으로 머리를 두고 자면 좋다. 동쪽은 젊고 밝음을 가진 힘이 가득 차 있기 때문이다. 동쪽은 젊은 커플을 위한 침실이므로 중년이 되면 다른 쪽으로 침실을 옮겨야 한다. 40대 이후 안정기에 접어든 사람은 안정된 분위기가 필요한데 동쪽의 침실은 에너지가 가득 차 있어서 안정을 취할 수 없기 때문에 중년 이후에는 맞지 않다.

동쪽은 기가 충만해서 깊은 잠을 잘 수도 늦잠을 잘 수도 없는 침실 방위이다. 그러나 젊은이에게는 최고의 침실이다. 아침 일찍 일어날 때부터 온몸에 활기가 넘쳐 일을 척척 잘 해낼 수 있다. 젊어서 성공한 사람들을 보면 불가사의하게도 동쪽에 침실을 두는 사람들이 많다. 특히 시대의 첨단을 걷는 카피라이터, 패션디자이너, 음악가가 동쪽의 침실을 이용하면 성공할 가능성이 높다. 그러나 싫증이나 화를 잘 내는 사람에게는 동쪽의 침실이 맞지 않으니 주의해야 한다. 토끼띠에 태어난 사람과 본명성이 삼벽(三碧)인 사람에게 유리하다.

(4) 남동쪽의 침실-행복의 운을 가져다주는데 조금 경박하다

남동쪽은 화목한 행복을 얻을 수 있는 방위이다. 잡힐까 말까하는 행복이 아니라 주변 사람들의 도움으로 확실히 성공하는 행운을 가져다주는 방위이다. 엘리트는 남동쪽에 침실을 두는 경우가 많다. 장사나 사업을 하는 사람이 남동쪽에 침실을 두면 번성한다. 애정에도 좋은 방위로 부부가 세월이 흘러도 신혼처럼 따뜻한 애정을 유지하게 된다.

자기가 노력만 하면 어느 정도 성공이 보장되므로 젊은이에게 알맞은 침실의 방위이다.

일이 순조롭게 잘 풀리므로 고생을 모르는 사람이 되기 쉽다. 또한 주위에 경솔한 사람으로 보여 질 우려가 있다. 이를 극복하기 위해서 침착성과 남성다움을 증진시키는 기운을 가진 서쪽이나 북서쪽에 있는 방에서 시간을 보내는 것이 좋다.

용띠나 뱀띠에 태어난 사람과 본명성이 사록(四綠)인 사람에게 유리하다.

(5) 남쪽의 침실─숙면하기 어렵지만 감성이 길러진다

남향의 침실은 햇볕을 많이 받기 때문에 태양 에너지가 가득 찬다. 그래서 남쪽의 침실은 차분한 기가 없고 따라서 푹 휴식을 취하기에는 부적절하다. 침실이 남쪽에 있거나 머리를 남쪽으로 두고 자면 밤에 잠이 잘 들지 않는다.

에너지가 넘치는 남쪽의 침실을 오랜 동안 사용하면 예술적 감각이 넘쳐나고 창의성과 감성이 길러진다. 그래서 남쪽의 침실은 예술이나 창의성을 필요로 하는 직업에 종사하는 사람에게 좋다. 반대로 일반 직장인에게는 필요이상으로 감수성이 예민하여 좋지 않다. 화려하게 되기 쉬운 방위이므로 젊은이가 이 방위의 침실을 이용하면 방탕할 위험이 있다. 이와는 반대로 중년 이후의 얌전한 부부가 남쪽의 침실을 이용하면 생기발랄한 애정을 되찾을 수 있다. 수면이 부족하기 쉬우니 주의를 요한다. 말띠에 태어난 사람과 본명성이 구자(九紫)인 사람에게 유리하다.

(6) 남서쪽의 침실-차분함을 낳는 대지(大地)의 에너지가 충만하다

남쪽만큼 에너지가 많지도 않고 서쪽만큼 조용한 에너지가 있지도 않은 이들 중간의 방위이다. 남서쪽은 대지의 에너지를 받기 쉬운 방위이다. 대지의 에너지는 묵직하고 차분함을 길러주는 힘을 갖고 있다. 그렇기 때문에 남서쪽에 침실을 두면 젊은이라도 차분한 성격을 갖게 되는데 여성의 경우 이런 경향이 강하다.

소박하지만 애정이 오래오래 지속되는 서민적인 부부가 남서쪽의 침실을 선택하는 경우가 많다. 인품이 좋아서 주위로부터 미움을 받는 일은 없지만 때로는 완고하다는 말을 듣는 경우도 있다. 침실로 좋은 방위이기는 하지만 젊은 남녀는 고려해 볼만한 방위이다. 왜냐하면 나이에 맞지 않게 너무 차분하여 노인과 같은 인상을 풍길 우려가 있기 때문이다. 40세 이상의 부부에게는 아주 좋은 침실이다. 일본에서는 남서쪽에 침실을 두는 가정이 많다. 공무원이나 교직원처럼 딱딱한 직업을 가진 사람은 남서쪽의 침실을 선택하는 것이 좋다.

남서쪽의 침실을 갖는 사람은 너무 소박하지 않도록 복장이나 실내 인테리어에 관심을 두어 균형이 잡히도록 노력해야 한다. 남서쪽의 기는 안정돼 있으므로 모든 사람들에게 좋은 방위이다.

양띠나 원숭이띠에 태어난 사람과 본명성이 이흑(二黑)인 사람에게 유리하다.

(7) 서쪽의 침실-강한 힘을 갖는데 뜻하지 않은 폐해도 있다

서쪽은 휴식을 위해서 좋은 방위이다. 서쪽의 침실을 사용하면 에너지 충전이 잘 된다. 특히 회사나 상점을 경영하는 사람에게 좋은 방위로 사업이 잘 되기도 한다. 서쪽의 침실이 꼭 좋은 것만은 아니라 바람을 피우기도 한다. 이성(異性)에 대한 바람도 그렇지만 일에 있어서도 본업을 집어치우고 다른 사업에 열을 올린다. 또 다른 나쁜 것은 남자의 정력이 약해질 수 있다. 서쪽의 침실에서 베개를 서쪽으로 할 경우 잠이 너무 깊이 들기 때문에 부부생활이 소홀해 지거나 늦게 일어나게 된다. 이에 따른 대책으로는 침대나 머리를 북쪽으로 하면 된다.

닭띠에 태어난 사람과 본명성이 칠적(七赤)인 사람에게 유리하다.

(8) 북서쪽의 침실-남성의 운이 강하다

북서쪽은 남편과 남성의 방위이다. 이 방위에 침실을 둔 집의 주인 중에는 사회적으로 성공하고 열심히 일하는 사람이 많다. 또한 부부의 금슬도 좋다. 아직 출세가도를 걷지 못했다면 북쪽으로 침실을 옮겨볼 일이다. 침실을 옮기가 어려우면 서재라도 북서쪽에 두면 좋다.

북서쪽은 건강을 담당하는 방위도 되기 때문에 북서쪽에 침실을 둔 남성은 큰 병에 걸리지 않고 아주 건강하다. 또한 부부생활도 원만하다. 건강에 불안을 느끼는 남성이라면 북서쪽으로 침실이나 서재를 옮긴다. 그러면 정신적인 약함, 결단력 부족, 기의 약함, 의욕의 저하도 극복할 수 있다. 남성에 있어서 최고의 방위는 북서쪽이다.

북서쪽의 침실은 남성에 있어서 자기를 필요 이상으로 내세우는 경향이 있어 이기주의적인 성격이 강하게 나타난다. 출세운을 강하게 하는 반면 완고함도 강하게 나타난다. 북서쪽에 침실을 둔 남성은 아무쪼록 제멋대로의 성격을 고치는데 노력해야 한다. 북서쪽은 운이 늦게 나타나므로 좋은 운이 올 때까지 기다리는 인내심이 필요하다. 북서쪽은 남성뿐만 아니라 여성에게도 좋은 방위이다.

개띠나 돼지띠에 태어난 사람과 본명성이 육백(六白)인 사람에게 유리하다.

(9) 중앙-제왕(帝王)의 운을 얻을 수 있다

집 한 가운데에 침실을 둔 경우는 많지 않다. 침실을 집의 중심에 두는 것은 이미지에 맞지 않고 햇볕도 잘 들지 않아 좋지 않다. 그러나 일본 전국시대(戰國時代)의 무장(武將) 덕천가강(德川家康) 등은 거성(居城 : 살고 있는 성)의 중심에 침실을 두었다. 이와 같은 사례에서 볼 수 있듯이 중앙의 침실은 제왕(帝王)의 기운이 감돈다. 중앙의 침실은 다른 사람의 윗자리에 설 그릇을 만들어낸다. 옛날 중국에서는 영토의 한 가운데 사방 500 리를 기전(畿甸)라 하여 왕이 직접 관할하고 나머지 영토는 제후들로 하여금 다스리도록 하였다. 중앙은 왕의 기운이 있는 곳이다.

회사를 경영하고 있거나 다른 사람을 지도하는 위치에 있는 사람은 중앙에 침실을 두는 것도 무방하다. 그러나 평범한 일반인이 중앙에 침실을 두면 제왕의 기에 억눌려 좀처럼 잠이 잘 오지 않으니 고려해야 한다. 하지만 자신이 큰 인물이라고 자처하는 사람 또는 절대로 남에게 군림을 당하고 싶지 않은 사람은 중앙에 침실을 두어도 괜찮다.

중앙은 방향이 없기 때문에 태어난 해의 띠와 본명성과는 상관이 없다.

침실의 방위를 본명괘(本命卦)에 따라서 배치하면 좋다는 주장도 있다.

자기의 타고난 해의 본명괘가 동사택(북쪽, 동쪽, 남동쪽, 남쪽)에 속하면 동사택에 속하는 방위에 침실을 두고, 본명괘가 서사택(북동쪽, 남서쪽, 서쪽, 북서쪽)에 속하면 서사택에 속하는 방위에 두면 좋다고 한다. 이를 출생년도별로 나타내면 다음 표와 같다.

출생년도에 따른 침실의 방위		
성별	출 생 년 도	침실의 방위
남자	1936, 1945, 1954, 1963, 1972, 1981, 1990, 1999, 2008, 2017	북쪽, 동쪽, 남동쪽, 남쪽
여자	1932, 1941, 1950, 1959, 1968, 1977, 1986, 1995, 2004, 2013	북쪽, 동쪽, 남동쪽, 남쪽
남자	1932, 1935, 1941, 1944, 1950, 1953, 1959, 1962, 1968, 1971, 1977, 1980, 1986, 1989, 1995, 1998, 2004, 2007, 2013, 2016	북동쪽, 남서쪽, 서쪽, 북서쪽
여자	1933, 1942, 1951, 1960, 1969, 1978, 1987, 1996, 2005, 2014	북동쪽, 남서쪽, 서쪽, 북서쪽
남자	1934, 1943, 1952, 1961, 1970, 1979, 1988, 1997, 2006, 2015	북쪽, 동쪽, 남동쪽, 남쪽
여자	1934, 1943, 1952, 1961, 1970, 1979, 1988, 1997, 2006, 2015	북쪽, 동쪽, 남동쪽, 남쪽
남자	1933, 1942, 1951, 1960, 1969, 1978, 1987, 1996, 2005, 2014	북쪽, 동쪽, 남동쪽, 남쪽
여자	1935, 1944, 1953, 1962, 1971, 1980, 1989, 1998, 2007, 2016	북쪽, 동쪽, 남동쪽, 남쪽
남자	1931, 1940, 1949, 1958, 1967, 1976, 1985, 1994, 2003, 2012	북동쪽, 남서쪽, 서쪽, 북서쪽
여자	1937, 1946, 1955, 1964, 1973, 1982, 1991, 2000, 2009, 2018	북동쪽, 남서쪽, 서쪽, 북서쪽
남자	1930, 1939, 1948, 1957, 1966, 1975, 1984, 1993, 2002, 2011	북동쪽, 남서쪽, 서쪽, 북서쪽
여자	1938, 1947, 1956, 1965, 1974, 1983, 1992, 2001, 2010, 2019	북동쪽, 남서쪽, 서쪽, 북서쪽
남자	1938, 1947, 1956, 1965, 1974, 1983, 1992, 2001, 2010, 2019	북동쪽, 남서쪽, 서쪽, 북서쪽
여자	1930, 1936, 1939, 1945, 1948, 1954, 1957, 1963, 1966, 1972, 1975, 1981, 1984, 1990, 1993, 1999, 2002, 2008, 2011, 2017	북동쪽, 남서쪽, 서쪽, 북서쪽
남자	1937, 1946, 1955, 1964, 1973, 1982, 1991, 2000, 2009, 2018	북쪽, 동쪽, 남동쪽, 남쪽
여자	1931, 1940, 1949, 1958, 1967, 1976, 1985, 1994, 2003, 2012	북쪽, 동쪽, 남동쪽, 남쪽

만약 하나의 침실을 2명 이상이 사용할 경우는 가장 나이가 많은 사람의 본명괘에 맞추어서 방위를 정한다. 그러나 방 한가운데서 방위를 측정하여 침대나 책상은 각자의 본명괘의 방위에 두는 것이 좋다. 예를 들어 큰애는 본명괘가 동사택에 속하고, 작은애는 서사택에 속한다면, 큰애의 침대나 책상은 방의 북쪽이나 동쪽, 남동쪽, 남쪽에 두고, 작은애의 침대나 책상은 방의 북동쪽이나, 남서쪽, 서쪽, 북서쪽에 둔다.

　침실과 공부방을 겸해서 사용할 경우 침대와 책상의 방위도 자기의 본명괘와 같은 방위에 두는 것이 좋다.

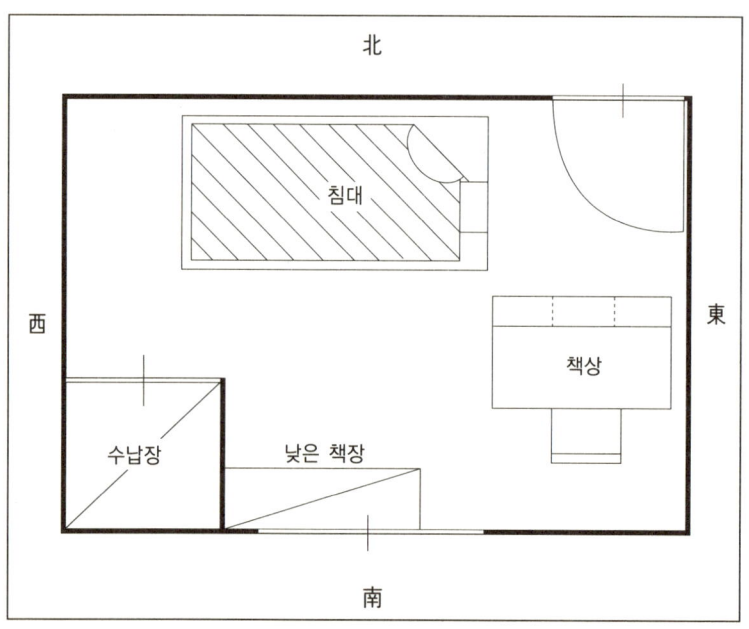

동사택의 경우 침대와 책상의 방위

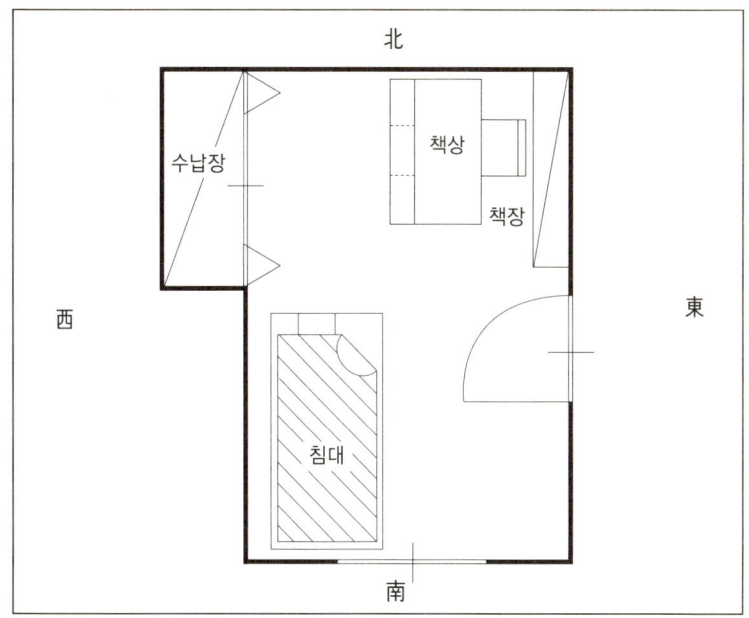

북(北)
수납장
책상
책장
서(西)
동(東)
침대
남(南)

서사택의 경우 침대와 책상의 방위

2. 성격 형성과 방위

일본의 森冬生씨는 성격형성과 방위관계를 다음과 같이 설명하고 있다.

(1) 놀이방과 공부방은 따로 둔다

일반적으로 집주인이 전용으로 쓰는 방이나 서재는 없어도 아이들을 위해서 아이들 방만은 따로 두는 가정이 많다. 부모가 오직 자식을 위한 마음으로 아이들 방은 마련해서 잘 꾸며놓았는데 이것만으로 부모의 임무를 다했다고 생각하는 것은 잘못이다. 오히려 아이들을 독선적이고 이

기적인 성향으로 만들 가능성이 크기 때문이다.

아이들의 공부방은 그들의 생체리듬을 고려하여 아이들의 공부방과 침실은 따로 두어야 한다. 왜냐하면 공부를 잘하게 하는 기(氣)와 잠을 잘 들게 하는 기(氣)가 다르기 때문이다. 한 방에서 잠을 자고 공부도 하고 식사에서 TV까지 모든 생활을 한다면 문제가 있는 것이다.

독립심이 강한 아이로는 키울 수 있지만 가족과 정이 부족하게 되고 정신적으로 불안한 아이가 된다. 이런 경우 아이들을 위해 방을 마련했다고 하지만 결과적으로 나쁜 방향으로 흐르게 된다.

예부터 아이들은 잠으로 큰다고 한다. 이 말은 충분히 잠을 자면 건강에도 좋고 정신적으로 안정된다는 말이다. 어디서나 그저 잠을 잔다고 해서 커간다는 것은 아니다. 잠을 자는데 필요한 에너지를 흡수하는 방위와 장소가 있는 것이다.

조부모, 부모, 형제들의 애정은 생체에너지로써 자녀들에게 큰 영향을 미친다. 때로 방에 틀어박혀 있게 되면 이러한 에너지를 받을 수가 없다. 생체에너지는 1m 이내에서만이 발생되기 때문이다. 지금 세상이 물질적으로 풍부해졌다고 말할 수 있으나 심적으로 풍요하고 따뜻하다고는 볼 수 없다.

옛날에는 자녀의 방에 대해서 별로 관심이 없었다. 더욱이 집이 좁아 충분한 공간도 없었고 생활 자체도 즐겁지 못했으며 경제적으로도 생계를 유지하기가 어려웠다. 지금은 여유가 있음에도 유행에 따르거나 설계를 편리하게 하기 위해 풍수적으로 역행을 하고 있는 것 같다. 모든 가족이 모여 생활하는 거실을 아이들 방보다는 우선하는 경향이다. 가족들이 희생을 좀 하더라도 아이들의 침실과 공부방은 따로 두는 것을 적극 고려해야 한다.

(2) 북쪽이 공부하는데 효과가 크다

조용히 사색을 한다거나 공부하는데 가장 좋은 방위는 북쪽이다. 북쪽에는 북두칠성이 있으며 모든 만물이 이 방위를 기점으로 해서 시작한다. 북쪽은 부동(不動)의 방위이며 모든 것의 기초이기도 하다.

공부하는데 전용(專用)으로 쓰이는 도서관의 붙박이 책상은 기(氣)가 없다. 개개인의 책은 북쪽을 향하게 놓아 창으로부터 직사광선을 피하게 한다. 실제 잘 살펴보면 대학교수 등 머리를 많이 쓰는 직업을 가진 사람들의 서재가 북쪽인 경우가 많다. 그러나 북쪽은 햇볕을 직접 받지 않기 때문에 책이 훼손되지 않은 이점이 있지만 습기가 많으니 환기를 잘 시켜 위생에 주의해야 한다.

북쪽은 인체의 3분의 2를 차지하는 요소인 물(水)을 의미한다. 그러므로 이 방위는 건강을 상징한다고 볼 수 있다. 그리고 북쪽의 기는 지식을 의미하며 공부를 열심히 하는 기를 일으킨다. 그러므로 정신집중을 요하는 공부방으로 적합한 것이다. 그렇다고 북쪽의 공부방이 아니면 성적이 향상될 수 없다는 것은 아니다. 또한 북쪽에 공부방을 만들었다고 해서 안심해서는 안 된다. 공부는 어디까지나 본인의 능력과 노력에 달려있기 때문이다.

(3) 건강한 아이를 만드는 방위

동쪽의 기운은 건강한 어린이를 만든다. 아침에 늦게 일어나는 어린이는 건강에 이상이 있다는 증거이다. 잘 먹고, 잘 놀고, 잘 자는 어린이는 건강하다는 증거인데 아침에 좀처럼 일어나기 어려운 것은 어린이가 스트레스를 받았거나 피곤하다는 증거이며, 학교가기를 싫어하는 것은 아침잠이 많기 때문이다.

아침에 일찍 일어나면 아침에 떠오르는 해의 기를 흡수하고 맑은 공기를 마시므로 건강에 좋다. 동쪽의 기를 흡수하여 어린이가 활기가 넘치고 소리도 커서 침착성이 떨어지는 것 같은 느낌을 받을 수도 있다.

동쪽은 원래 장남을 의미하므로 책임감이 강한 사람이 될 가능성도 있다. 실제로 일본에서 황태자는 동궁어소(東宮御所)라 하여 동쪽에 있는 방을 사용하고 있는데, 동쪽은 장남을 의미하기 때문이다. 우리나라에서도 세자의 거처를 동쪽에 두고 동궁(東宮)이라고 불렀다.

동쪽은 어린이들에게 원기를 더해주는 방위이므로 원기가 부족한 어린이는 동쪽에 있는 방을 침실로 사용하면 좋다. 동쪽에 있는 방을 확보하기 어려우면 머리를 동쪽으로 하고 자는 것도 효과적이다. 동쪽에서 약간 북으로 기울거나 남쪽으로 기울면 북쪽이나 남쪽의 기가 더해져 원기가 더해진다.

북동쪽은 재난이 끊이지 않은 방위로 표귀문방(表鬼門方 : 귀신이 들어갔다가 나오는 방위)이라 부른다. 이 방위에 살면 재난에 주의하지 않으면 안 되는데 방을 항상 깨끗이 하면 괜찮다. 잠잘 때 될 수 있는 대로 머리를 동쪽으로 하면 공부하는 시간이 많아지게 된다.

남동쪽은 겨울에 따뜻하고 여름에는 비교적 시원한 방위이다. 어린이에 따라서 성격도 밝고 건강하게 되어 교우관계가 원만한 학생이 된다. 남동쪽은 원래 여성의 방위라 하여 여성다운 기가 나오므로 여자에게 아주 좋은 방위이다. 남자는 박력이 떨어지는 방위이므로 좋지 않다.

이상에서 보는 바와 같이 동쪽의 방위는 명랑 활발하고 인기를 끌게 하는 기가 강하게 미친다. 무엇보다도 건강하게 자라는 방위이다. '장난꾸러기도 좋다. 무엇보다도 건강하게만 자라다오.' 라는 생각을 갖고 있다면 어린이들의 방이나 침실은 동쪽에 두는 것이 좋다. 실내장식의 색깔은 녹색이나 엷은 노랑색 계통이 좋다. 그리고 책상은 북향으로 하는 것이 좋다.

(4) 자유분방한 아이를 만드는 방위

주택에서 방의 가장 좋은 방위는 남쪽이다. 남쪽의 방은 햇볕 쬐임도 좋고 밝아서 점점 자유 분망한 성격으로 된다. 누구나 맑고 푸른 하늘을 대하고 따뜻한 태양의 빛을 받으면 마음이 들뜨는데 남쪽에서 그러한 기가 나온다. 어린이에 따라서는 지나친 햇빛이 좋지 않다. 남쪽의 기가 너무 강하게 작용하면 완강한 성격을 가진 어린이가 되기 쉽다.

남쪽의 기가 반대의 작용을 하면 얼굴이 부어오른 듯하고 히스테리에 놀란 듯이 보인다. 또 기분이 항상 고양돼 있어서 조금 가라앉힐 필요가 있다. 그럴 때면 방에 반드시 기분을 부드럽게 하는 관엽식물을 배치하고 통풍을 좋게 해야 한다.

남향의 방에 책상까지도 남향의 창가에 두면 밝아서 공부하기에 매우 적합하다. 그러나 책상을 북향으로 하고 등 뒤에서 햇빛이 들어오도록 하는 것이 더욱 좋다. 남쪽에 있는 식물은 생장이 바르다.

남쪽에서는 어린이가 빨리 크기 쉽다. 어린이가 성질을 낸다거나 하면 서쪽이나 북쪽으로 머리를 두고 자게 한다. 그러면 침착성이 길러진다.

(5) 순한 어린이를 만드는 방위

태양이 서쪽으로 지는 모습을 보면 보통 사람들은 감상에 젖기 쉽다. 이것으로 오늘 하루가 끝났다는 안도감이 드는가 하면 이제부터 어둠이 오는구나 하는 불안감이랄까 미묘한 분위기에 빠지기도 한다. 어린이들이 이런 기운을 받으면 정서가 풍부해진다.

서쪽의 기운이 역(逆)으로 작용하면, 하고자 하는 의욕이 없으며 매사에 소극적인 성격이 돼 버린다. 이런 것을 막기 위해서는 서쪽의 해를 가리는 블라인드나 커튼을 설치하는 것이 좋다. 또 실내장식 등에도 신경을 써서 관엽식물을 배치하여 식물과 흙이 갖고 있는 에너지를 보급해 주는 것이 중요하다.

또 책상을 북향으로 하고 머리를 동쪽으로 하여 잠을 자면 패기(覇氣)가 생길 것이다. 책상도 동향으로 하면 더욱 효과적이다. 산만한 어린이들도 서쪽에 있는 방을 사용하면 조용한 성격이 된다.

남서쪽도 서쪽의 기가 강하다. 이를 더 강하게 하기 위해서는 방을 밝게 하고 정리정돈 및 청결을 유지해야 한다.

남서쪽은 이귀문방(裏鬼門方 : 귀신이 들어가는 방위)에 해당되어 방이 산만할 경우 재난이나 사고가 많으므로 주의해야 할 것이다. 이 방에서 어린이들이 생활하면 집안에 틀어박혀 있기를 좋아하며 소극적인 어린이가 되기 쉽다. 특히 여자어린이는 지나치게 여성화 되어 집안일을 도맡아 하게 된다.

남서쪽의 방은 겨울에는 따뜻하지만 여름에는 더우므로 여름방학 중에 공부하려면 될 수 있는 한 책상을 북향으로 하는 것이 좋다.

북서쪽은 여름에 덥고 겨울에 추워서 어린이들에게는 부적당한 환경이지만 밖에서 들어오는 신선한 공기를 마시도록 하면 말수도 적어지고 차분해진다. 될 수 있는 한 밝게 하여 어두운 기운을 없애도록 한다.

북서쪽은 원래 주인의 방위로서 집안의 중심인물의 운기를 나타내므로 어린이들에게는 조금 부담이 될지 모르나 또래보다 성숙해질 수 있다. 그러나 이 기운을 너무 강하게 받으면 지나치게 자존심만 강해져 독선적인 성격이 형성될 수 있다. 이런 부작용의 기운을 보충하기 위해 여자는 핑크색 계통을, 남자는 베이지색이나 녹색계통의 색을 사용하여 방을 꾸미면 좋다.

공부에 열중하는 형에는 두 가지가 있는데 학과공부에만 열중하는 형이 있고, 다른 하나는 학과공부 이외의 일에 흥미를 갖는 형이다. 두 가지 형 모두 강한 책임감을 가지고 있으며 항상 최선을 다하므로 성적이 향상된다.

서쪽의 기운은 조용하면서도 어른답게 만드는 작용을 한다. 어린이는 어떤 형태로든지 하나의 개성을 가진 인물로 성장하는데 서쪽으로 어린이들의 방이 있다면 부모는 좀더 관심을 갖고 어린이들의 성장을 지켜보면서 나름대로 교육시키고 지도하지 않으면 안 된다. 서쪽의 방에서 자란 어린이는 외모에 다소 부족한 점이 있지만 의지가 굳은 강한 성격의 아린이로 성장해 갈 것이다.

(6) 어린이들의 방으로서 부적당한 방위

앞서 말했듯이 공부하기에는 북쪽에 있는 방이 가장 좋다. 그러나 이 북쪽에 어린이들의 침실이나 놀이방을 두는 것은 고려해 보아야 한다. 북쪽이 겨울에는 춥고 햇볕이 들지 않으며 습기가 많아 건강에 해롭기 때문이다. 그리고 정북쪽에 난로나 에어컨을 설치하면 북쪽에 있는 기가 정반대 방향으로 작용하기 때문에 공부를 하지 않게 된다.

북쪽은 조용히 사색에 잠기게 하는 기가 있는 곳으로 어린이가 그 방에서 4~6살까지 생활하게 되면 자폐증(自閉症)에 걸릴 우려가 있다. 그러므로 북쪽에 아린이의 방이 있다면 땀을 흘리는 스포츠에 흥미를 갖도록 하는 것이 좋다. 잠잘 때만이라도 동쪽이나 남동쪽, 남쪽에 있는 방으로 옮겨서 잠을 자면 성격도 밝아지고 친구들도 많질 것이다.

3. 나에게 알맞은 색깔 선택

색깔의 선택은 생기를 강화할 뿐만 아니라 애정을 불러오고 대인관계를 원활하게 하며 심리적인 안정감을 가져다주는 등의 효과가 있다. 만약 집에 공부하는 수험생이 있다면 학습효과를 극대화하고 건강한 신체를 유지하기 위해 학생방의 커튼, 책상, 가방, 옷, 학용품, 침대, 이불, 벽지 등의 색깔이 본인의 타고난 해의 오행과 상생이 되는 색깔에 맞추는 것이 좋다. 건물의 색깔도 자기에게 알맞은 것을 선택하면 좋다. 물론 벽지나 이불 등이 원색의 빨강이나 검은 색일 수는 없다. 거기에 가까운 색이면 좋다.

여기에서 파랑색계통이라 하면 꼭 하늘색을 의미하는 하는 것이 아니라 옅은 푸른색에서 군청색까지의 색을 말하며, 빨간색계통은 분홍색에서 짙은 붉은색까지를, 검정색계통은 회색에서 검정색까지를, 노랑색계통은 옅은 노랑색에서 오렌지색까지를, 흰색계통은 옅은 회색까지를 의미한다.

태어난 해의 오행색은 구성(九星)에 의한 본명괘(本命卦 : 本命星)의 오행을 가지고 정한다. 본명괘의 감(坎)은 오행으로 수(水)이기 때문에 색깔은 검정색이고 수를 상생하는 것은 금(金)인데 금은 흰색이다. 간(艮), 곤(坤)은 오행으로 토(土)에 해당되고 색깔은 노랑색으로 이에 대한 상생색은 빨

성별	출 생 년 도	알맞은 색깔
남자	1936, 1945, 1954, 1963, 1972, 1981, 1990, 1999, 2008, 2017	검정색, 흰색
여자	1932, 1941, 1950, 1959, 1968, 1977, 1986, 1995, 2004, 2013	검정색, 흰색
남자	1932, 1935, 1941, 1944, 1950, 1953, 1959, 1962, 1968, 1971, 1977, 1980, 1986, 1989, 1995, 1998, 2004, 2007, 2013, 2016	노랑색, 빨강색
여자	1933, 1942, 1951, 1960, 1969, 1978, 1987, 1996, 2005, 2014	노랑색, 빨강색
남자	1934, 1943, 1952, 1961, 1970, 1979, 1988, 1997, 2006, 2015	파랑색, 푸른색, 검정색
여자	1934, 1943, 1952, 1961, 1970, 1979, 1988, 1997, 2006, 2015	파랑색, 푸른색, 검정색
남자	1933, 1942, 1951, 1960, 1969, 1978, 1987, 1996, 2005, 2014	파랑색, 푸른색, 검정색
여자	1935, 1944, 1953, 1962, 1971, 1980, 1989, 1998, 2007, 2016	파랑색, 푸른색, 검정색
남자	1931, 1940, 1949, 1958, 1967, 1976, 1985, 1994, 2003, 2012	흰색, 노랑색
여자	1937, 1946, 1955, 1964, 1973, 1982, 1991, 2000, 2009, 2018	흰색, 노랑색
남자	1930, 1939, 1948, 1957, 1966, 1975, 1984, 1993, 2002, 2011	흰색, 노랑색
여자	1938, 1947, 1956, 1965, 1974, 1983, 1992, 2001, 2010, 2019	흰색, 노랑색
남자	1938, 1947, 1956, 1965, 1974, 1983, 1992, 2001, 2010, 2019	노랑색, 빨강색
여자	1930, 1936, 1939, 1945, 1948, 1954, 1957, 1963, 1966, 1972, 1975, 1981, 1984, 1990, 1993, 1999, 2002, 2008, 2011, 2017	노랑색, 빨강색
남자	1937, 1946, 1955, 1964, 1973, 1982, 1991, 2000, 2009, 2018	빨강색, 파랑색, 푸른색
여자	1931, 1940, 1949, 1958, 1967, 1976, 1985, 1994, 2003, 2012	빨강색, 파랑색, 푸른색

남녀 출생년도별 알맞은 색깔

강색이다. 진(震), 손(巽)은 오행으로 목(木)에 해당되고 색깔은 파랑색이며 이에 대한 상생색은 검정색이다. 태(兌)와 건(乾)은 오행으로 금(金)에 해당되고 색깔은 흰색으로 이에 대한 상생색은 노랑색이다. 이(離)는 오행으로 화(火)에 해당되고 색깔은 빨강색이고 이의 상생색은 파랑색색과 푸른색이다.

이를 남녀출생별로 정리하면 표와 같은데 위 표를 활용하면 자기에게 알맞은 색깔을 쉽게 알 수 있다.

4. 나이에 맞는 이사 방위

이사(移徙)를 어느 방향으로 가느냐에 따라 운의 좋고 나쁨이 달라진다. 본명성(本命星)이 일백수성(一白水星)인 북쪽(坎)과 구자화성(九紫火星)인 남쪽(離)에 해당되는 사람이 이사에 따른 길흉(吉凶)의 영향을 가장 많이 받는다. 이는 남과 북이 지구의 중심이므로 이 해에 해당한 사람이 구성의 중심에 해당되기 때문일 것이다. 감(坎)이나 이(離)에 해당되지 않는 사람은 이사를 아무렇게 해도 큰 영향을 받지 않는다는 것은 아니다. 그 외에도 평소에 한 곳에 오래 살던 사람이나 가게를 운영하는 사람이 이사를 가면 영향을 크게 받는다. 또 행상을 하는 사람, 자동차를 운전하는 사람, 외무사원, 출장이 잦은 사람 등 활동성 직업(職業)을 가진 사람이 활동성 (活動性)이 적은 내무직으로 직장을 옮기면 좋지 않을 것이다.

이사를 할 경우 비활동적(非活動的)인 사람이 활동적인 사람보다 영향을 크게 받는 것은 일정한 장소에서 항상 일정의 지자력(地磁力)의 영향을 계속 받고 있다가 지자력의 세기가 달라져 생체리듬에 변화를 가져오게 되므로 건강상에 이상이 생기기 때문이다. 활동적인 사람은 지자력의 세기가 다른 곳으로 자꾸 옮겨 다녀 어디서나 적응력이 길러졌기 때문에 생체리듬의 변화에 둔감하여 건강상에 문제가 덜 생긴다.

① 천록(天祿)방위로 이사하면 하늘이 녹(祿)을 내려서 관록을 얻고 재물이 생긴다.

② 안손(眼損)방위로 이사하면 눈병과 같은 질병과 손재가 많아진다.

③ 식신(食神)방위로 이사하면 사업이 잘되어서 가정이 평안하고 재산이 늘어난다.

④ 징파(徵破)방위로 이사하면 모든 일이 잘 안되고 파산하게 된다.

⑤ 오귀(五鬼)방위로 이사하면 가정이 평안하지 못하고 근심과 고난이 이어진다.

⑥ 합식(合食)방위로 이사하면 사업이 융창하고 가족이 화합하며 재산이 늘어나 부귀해진다.

⑦ 진귀(進鬼)방위로 이사하면 일이 잘 안되고, 가정이 시끄러워지며 불상사가 일어난다.

⑧ 관인(官印)방위로 이사하면 관록(官祿)을 얻고 운이 좋으며, 직장에서는 승진하게 된다.

⑨ 퇴식(退食)방위로 이사하면 사업이 잘 안되어 가정에 불화가 있고, 살림이 점점 기울어진다.

중궁(中宮)	남자 나이	천록(天祿)	안손(眼損)	식신(食神)	징파(徵破)	오귀(五鬼)	합식(合食)	진귀(進鬼)	관인(官印)	퇴식(退食)	여자 나이
① 감(북)	8, 17, 26, 35, 44, 53, 62, 71, 80		서북	서	북동	남	북	남서	동	동남	9, 19, 27, 36, 45, 54, 63, 72, 81
② 곤(남서)	9, 18, 27, 36, 45, 54, 63, 72, 81	동남		서북	서	북동	남	북	남서	동	1, 10, 19, 28, 37, 46, 55, 64, 73
③ 진(동)	1, 10, 19, 28, 37, 46, 55, 64, 73	동	동남		서북	서	북동	남	북	남서	2, 11, 20, 29, 38, 47, 56, 65, 74
④ 손(남동)	2, 11, 20, 29, 38, 47, 56, 65, 74	남서	동	동남		서북	서	북동	남	북	3, 12, 21, 30, 39, 48, 57, 66, 75
⑤ 중(중앙)	3, 12, 21, 30, 39, 48, 57, 66, 75	북	남서	동	동남		서북	서	북동	남	4, 13, 22, 31, 40, 49, 58, 67, 76
⑥ 건(북서)	4, 13, 22, 31, 40, 49, 58, 67, 76	남	북	남서	동	동남		서북	서	북동	5, 14, 23, 32, 41, 50, 59, 68, 77
⑦ 태(서)	5, 14, 23, 32, 41, 50, 59, 68, 77	북동	남	북	남서	동	동남		서북	서	6, 15, 24, 33, 42, 51, 60, 69, 78
⑧ 간(북동)	6, 15, 24, 33, 42, 51, 60, 69, 78	서	북동	남	북	남서	동	동남		서북	7, 16, 25, 34, 43, 52, 61, 70, 79
⑨ 이(남)	7, 16, 25, 34, 43, 52, 61, 70, 79	서북	서	북동	남	북	남서	동	동남		8, 17, 26, 35, 44, 53, 62, 71, 80
	길흉	좋음	나쁨	좋음	나쁨	나쁨	좋음	나쁨	좋음	나쁨	

본명괘에 따른 이사방위 길흉조견표

표에서 보면 본명괘가 ①인 감(북쪽)에 해당하는 남자의 나이(우리나라식의 나이) 8, 17, 26, 35, 44 ,53, 62, 71, 80살은 서쪽, 북쪽, 동쪽으로 이사를 가면 좋고, 서북쪽, 북동쪽, 남쪽, 남서쪽, 동남쪽으로 이사를 가면 나쁘다. 여자의 경우 본명괘가 ③인 진(동쪽)에 해당하는 나이 2, 11, 20, 29, 38, 47, 56, 65, 74살은 동쪽, 북동쪽, 북쪽으로 이사를 가면 좋고, 동남쪽, 서북쪽, 서쪽, 남쪽, 남서쪽으로 이사를 가면 나쁘다. 나이에 따라 이사 방위에 따른 길흉이 달라진다. 여기서 방위는 자기가 현재 살고 있는 곳에서 측정한 방위를 말한다.

나이에 따라 천록(天祿), 식신(食神), 합식(合食), 관인(官印)에 해당되는 방위로 이사를 하면 좋고, 안손(眼損), 징파(徵破), 오귀(五鬼), 진귀(進鬼), 퇴식(退食)에 해당하는 방위로 이사를 가면 나쁘다.

가족마다 나이가 다르기 때문에 모든 가족의 운에 맞추어 이사를 가기란 아주 어렵다. 그러니 가족 중에 주도권을 갖고 있는 사람에게 맞추면 된다.

5. 운세(運勢)보는 법

일반적으로 역술가들은 좋은 날을 선택 할 때 일진(日辰 : 運勢)을 많이 이용하고 있다. 일진을 보는 법으로는 나이로 보는 법과 사주로 보는 법이 있는데 나이로 보는 법이 더 타당성을 갖고 있기 때문에 나이로 보는 법을 중심으로 설명하고자 한다. 가족 모두의 운세를 보려고 하면 나이가 다르기 때문에 가족 모두에게 맞는 좋은 운세를 택할 수가 없다. 그러니 가장 실세를 갖고 있는 사람의 운세에 맞추어서 날짜를 선택하는 것이 좋을 것이다.

이장이나 결혼, 공사, 대학수학능력시험, 취직시험, 해외여행 등 큰 행사를 치룰 때 그해와 그날에 운이 맞는지를 알아보기 위해 활용한다.

운세보는 법은 강진원씨 저서를 근거해서 설명하고자 한다.

운세(運勢)에는 8가지가 있는데 다음과 같다.

① 생기(生氣)-좋은 운세이다. 생전 칭찬을 안 하던 직장상사가 칭찬을 해주거나 짠돌이 친구들이 식사를 사 줄 수도 있다.

② 천의(天宜)-잘 풀리지 않던 일이 쉽게 풀리게 된다. 산란한 마음이 안정을 찾는다. 좋은 운세이다.

③ 절체(絶體)-일진이 절체에 해당되면 성장을 방해하는 상태가 생긴다. 절체에 해당되면 시련을 통해 성장한다는 것을 명심하고 인내하는 것이 필요하다.

④ 유혼(遊魂)-유혼은 활동을 하다가 쉬거나 쉬다가 다시 활동을 하는 것과 같이 확신이 가지 않아 의심을 가지거나 흔들리게 되는 상태를 말한다. 유혼에 해당되면 운세는 보통이다.

⑤ 화해(禍害)-마(魔)의 유혹을 받아 나쁜 쪽으로 빠지기 십상으로 몸과 마음에 상처만 입게 된다. 한마디로 재앙을 부르게 된다. 조심해야 한다.

⑥ 복덕(福德)-고통 끝에 복이 오는 운세로 꾸준히 인내하고 노력하면 복록(福祿)을 누린다. 길을 가다가도 먹을 것이 생긴다고 한다. 상당히 좋은 운세이다.

⑦ 절명(絶命)-절명은 행운이 가고 불행이 싹트기 시작한다. 좋지 않은 일이 생길 가능성이 있기 때문에 몸과 마음을 절제하는 것이 좋다.

⑧ 귀혼(歸魂)-귀혼은 만물이 다시 근본으로 돌아가는 것을 말한다. 들뜨고 심란했던 마음이 안정을 찾는 것을 의미한다. 좋은 일도 나쁜 일도 없는 무난한 운세다.

남녀 일진 조견표를 보면 쉽게 운세를 알 수 있다.

남·녀별 일진(日辰) 조견표

八卦(팔괘) / 나이	지지(地支)	未申	酉	戌亥	子	丑寅	卯	辰巳	午
남 자									
곤(坤)	1,9,17,25,33,41,49,57,65,73,81,	歸魂	福德	絕體	絕命	生氣	禍害	天宜	游魂
태(兌)	2,10,18,26,34,42,50,58,66,74,82	福德	歸魂	生氣	禍害	絕體	絕命	游魂	天宜
건(乾)	3,11,19,27,35,43,51,59,67,75,83	絕體	生氣	歸魂	游魂	福德	天宜	禍害	絕命
감(坎)	4,12,20,28,36,44,52,60,68,76,84	絕命	禍害	游魂	歸魂	天宜	福德	生起	絕體
간(艮)	5,13,21,29,37,45,53,61,69,77,85	生氣	絕體	福德	天宜	歸魂	游魂	絕命	禍害
진(震)	6,14,22,30,38,46,54,62,70,78,86	禍害	絕命	天宜	福德	游魂	歸魂	絕體	生氣
손(巽)	7,15,23,31,39,47,55,63,71,79,87	天宜	游魂	禍害	生氣	絕命	絕體	歸魂	福德
이(離)	8,16,24,32,40,48,56,64,72,80,88	游魂	天宜	絕命	絕體	禍害	生氣	福德	歸魂
生氣, 天宜, 福德-吉, 絕命, 禍害, 游魂, 絕體-凶, 歸魂-半吉半凶									
여 자									
곤(坤)	1,9,17,25,33,41,49,57,65,73,81,	歸魂	福德	絕體	絕命	生氣	禍害	天宜	游魂
이(離)	2,10,18,26,34,42,50,58,66,74,82	游魂	天宜	絕命	絕體	禍害	生氣	福德	歸魂
손(巽)	3,11,19,27,35,43,51,59,67,75,83	天宜	游魂	禍害	生氣	絕命	絕體	歸魂	福德
진(震)	4,12,20,28,36,44,52,60,68,76,84	禍害	絕命	天宜	福德	游魂	歸魂	絕體	生氣
간(艮)	5,13,21,29,37,45,53,61,69,77,85	生氣	絕體	福德	天宜	歸魂	游魂	絕命	禍害
감(坎)	6,14,22,30,38,46,54,62,70,78,86	絕命	禍害	游魂	歸魂	天宜	福德	生氣	絕體
건(乾)	7,15,23,31,39,47,55,63,71,79,87	絕體	生氣	歸魂	游魂	福德	天宜	禍害	絕命
태(兌)	8,16,24,32,40,48,56,64,72,80,88	福德	歸魂	生氣	禍害	絕體	絕命	游魂	天宜
生氣, 天宜, 福德-吉, 絕命, 禍害, 游魂, 絕體-凶, 歸魂-半吉半凶									

위의 표에서 남자 나이가 50살인 사람은 팔괘가 태(兌)에 속하므로 태(兌)의 난에서 찾는다. 양력 2008년 5월 2일을 가지고 그해와 그날의 운세를 보자. 2008년의 간지는 무자(戊子)이고 5월 2일의 간지는 임인(壬寅)이다. 2008년의 지지는 자(子), 5월 2일의 지지는 인(寅)이다. 50살의 난

에서 이 두 지지가 표의 지지의 난 어디에 해당되는지를 찾아본다.

운세가 생기(生氣), 천의(天宜), 복덕(福德)에 해당되면 좋고, 귀혼(歸魂)에 해당되면 중간정도, 절명(絕命), 화해(禍害), 유혼(游魂), 절체(絕體)에 해당되면 나쁘다.

50살의 난에서 해당되는 운세(運勢)을 보면, 자(子)는 화해(禍害), 인(寅)은 절체(絕體)에 해당되어 2008년의 연운(年運)은 나쁘다. 양력 5월 2일의 그 날 운(日運)도 나쁘다. 이런 방식으로 그해의 운(年運)과 그날의 운(日運)을 찾을 수 있다. 여자의 경우도 마찬가지이다.

그해의 육갑과 그날의 육갑이 달력에 써져있으니 달력을 보고 그해와 그날의 육갑의 지지만 알아서 표의 나이 난에 따라서 찾으면 된다. 올해는 정해년(丁亥年)이니까 지지인 해(亥)의 난과 나이의 난과 만나는 칸을 찾으면 된다. 날짜도 갑진일(甲辰日)이면 그날의 지지인 진(辰)의 난과 나이의 난과 만나는 칸을 찾으면 된다. 그 칸이 생기, 천의, 복덕에 해당되면 좋고 절명, 화해, 유혼, 절체에 해당되면 나쁘다.

V. 공부를 잘하게 하는 풍수

1. 바람직한 공부 태도

(1) 정신집중력을 길러야 한다

공부를 잘 하는 최고의 방법은 수업 중에 선생님의 말씀에 정신을 집중하는 것이다. 그러나 대부분의 학생들은 집중도가 떨어지고 다소 산만하여 한 시간 내내 수업을 받아도 기억에 남은 것이 없다. 정신집중은 훈련을 통해 길러질 수 있다.

① 뇌파에 대한 이해

정신집중을 동양에서는 정신일도(精神一到)경지라고 말한다. 그리고 서양에서는 뇌파(腦波 : 뇌의 활동파)의 정신적 차원이라고 하고 이를 외부의식(外部意識)과 내부의식(內部意識)그리고 무의식(無意識)수준으로 분류한다.

외부의식 수준에 비해 내부의식과 무의식은 엄청난 잠재의식이 내재해 있다하여 정신분석학자 프로이드는 외부의식을 빙산이 바닷물 위로 떠오른 부분, 내부의식을 빙산이 바다에 잠긴 부분으로 비유하고 있다.

그리고 독일의 정신의학자 한스 베르거는 1929년 인간의 뇌를 의식수준(意識水準)에 따라 4차원으로 구분하여 각 차원의 뇌파를 초당주파수(C.P.S)에 따라 분류하고 있다. 즉, 1초 동안에 뇌파가 몇 번 뛰느냐에 따라 구분한 것인데 0.5~4사이클은 델타(Delta), 4~7사이클은 세타(Theata), 7~14사이클은 알파(Alpha), 14~21이상의 사이클은 베타(Beta)라 한다.

우리가 눈을 뜨고 이야기하고 듣고 만지고 냄새 맡고 보는 것 즉 5가지 감각으로 사물을 알아차리는 수준을 베타파 상태라 하고, 정신을 집중하여 공부하고 연구하고 묵상이나 기도 등 눈을 감고 생각에 잠기는 차원을 알파파와 세타파 상태라고 한다. 이 상태에서는 깊은 내부의식 속에서 시간과 공간을 초월하여 사물을 알아 볼 수 있으며 각심(覺心)의 경지 즉, 깨달음을 얻고 창의와 창조적인 생각 그리고 예지력(豫知力)과 염력(念力) 등을 얻을 수 있다. 더 깊은 차원으로 뇌파를 내리면 델타파 상태인 무의식 수준에 이르게 되는데 이 차원에서는 뇌에서 무슨 일을 하고 있는지 현대 과학으로써는 아직 알 수 없다. 다만 무의식 차원도 조절할 수 있을 것이며 그렇게 될 때 우리 인간은 무소불능할 수 있는 최고의 경지에 이를 수 있을 것으로 본다.

뇌파가 깊숙이 내려가는 경우는 우리가 잠잘 때만 가능하였다. 그러나 이제부터는 의식적으로 뇌파를 내려 무의식의 차원을 만들고 거기에 옳은 마음을 심어야 할 것이다. 심신이 바르게 되면 문제가 생겨도 조급해지지 않고 해결점을 찾을 수 있으며 불안정한 상태에서도 안정을 찾을 수 있게 된다.

우리가 의식적으로 뇌파를 내리면 베타 상태인 뇌파는 알파 혹은 세타, 더 깊으면 델타에까지 유도되므로 뇌 차원에서 볼 때 전체의 뇌를 의식적으로 작용할 수 있게 된다.

○ 이완 조절법(弛緩 調節法)

정신집중수련방법에 사용되는 기본적 조건의 첫 단계로 이완이 요구된다. 신체적 차원에서의 이완은 신경의 흥분을 진정시키는 것을 의미한다. 이 이완상태에서 두뇌에는 조용한 진동과 잔잔한 규칙적인 알파리듬이 나타나게 되며 정신적으로나 육체적으로 평온하게 된다. 이는 정신집중훈련과정의 제1단계에서 필요한 가장 기초적인 것이다. 이 과정이 끝난 다음 바로 정신집중훈련을 해야 한다.

이완상태는 스스로의 의지로 만들 수 있고 목적에 맞게 사용할 수 있다고 하여 능동적이라고 한다. 앉아있어도 좋고 누워있어도 상관없다. 우선 자기가 좋아하는 편안한 자세를 취한다. 그리고 자기의 생각을 머리 꼭대기에 가져간다. 그러면서 마음속으로 머리 꼭대기가 이완되었다고 생각한다. 다음에는 3초 간격으로 이마, 얼굴, 가슴, 배, 아랫배, 좌골, 허벅지, 무릎, 정강이, 발목, 발바닥, 발끝이 차례로 이완되었다고 생각한다. 그런 다음에는 깊은 숨을 들이마시고 내쉬면서 눈을 감고 마음속으로 10m 전방 10° 각도 높이의 벽이 있다고 생각하고 마음속으로 숫자 3을 그리면서 세 번 바라본다.

그리고 다시 깊이 숨을 들이쉬고 내쉬면서 같은 방법으로 숫자 2를 세 번 바라본다. 그 다음 같은 방법으로 숫자 1을 세 번 응시한다. 이와 같은 방법으로 계속 숫자를 그려나가면 어느덧 이완의 기본단계에 몰입하게 된다. 이완상태가 이루어지면 의식의 조절이 가능해져 마인드 컨트롤의 기본적 환경이 이루어진다.

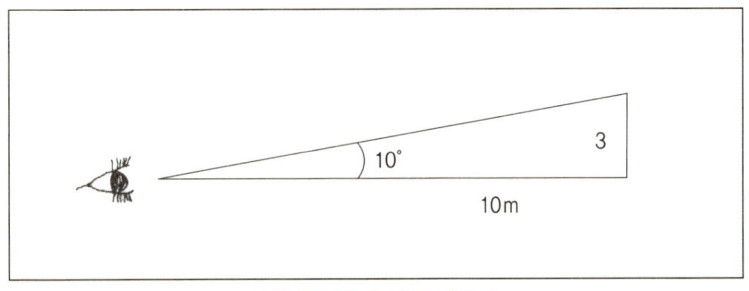

마음속으로 숫자를 바라봄

② 정신집중훈련방법

정신 이완조절이 끝나면 바로 정신집중훈련을 실시한다. 숫자를 마음속으로 거꾸로 세는 숫자 역산법이 있다. 몇 가지 방법이 있으나 숫자 역산법이 가장 쉽다.

마음속으로 100에서 1까지 서서히(숫자 하나에 5초 간격)거꾸로 세어나간다. 두 번이고 세 번이고 반복해서 숫자를 역산한다. 숫자 역산법을 며칠간 연습하면 신체의 모든 조직이 깊은 평온상태에 놓이게 된다. 이는 온전히 자연적인 과정이며 생기를 불어넣는 행위이고 짧은 수련으로 심신의 피로를 풀어 안정을 되찾는 방법이기도 하다.

이런 정신집중훈련은 1회에 15분 이상해야 효과가 있으며 1일 3회 아침, 낮, 저녁 잠들기 전에 하면 이상적이다.

정신이 모두 몰입된 내부의식의 상태에서 외부의식상태로의 복귀는 서서히 정상적인 높은 주파수로 상승하여야 한다. 마음속으로 '나는 1에서 5까지 수를 셀 것이고 5를 셀 때 눈을 뜨게 되고 기분이 좋으며 상쾌할 것이다.'라고 생각하고 마음속으로 다섯을 센 후 눈을 번쩍 뜬다. 그러면 뇌파가 알파상태에서 베타상태로 되돌아간다.

③ 다른 정신훈련법

가. 깨어있기 수련

수업을 받고 있을 때 졸음이 올 때가 많다. 이럴 때 졸음을 물리치는 방법에 대하여 알아보자.

졸리지만 잠을 자지 않아야 할 경우 장신집중훈련 때와 마찬가지로 3에서 1의 방법으로 1의 상태에 몰입하여 '졸음이 온다. 그러나 졸면 안 된다. 나는 맑고 상쾌한 건강상태에 있고 싶다.'라고 마음속으로 생각한다.

그리고 나서 '나는 이제 하나에서 다섯까지 세겠으며 다섯을 셀 때 눈을 뜰 것이고 상쾌하고 기분이 좋으며 온전한 건강상태에 있게 될 것이다.'라고 마음먹고 천천히 하나, 둘, 셋을 센 후 다시 상기시킨다. 그런 후 넷, 다섯을 세면서 눈을 뜨고 '나는 활짝 깨어있으며 이전보다 훨씬 좋아진 것을 느낀다.'라고 생각하면 졸음이 사라진다.

나. 두통이나 편두통 조절법

고등학생이 되면 대학입시, 이성문제 등으로 스트레스를 받기 쉽다. 이러한 스트레스는 두통과 편두통을 동반하기도 하는데 이를 예방하거나 막는 방법을 알아본다.

긴장으로 인한 두통이나 편두통이 있을 경우 정신집중훈련법에서와 마찬가지로 먼저 3에서 1의 방법으로 숫자 1의 수준에 몰입하여 마음속으로 '나는 지금 머리가 아프다. 머리가 아픈 느낌이 사라졌으면 좋겠다.'라고 한다. 그리고 천천히 하나에서 다섯까지 센 후 눈을 뜬다. 이와 같은 방법을 5분 간격을 두고 3번 한다. 그러면 두통과 편두통이 거의 사라질 것이다.

다. 잠깨기 수련

요즘 학생들의 유행어에 삼당사락(三當四落)이라는 말이 있다. 이는 세 시간을 자면 일류대학에 합격할 수 있으나 네 시간을 자면 일류대학에 합격할 수 없다는 말이다.

아침 6시에는 일어나야 학교에 늦지 않을 수 있다. 그런데 늦게 자고 아침 일찍 일어나기란 여간 힘들지 않다. 그리고 시험 보러 가거나 여행을 가기 위해 아침 일찍 일어나야할 때도 있다. 그러면 이럴 경우 어떻게 하면 아침 일찍 정해진 시간에 일어날 수 있을까? 그 방법에 대하여 설명하겠다.

이 잠깨기 수련은 자명종 시계를 사용하지 않고도 원하는 시간에 깨어나는 방법이다. 우선 자기 전에 앞서 설명한 정신집중훈련법에서와 같이 잠자리에 누워서 3자를 세 번 연상하고 나서 2자를 세 번 연상한다. 그러고 나서 1자를 연상한 상태에서 시계바늘을 연상하고 시계바늘을 일어나고자 하는 시간에 맞추어 놓는다. 내가 일어나고 싶은 시간이 이 시간이며 이 시간에 나는 틀림없이 깨어날 것이라고 생각하고 1의 상태에서 잔다. 이렇게 며칠간 연습하면 자신이 원하는 시간에 건강한 상태에서 자연스럽게 깨어 날 수 있다.

라. 불면증을 없애는 방법

빨리 잠들려고 하면 할수록 더욱 잠이 오지 않은 것이 불면증의 특징이다. 잠을 자지 않고 뜬눈으로 밤을 새고 나면 다음날은 육체적, 정신적으로 피로해서 일도, 공부도 할 수 없다. 불면증이 있을 경우 우선 방안의 기를 많이 받고 있는 침구류를 점검해 보아야 한다.

음기(陰氣)를 띤 이불을 덮고 있으면 깊은 잠을 잘 수 없다. 만약 이불이나 베개에 습기가 있으면 날씨 좋은 날을 택하여 습기를 없애면 음기가 사라진다. 어느 방향을 향하여 잠을 자느냐에 따라서도 수면에 미묘한 차이가 있는데 베개를 서쪽으로 향하게 하고 잠을 자면 효과가 있다. 침구는 깨끗이 하고 책이나 곰 인형을 방에 두지 않은 것이 좋다.

서쪽은 편안함, 북쪽은 안정감을 의미하기 때문에 침구류는 서쪽과 북쪽 양쪽의 상징의 색깔인 엷고 밝은 갈색이 좋다. 이렇게 하면 양쪽 방향의 기를 받아 깊은 잠을 잘 수 있다.

불면증을 없애는 인테리어

⑵ 공부는 예습과 복습이 좌우한다

학습된 결과나 행동은 현재만으로 규정되는 것이 아니라 어제의 행동에 영향을 받는 것이며, 이것이 얼마나 지속되느냐 못하느냐의 문제는 학습과정과 학습활동에 매우 중요한 것이다.

파지(把持)와 망각(忘却)을 간단히 말해서 기억의 과정 속에서 학습의 지속성 여부를 뜻하는 것이라 하겠다. 기억의 연속성 과정은 명기(銘記), 파지(把持), 재생(再生), 재인(再認)이라고 한다. 과거 경험의 잔존 효과를 기억이라고 한다. 다시 말해서 과거의 학습결과가 명기된 상태에서 파지되고, 파지된 것이 그와 유사한 경험 장면에서 재생, 재인되어 새로운 경험을 획득하는데 영향을 미치는 것과 같은 일련의 과정을 우리들은 기억작용이라 한다. 반면 이전의 학습경험에서 보는 흔적으로서의 파지는 그것을 사용하는 시간이 경과될 때 점차적으로 약화되어 소실되어가는 경향이 있다. 이와 같이 기억 흔적이 현재의 과정과 결부되지 않아 생각해 낼 수 없는 상태를 망각이라고 한다. 그러나 망각은 흔적의 소실이나 붕괴 만에 기인한다고 볼 수 없다. 후에 생각해 낼 수 있으며 완전히 잊어 버렸다고 생각되는 경우도 재차 그것을 학습하면 이전에 학습할 때보다 훨씬 쉽게 기억할 수도 있기 때문이다. 말하자면 파지와 망각은 동일과정에 관한 것이며 또 파지는 학습된 행동의 지속에 관계되는 용어이며, 망각은 이 지속과정의 실패에 관계되는 용어인 것이다.

쉽게 말하면 파지는 배운 것을 잊지 않고 기억하고 있는 것을 말하고, 망각은 배운 것을 잊어버리는 것을 말한다.

독일의 심리학자 에빙하우스(H. Ebbinhaus 1885)는 무의미재료를 사용하여 실험한 결과 망각의 법칙을 발견하였는데 학습 후 1시간이 경과하면 50%, 48시간이 경과하면 70%이상 망각하고 그 후는 망각율이 둔화되면서 31일이 경과하면 약 80%가 망각된다는 것이다.

망 각 율(Ebbinhaus)					
경과 시간	파지 율	망각 율	경과 시간	파지 율	망각 율
1/3 시간	58.2	41.8	2 일	27.8	72.2
1 시간	44.2	55.8	6 일	25.4	74.6
8.8 시간	35.8	64.2	31 일	21.1	78.9
1 일	33.7	66.3			

파지를 높이는 방법은 복습이다. 그날 학교에서 배운 내용을 며칠 후에 복습하는 것보다 그날 중으로 복습해 두는 것이 기명(記銘)이나 파지(把持)를 돕는다. 어떤 시간에 들은 강의 내용을 그 시간에 가까운 휴식 시간에 자기 체계에 맞도록 머리 속에 재생해 보는 것이 며칠이나 몇 달 후에 몇 시간 복습하는 것보다 파지를 더 도울 때가 많다.

사람의 기억은 시간이 지나면서 계속 잊게 된다. 그러나 공부하는 사람의 경우 공부한 내용을 자꾸 잊히면 곤란하다. 이때에 가장 문제가 되는 것이 가물가물한 기억들이다. 확실히 기억나는 것은 우리 뇌에 잘 기억돼 있으므로 걱정할 것이 없다. 그리고 아예 잊어버린 것도 별 도리가 없는 것이다. 그러나 가물가물한 것들은 우리의 노력에 따라 확실한 기억으로 붙잡아 둘 수도 있고 계속 잊혀지게 할 수도 있다.

사람이 공부한 것 가운데 이 가물가물한 범위에 들어가는 것이 확실한 것들 보다 훨씬 더 많다. 그러므로 이것을 잘 붙들 수 만 있다면 엄청난 공부 효과가 있을 것이다. 이것들을 잘 붙들 수 있는 가장 확실한 길은 반복해서 공부하는 방법이다.

학생이 반복해서 공부하는 첫 번째의 지름길은 그날 학교에서 공부할 것을 예습하고 집에 돌아와서는 복습하는 것이다. 예습과 복습은 가장 효과적인 반복공부이다.

집에 돌아온 후에는 그날 배운 것을, 일요일에는 그 주일에 배운 것을 다시 복습하고, 방학 때는 그 학기 동안에 배운 것을 복습하는 것이다. 1주일, 한 학기 동안 공부 열심히 했으니까 일요일은 쉬고 또 방학 동안에 여행이나 하고 쉬어야겠다는 생각은 절대 금물이다.

한자나 영어 단어를 외울 때 눈으로 보고 익히는 것은 그냥 잊어버리는데 완전히 익힐 때까지 계속 읽으면서 써야 머리 속에 깊이 기억이 된다. 눈으로만 익히는 것은 시각만 동원되지만, 소리 내서 읽고 쓰는 것은 시각과 청각, 촉각을 동원하기 때문에 훨씬 기억이 잘 된다.

요즘 어떤 학원은 학교에서 배운 것을 복습 위주로 지도해서 내신 성적을 올리는데 주력하고 있다 한다.

(3) 사전을 최대한 활용한다

요즘 출판된 참고서들이 다양하고 너무나 자세히 기술 돼 있어서 사전을 찾을 필요가 없다고 하겠지만 그렇지 않다. 사전을 찾아보면 더 자세하고 널리 알 수 있다. 예를 들어 'ball'을 보자. 단순히 '공' 정도로 알 수 있을 것이다. 그러나 명사로 공, 야구, 야구에서 좋지 않은 볼, 크리켓의 투구, 탄환과 포탄, 공 모양의 것, 천체에 있어서 지구, 고기의 덩어리, 알, 시시한 것, 무도회, 즐거운 한 때 등이 있고, 동사로 둥글게 하다. ~을 감아서 둥글게 하다. 덩어리가 되다. 뭉치다. 성교하다. 가 있다. 이외 많은 숙어들이 있다.

올 여름 광주에서 무더기로 카빈 총알이 발견됐는데 TV 화면을 통해 그 총알 상자 표면에 'carbine ball'이라고 써져 있는 것을 보았을 것이다. 이때 'ball' 을 '공' 으로 해석하면 어찌 되겠는가.

보통 사람들은 '비(鼻)' 자를 '코 비' 자라고 만 알고 있을 것이다. 그러면 '비조(鼻祖)' 는 '코 할아버지' 가 된다. 한자 사전에 '비(鼻)' 는 '①코 비 ② 비롯할 비(~祖, 始也)' 라고 써져 있다. '비(鼻)' 는 코라는 뜻도 있지만, 비조(鼻祖)라고 할 때는 '비로소이다' 라고 돼 있다. '비조(鼻祖)' 는 처음으로 사업을 일으킨 사람, 원조(元祖), 시조(始祖)라는 뜻이다.

우리가 '지(之)' 자를 '갈 지' 라고만 알고 있다. 이는 '간다. go' 의 뜻이다. 그래서 어디서나 '갈지 자' 로 새긴다. '조강지처(糟糠之妻)' 라는 말이 있다. 이것을 그대로 새기면 '지게미와 겨로 가는 아내' 가 된다. 조강지처는 지게미와 겨를 먹어가며 어렵게 함께 살았던 아내를 말한다.

한자 사전에는 '지(之)' 자에 대하여 갈지, 이를지, 이지, 어조사지, ~의지, 이에 지 등으로 써져 있다. 여기서 어조사가 문제인데 어구에 따라 '~의' '~하는' ~하는 것 '' 것 '이것' '그것' 등으로 해석한다. 한자사전에는 그 한자에 따른 많은 단어들이 써져있다. 예를 들어 '괴(乖)' 자에 있어서 '괴각(乖角), 괴려(乖戾) 등 18개의 단어가 설명 돼 있다.

국어사전을 보자, 단골이 설명되어 있는데 단골은 '늘 정해 놓고 거래하는 곳, 또는 사람을 말하는 것' 으로 여기에서 단골레, 단골말, 단골무당, 단골서리, 단골손님, 단골집이라는 말이 생겼고, 또 다른 말로 지붕을 일 때 쓰는 반 동강의 기와, 도리 등에 얹힌 서까래와 서까래의 사이이다. 여기서 파생된 말로 단골막이, 단골판이 있고, 또 '단골(短骨)' 로 짧은 뼈라는 말이 있다.

중학생은 참고서에 있는 것으로도 충분하고 사전 찾는데 시간을 낭비할 필요가 없다고 생각할지 모르나 고등학교나 대학교에 가면 그 단어에 대하여 다시 공부를 해야 되고, 사전을 찾으면 기억하는 물질이 분비되어서 더 기억이 잘된다. 그리고 사전을 활용하면 몰랐던 것을 알게 되니 '아! 이런 뜻도 있구나.' 하고 놀라게 되고 환희를 느끼게 된다. 사전은 큰 사전일수록 좋다. 인터넷에서 검색할 수도 있으나 큰 사전만큼 자세하지 못하다.

(4) 아침형 인간으로 만든다

조용한 시간에 공부한다고 한밤중에 공부하고 낮에는 자는 학생이 있는데 이것이 습관화 되면 안 된다. 잠을 자게 하는 호르몬인 세로토닌은 밤에 분비되고, 밤에 잠자는 동안에 80%의 뇌세포가 재생되어 낮에 활발한 활동을 하게 된다. 수험생의 경우 대개 낮에 시험을 보는데 머리가 맑지 않아 시험에 실패하게 된다. 따라서 밤늦게까지 공부하고 아침에 늦게 일어나는 것이 습관화되지 않게 해야 한다. 공부를 잘 하는 데는 어디까지나 체력이 승부수이다. 뇌세포의 에너지 소모가 많으므로 영양부족이 되지 않도록 영양가 높은 음식물을 먹도록 해야 한다. 인스턴트식품은 절대 금물이다.

(5) 공부는 결정적 시기가 있다

결정적 시기란 특정한 심리적 특성이 학습되는 시기인데 만일 이 시기에 학습이 되지 못하면 후에 학습이 제대로 되지 못한다는 것이다.

로렌츠(Lorenz 1957)는 새끼오리의 각인(刻印)에 관한 연구에서 새로 출생한 새끼오리가 부화 수 시간 내에 어떤 종류의 움직이는 물체를 만나게 되면 그것을 그들의 어미로 알고 따라다니는 현상을 발견하였는데, 그 움직이는 물체에 침착하는 경향이 일정한 짧은 시간 안에 나타나기 때문에 결정적 시기라는 말을 붙이게 된 것이다. 사람도 일정한 시기에 특정한 행동을 학습할 수 있는 조건이 주어지지 못하면 발달의 결손이 오게 되고 또 그 결손은 또 새로운 결손을 낳게 하여 결손이 누적되기 때문에 어릴 때의 초기 경험이 중요하다는 증거가 된다.

암기력이 가장 좋은 중학교 때에 영어 단어나 한자 그리고 국어 낱말을 많이 외워야 한다. 그리고 책도 많이 읽어야 한다. 창의교육이라고 해서 단순 암기는 하지 말라고 하지만 외울 것은 외워야 한다. 외우는 것은 공부의 기본이다.

우리나라의 교육과정을 보면 초등학교부터 고등학교에 이르기까지 교과서의 내용이 연결되어 있고 수준만 달리하고 있다. 다시 말해 발달단계가 높아짐에 따라 그 내용의 깊이와 폭이 달라질 뿐이다. 예를 들어 수학의 집합이라는 내용은 초등학교부터 고등학교까지 배운다. 다만 학년이 올라감에 따라 그 수준이 높아지는 것이다.

이상에서 말한 바와 같이 공부에는 결정적시기가 있고 교육과정도 초등학교부터 고등학교까지 이어진다. 초등학교나 중학교 때 공부를 소홀히 한 학생은 학습 결손이 생겨서 고등학교 가서는 더욱 큰 학력차가 생긴다.

'지금 여기(now here)'의 진리를 알아야 한다. 앙드레 지드는 '과거는 지나간 것이어서 버림받는 것이며 미래는 호사가들의 꿈이다. 이 두 가지는 우리 힘으로 어쩔 수 없다. 따라서 나는 단지 현재에 관심을 가질 뿐이다.'라고 했다. 에미슨은 '오늘을 붙들어라. 되도록 내일에 의지하지 말라. 그 날 그 날이 일년 중 최선의 날'이라고 했다.

진리는 언제나 지금 여기에 있다. 진리는 결코 미래에 성취되는 것이 아니다. 진리는 지금, 그리고 여기 바로 우리와 함께 있다. 진리는 바로 지금 여기에 있으므로 누구나 진리를 찾고자 하면 지금 여기에 정신을 집중하여 내 것으로 만들기만 하면 되는 것이다.

공부를 잘못하는 학생들의 공통된 특징은 지금 여기에서 해야 할 공부를 다음으로, 내일로 미루는 데 있다.

고등학교에 가면 대학입시공부도 바빠서 중학교 때 덜 배운 것을 보충할 시간적 여유도 없고, 공부를 잘하는 학생 중심으로 수업을 진행하다보니 도저히 따라갈 수 가 없어 차차 공부에 흥미를 잃게 되고 문제학생으로 전락하고 만다.

이상에서 말한 바와 같이 공부에는 결정적시기가 있고 교육과정도 초등학교부터 고등학교까지 이어진다. 초등학교나 중학교 때 공부를 소홀히 한 학생은 고등학교에서 공부를 잘 할 수 없고 따라서 좋은 대학에 갈 수 없다.

(6) 개념과 원리를 알도록 해야 한다

수업이나 학습의 결과가 참으로 유용한 것이 되기 위해서는 단순한 이해나 파지(把持)의 수준을 넘어서 다음 학습을 촉진시키고 새로운 상황에 널리 활용할 수 있는 개념이나 원리를 알아야 한다. 그래야 전이효과(轉移效果)가 크게 나타날 수 있다. 하나를 얻으면 열을 알 수 있는 능력(一得知十)은 원리를 아는데 있다.

필자가 네덜란드에서 한 달 동안 연수를 하면서 얻은 결론은 역시 교육은 원리를 이해시켜야 한다는 것이었다. 예를 들어 냉동시설에 대하여 공부를 하는데 먼저 냉동의 원리인 액체의 기화 시 기화열 흡수, 압력 조절에 의한 비등점 변화, 열의 이동 등에 대해 실험을 통해 이해시키고 그 다음에 냉동기의 기체와 액체에 대한 순환 경로를 가르쳤다. 그런 다음에는 순환과정을 색깔로 표시해보도록 했고 그 후에 순환과정의 중요지점에서 온도와 압력을 직접 측정하여 비교해 보도록 했다. 그 다음에는 냉동기의 부품 이름과 기능을 외우도록 했다. 이런 과정을 통해 원리와 구조를 완전히 익히게 한 다음 냉동기를 작동해 보도록 했다.

요즈음 학생들이 원리를 익히기 보다는 문제의 패턴을 중심으로 공부하고 있는데 문제의 패턴이 바뀔 경우 당황하고 만다. 공부의 기본은 개념과 원리를 완전히 파악하는 것이다. 그러면 문제가 어떤 패턴으로 나오든지 해결 할 수 있다. 문제를 풀 때 정답을 외우기보다는 왜 그런 정답이 나왔는지를 알아야 한다. 대학입학수학능력시험이 개념과 원리를 응용할 수 있는 능력을 측정하는 방향으로 출제되고 있다는 것을 알아야 한다.

원리와 개념을 이해하는 가장 좋은 방법은 교과서 내용을 완전히 이해하는 것이고 이를 위해서는 수업 중에 선생님의 설명을 열심히 듣는 것이다. 밤에 잠들기 전에 눈을 감고 그날 배운 내용을 머리 속에 떠올려보는 것이다. 가물가물하고 기억이 확실하지 않으면 교과서를 펴고 다시 한 번 확인하는 것이다. 배운 것에 대해 이해가 가지 않으면 교과서와 참고서를 보고 이해를 하도록 하고 자기 힘으로 안 되면 다음날 선생님한테 물어서 이해하도록 해야 한다. 그날 배운 것은 그날 소화하도록 해야 한다. 개념과 원리를 이해하는 첩경은 수업에 충실한 것이다.

(7) 독서력을 길러야 논술을 잘한다

사람이 얼마나 영리한가를 가늠할 때 지능지수를 가지고 따진다. 터맨 (Terman)은 지능을 "추상적으로 사고할 수 있는 능력"이라고 정의했고 웩스러(Wechsler)는 "유목적적으로 행동하고, 합리적으로 사고하고, 환경을 효과적으로 다루는 개인의 종합적인 능력"이라고 정의하고 있다.

지능검사의 성격으로 보아 지능과 학업 성취도 사이에 높은 상관관계가 있기 마련이다. 지능검사를 구성하는 주요 내용이 학교의 교과학습에서 핵심이 되는 언어적 능력과 수리적 능력, 추리적 능력을 재는 문제로 되어 있다. 그러므로 지능검사에서 높은 성적을 얻은 사람은 학교성적에서도 높은 성취를 할 수 있는 가능성이 있다고 보아야 할 것이다.

지능지수가 높은 사람은 창의력도 높을 수밖에 없다. 창의력은 이미 알려있지 않은 참신한 아이디어나 또는 그러한 아이디어의 복합체를 생산해 내는 능력으로 정의되고 있으며, 이러한 정의에 의하면 창의적인 산물이란 사물을 단순하게 병합시켜 놓은 것이나 나열해 놓은 것이 아니고 상상적 활동에 의하여 사물에 대한 생각이나 경험으로부터 얻은 새로운 사태로 변형조작하거나 또는 특별한 관계로 창안해 내는 것을 의미한다.

사고의 유창성, 사고의 융통성, 사고의 독창성이 창의력의 특징이다. 창의력은 인간의 지적능력에 있어서 중요한 요소이다.

학습은 새로운 정보를 사전지식과 관련짓는 것이다. 즉, 학습은 새로운 정보를 기존의 인지구조에 동화시키거나 새로운 정보에 맞추어 기존의 인지구조를 조절하는 과정이다.

이상에서 볼 때 IQ를 높이고 결과적으로 창의성을 기르는데 절대적인 것은 독서이다. 그러므로 독서는 학습에 필수적 요건이다. 다시 말해 독서는 공부를 잘하게 하는 밑거름이다. 2008학년도 서울대 논술 예비시험 성적순은 강남보다도 중소도시 학생들의 성적이 좋았다.

논술시험은 단순히 몇 마디 묻는 것이 아니라 전문적인 지식을 논하는 것이다. 논술을 잘 하기 위해서는 많이 읽고, 많이 써보고, 많이 생각해야 하는데 그 중에서도 첫째가 읽기 즉, 독서이다. 논술에 있어서 독서는 가축에 있어서 초지와 같은 것이다.

독서력을 높이기 위해서는 어휘력을 높여야 한다. 어휘력을 높이기 위해서는 한자를 많이 알아야 한다. 우리말의 70%가 한자말이기 때문이다.

(8) 수맥파를 피한다

① 수맥의 의의
빗물이 지하에 스며들면 암석 표면에 피막을 만들고, 피막이 어느 정도 두꺼워지면 물은 보다 깊은 곳으로 이동한다. 그러다가 어느 정도의 깊이에서는 그 하부에 있는 불투수층(不透水層)에 막혀서 내려가지 못하고 그곳에 머물게 된다. 지하수는 이와 같이 지하의 동공(洞空)이나 바위틈에 채워진 물을 말한다.

그러면 수맥이라는 말은 왜 생겼을까? 광물 덩어리가 땅속에 모여 있으면 광맥이라고 한다. 지하수도 지하에 고여 있으니까 수맥이라고도 할 수 있고, 지하수가 지하에 있는 바위틈이나 동공을 채우고 있는데 지하의 바위틈이 인체의 혈맥처럼 서로 연결돼 있어서 수맥이라고 부른다.

현재 사용 중인 샘이나 관정 가까운 곳에 이보다 더 깊은 샘을 파거나 관정을 뚫을 경우 기존의 샘이나 관정의 물이 마르거나 양이 줄어든 것을 알 수 있다.

수맥이 있으면 수맥에는 다른 물질들이 녹이 있어서 지자기의 세기가 강해진다. 또한 지구의 중력이 강해진다. 미국 항공우주국과 독일 항공우주센터가 합작한 쌍둥이 인공위성 그레이스(GRACE)가 지금까지보다 100배 향상된 저밀도의 해양과 지표면 전체의 중력을 측정했다. 지구의 질량 분포가 균일하지 않기 때문에 지표면에 따라 최대 100분지 1가량의 미세한 중력 차이가 나는 것이다. 해류나 지하수가 흘러 물질이 모이는 곳이나 산맥이 중력이 높다는 것을 알아냈다.

지하에 수맥이나 광맥, 동굴, 단층(斷層)이 있으면 사람 몸에 해로운 파장이 나온다고 한다. 그런데 지하에 가장 많이 분포돼 있는 것이 물이기 때문에 수맥의 영향이 가장 크다고 할 수 있다.

② 수맥이 학습능력에 미치는 영향

캐데 바클러(KÄ THE BACKLER)씨에 의하면 수맥이 있으면 암, 관절염, 알레르기 등이 생겨 건강에 영향을 주는 것은 말할 것도 없지만 어린 나이에 수맥파의 영향을 받으면 학력 저하를 가져온다고 한다. 수맥은 임신부에 있어서 긴장을 초래하고 질병을 일으키며, 태아를 기형아로 만들고 병약한 태아가 되거나 중독을 일으키고, 유산을 하거나 미성숙아를 출산하기도 한다.

산모가 활동이나 해산에 고통을 받으면 태아의 발육에 나쁜 영향을 미친다는 것은 이미 알려진 사실이다. 산모의 긴장이 난산을 초래하고 이것이 뇌 발달에 장애를 준다. 이것이 나중에 공부에 아주 나쁜 영향을 미친다.

산모가 수맥파 위에 누워 있으면 활동과 출산에 영향을 받음은 물론 긴장하고 경련을 일으키기도 한다. 그러므로 임산부는 수맥파를 피해야 한다.

어린애는 수맥파를 피하는 능력이 부족하기 때문에 수맥이 있는 곳에 유아용 침대에 있으면 아주 큰 고통을 받아 크게 악을 쓰고 운다. 또한 발육이 지체되고 말을 더듬고 수막염(髓膜炎)에 걸린 것처럼 행동하며 의식을 잃기도 한다. 이로 말미암아 지능이 정상적으로 발달하지 못해 나중에 공부를 못하게 된다.

공부를 잘하는 데는 선천적인 능력, 물리적, 정서적 안정, 교육과 훈련, 자신의 의지 등 많은 요소가 작용한다. 이와 같이 학업 실패의 요소도 여러 가지가 있는데 수맥이 그 중에 하나이다.

지적인 아이들은 지적인 욕망이 크고 쉽게 배우고 의욕이 강하다. 그러나 수맥이 있는 곳에서 생활하는 아이들은 그렇지 못하다.

가정이나 학교의 수맥이 있는 곳에서 공부하는 학생의 경우, 책상에 앉게 되면 불안하고 신경이 과민해진다. 그리고 선천적으로 우수한 두뇌를 가졌다하더라도 능력이 발휘되지 않는다. 또한 질병에 시달려 공부에 실패한다.

수맥파가 강한 곳에 침대가 있으면 과민한 어린이는 경련을 일으키고 행동이 느리고, 빈둥대며 항상 피곤해 한다. 피곤해서 게으름이 오고 이로 인해 공부에 집중이 안돼 교실에서 멍하니 앉아 있게 되고 공부할 의욕을 상실한다. 또한 망각증에 걸려 배운 것을 잊어버리게 되고 기억력이 결핍된다. 또한 꾀부리는 학생처럼 행동하게 되어 부모나 선생님 그리고 동료들로부터 오해를 받기도 한다.

아주 피곤함을 느끼고 , 항상 기분이 침울하고 , 저항적이고 무례한 행동을 하고 비사교적인 사람이 된다. 남과 어울리기도 싫어 학교생활에 흥미를 잃게 된다.

③ 수맥파를 피하는 방법

수맥을 피하는 방법은 여러 가지가 있으나 가장 좋은 방법은 수맥이 없는 집으로 이사하는 것이다. 옛날 우리나라 속담에 '새집 짓고 3년 이사 가서 3년"이라는 말이 있다. 그리고 병이 나면 집터가 세서 그러니 이사를 가라고 한다. 이는 모두가 수맥을 피해 이사 가라는 말이다.

외국에서도 우리와 똑 같은 속담이 있다. 그러나 이사를 가면 나는 수맥을 피하지만 이사 오는 사람이 또 피해를 보게 된다. 수맥을 미리 찾아 수맥을 피해 집을 짓든지 차단재를 깔고 시공을 하든지 또는 방바닥에 수맥 차단 매트를 깔면 좋다. 다음 그림에서 보는 바와 같이 그냥 잠을 잘 경우 수맥파와 전자파가 온몸을 지나가지만 수맥파 차단재를 깔았을 경우는 몸을 지나던 전자파는 방바닥 밑으로 흘러가고 지하에서 올라오는 전자파를 차단한다.

수맥 차단 매트나 장판재를 방바닥에 깔면 수맥파 뿐만 아니라 공중에

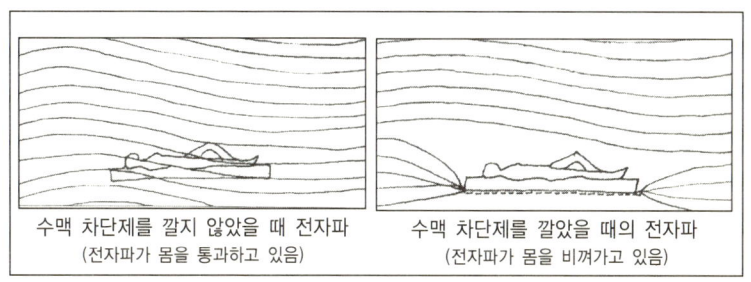

수맥 차단제를 깔지 않았을 때 전자파	수맥 차단제를 깔았을 때의 전자파
(전자파가 몸을 통과하고 있음)	(전자파가 몸을 비껴가고 있음)

있는 전자파 일부도 흡수한다. 흔히들 아파트의 경우 1층에 차단재를 깔면 1층에서 수맥파를 차단하므로 2층 이상은 수맥 차단재가 필요 없다고 생각하나 이는 잘못이다. 수맥파는 지하에서 올라오는 전자파이다. 전자파는 공중에 퍼지는 것이니 어딘들 못 가겠는가. 그리고 각 층은 철근을 이용한 콘크리트이기 때문에 철근을 타고 올라갈 수 있다.

수맥 전문가들에 의하면 수맥파는 지상 100m까지 영향을 미친다고 한다. 그러므로 2층 이상의 층에서도 수맥 차단재가 필요하다.

육안으로 보아 벽이나 방바닥에 금이 갔거나 정원에 있는 나무나 잔디가 죽으면 그 방향으로 수맥이 있을 가능성이 높으니 이 방향에는 침대나 책상을 두지 않은 것이 바람직하다.

많은 수맥차단 제품들이 시판되고 있는데 실제로 수맥파가 차단되는지 확인을 하고 구입을 해야 한다.

수맥을 피하기 위해 이사를 가면 좋겠지만 여건이 허락하지 않을 수도 있고, 이사를 간다 하더라도 누군가는 또 이사를 올 것이 아닌가. 그래서 처음부터 수맥을 피해 건축을 하든지, 그렇지 못했을 경우에는 차단재를 깔고 시공을 하거나 수맥 차단 매트나 장판지를 깔면 좋다.

수맥 차단 재료로는 알루미늄과 동판이 좋다. 이 재료들은 앞서 그림에서 보는 바와 같이 지하로부터 올라오는 수맥파의 차단은 물로 공중에 있는 수맥파도 어스(earth. 접지) 역할을 해서 땅으로 돌려보낸다.

연세대학교 의과대학 김현원 교수는 수맥의 영향을 피하는 방법으로 알루미늄 포일을 5겹 이상 깔거나, 편광면을 겹치는 방법(예를 들어 부엌에서 사용하는 랩), 정전기를 발생시키는 방법 등에 의해 차단이 가능할 뿐 아니라, 인체에 이로운 토션장을 발생시킴으로써 중화시키는 것도 가능하다고 하였다. 이런 원리를 이용해 수맥파 뿐만 아니라 유해파를 중화시키는 제품이 오랜 연구와 시험 끝에 발명되어 시판되고 있는데 '금구 C.M.C 파워링' 이다.

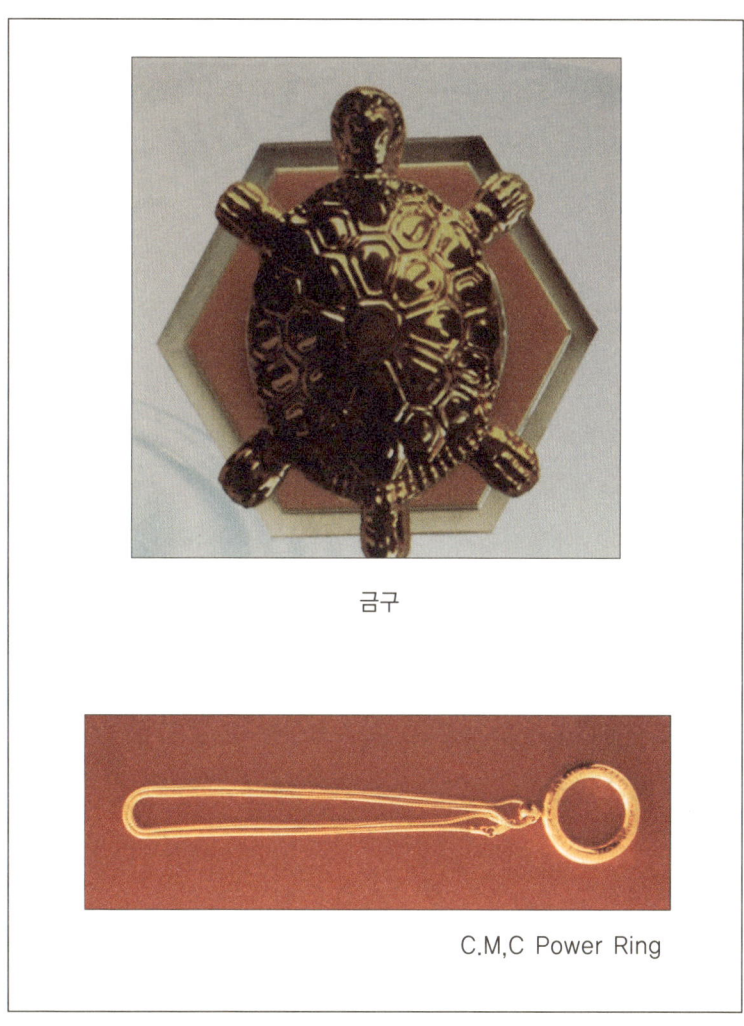

금구

C.M.C Power Ring

전자파와 수맥파를 중화하는 '금구'와 'C.M.C Power Ring'

2. 공부방의 방위

공부방의 8방위에 따라 좋고 나쁨이 달라지는데 방위별 특징과 공부방과의 관계 그리고 책상의 방위를 일본의 풍수가 森冬生씨와 황종찬씨의 저서를 참고하여 설명한다.

여기에서 방위는 터의 중심이 아니라 건물의 중심에서 측정한 것을 말한다.

(1) 북쪽에 있는 공부방

북쪽은 구성(九星)으로 감(坎)에 해당되는데 양효(陽爻) 하나가 가운데 있으므로 둘째 아들, 가운데 아들, 어린사람, 15~30세의 남자를 상징하므로 여자보다는 남자에게 유리하다. 비뇨기 계통, 성병, 신장병, 정력 감퇴 등의 질병에 유의해야 한다. 북쪽은 가난, 질병, 임신, 고뇌, 장래, 화합, 평화를 상징하고 내성적이거나 침체하기 쉬운 방위이다.

북쪽은 흑색을 의미하므로 벽지나 기타 인테리어 색을 백색이나, 청색 계통으로 하여 서로의 기운이 상생되게 한다. 북쪽에 있는 방은 일반적으로 공부방으로 좋다.

(2) 북동쪽에 있는 공부방

북동쪽은 구성으로 간(艮)에 해당되는데 하나의 양효(陽爻)가 가장 위에 있으므로 셋째 아들, 아동, 소년, 20세 이하의 남자, 상속인을 상징하므로 남자 아이의 공부방에 적합하다. 손발, 허리 병, 관절염, 후두염, 전신 마비증세에 유의해야 한다.

북동쪽은 겨울에서 봄으로 넘어오는 계절을 의미하므로 개혁, 변화, 부활, 종말, 시작, 축재(蓄財), 저축을 상징한다. 그래서 자녀들의 성장환경으로 좋다. 이 방위에서 공부하는 학생은 자기 노력으로 성적이 향상된다.

북동쪽은 오행상 토(土)로서 황색을 의미하므로 벽지나 인테리어 색깔은 적색이나 백색 계통이 상생이 되어 좋다. 그리고 이 방위는 부모와 자녀간의 의사소통이 단절되기 쉽고 왕성한 지적 욕구가 있는 반면 불만이 많고 감정의 기복이 심하므로 일반적으로 학생의 공부방으로는 좋지 않다.

(3) 동쪽에 있는 공부방

동쪽은 구성으로 진(震)에 해당되고 양효(陽爻) 하나가 가장 밑에 있기 때문에 장남(長男)을 의미한다. 동쪽은 인물로는 장남, 중년 남자, 유명인, 중간 간부의 남자를 의미하고, 나아가다, 오르다, 새로움, 결단, 어짐, 열림을 나타낸다. 이 방위에 결함이 있으면 간장, 자율신경계, 인후염, 히스테리, 신경통, 두통 등의 병이 발생하기 쉬우므로 이에 주의해야 한다.

동쪽은 어린 자녀의 방으로 적합하다. 이제 막 생동하기 시작하는 태양의 기가 어린 자녀의 성장에 유익한 영향을 미치므로 성장기에 해당하는 초등학교에서 중학교 때까지의 자녀들에게는 이 동쪽의 방이 가장 좋다. 동쪽은 진취적이고 발전적인 기를 생성하므로 자녀들의 성향을 밝고 씩씩하게 만든다.

그러나 지나치게 왕성한 양기가 발생하면 심신이 피로하고 정서불안, 식욕부진, 피로를 가져오므로 유념해야 할 것이다. 동쪽은 기악이나 성악을 전공하는 자녀에게 좋고 상징하는 색은 청색이므로 청색이나 적색계통으로 인테리어를 꾸미면 상생이 되어 좋다.

(4) 남동쪽에 있는 공부방

이 방위는 구성으로 손(巽)에 해당되는데 음효(陰爻)가 가장 밑에 있으므로 장녀를 상징한다. 또한 중년 부인, 온화하고 내조하는 30~50세의 여성을 의미하고 조화, 생장, 활력, 충실, 연애, 신용, 왕래, 해산, 온순, 여행, 먼 곳을 상징하므로 이 방위에 있는 방에서 자란 자녀가 딸이라면 성장하여 훌륭한 남편을 맞아들이게 되고 얌전한 현모양처가 된다. 여학생의 공부방으로는 무난하다.

그리고 이 방위에 있는 방에서 성장한 자녀들은 후에 부모와 멀리 떨어져 생활하거나 일찍 결혼할 가능성이 크다. 이 방위에 결함이 있으면 콧병, 호흡기 질환, 중풍, 신경계통 질병, 근육통 등이 생기기 쉬우므로 주의해야 한다. 이 방위가 상징하는 색은 청색이므로 벽지나 인테리어 색상은 청색이나 적색계통이 좋다.

(5) 남쪽에 있는 공부방

이 방위는 구성으로 이(離)에 해당되며 하나의 음효(陰爻)가 가운데 있으므로 가운데 딸, 또는 둘째딸을 상징한다. 화려한 여성, 여배우, 미녀, 20~35세의 여성, 문화인, 저명한 사람, 현자(賢者)를 의미하고 오행으로 화(火)에 해당되므로 불, 화재, 열, 광명, 발견, 노출, 권위, 이별, 절단, 싸움, 승진, 명예, 예술을 상징한다. 예술계통에 능력이 있는 학생에게는 창작 의욕을 드높여 좋은 결과를 안겨주는데 간혹 자신의 실제 능력보다 지나치게 높은 목표를 설정하여 그 목표를 이루지 못해 좌절감에 빠질 수도 있으므로 남쪽 방위는 초등학교까지는 무난하다.

선천적으로 심장이 약한 아이에게는 상극작용을 하므로 뇌 계통, 신경계, 심장, 정신병, 안질, 열병에 조심해야 한다. 남쪽은 적색을 의미하므로 책상이나 벽지 색을 청색이나 적색, 황색계통을 쓰면 상생이 되어 좋다.

(6) 남서쪽에 있는 공부방

남서쪽은 구성으로 곤(坤)에 해당되며 모두가 음효(陰爻)로 어머니를 나타낸다. 남서쪽은 어머니와 대지(大地)를 상징한다. 부모, 노파, 45세 정도의 여성을 의미하므로 가정주부나 할머니의 방위이다. 따라서 성장기의 학생에게는 적당치 않다. 이 방위는 무기력, 혼란, 정지, 순종, 변화, 생육, 근로, 인내, 우울, 많음을 상징한다.

이 방위에서 자란 아이들은 생활력이 강해져서 성장 후 가장의 역할을 하거나 어머니 대신에 집안 살림을 맡은 경우가 많다. 자녀의 공부방으로 좋지 않을 뿐만 아니라 소화기 계통의 질병이나 피로, 복통의 질병에 시달릴 수가 있다.

(7) 서쪽에 있는 공부방

서쪽은 구성으로 태(兌)에 해당되며 음효(陰爻) 하나가 맨 위에 있기 때문에 막내딸을 나타낸다. 인물로 소녀, 화류계 여성, 불량소녀, 20세 이하의 여성, 애교 있는 여성을 의미하고 즐거움, 부족, 파임, 금전을 상징하기도 한다. 서쪽은 해가 지는 방향으로 기가 약해지므로 성장기의 학생에게는 공부방으로 적당치 않다.

이 방위는 백색을 의미하므로 황색이나 백색 계통의 색으로 벽지나 책상의 색깔로 택하면 좋다. 건강에 있어서는 호흡기 계통의 질환에 주의하고 편식, 소화불량, 호흡기 질환, 폐병, 구내염 등에 각별히 신경써야한다. 풍수적으로 서쪽으로 큰 창문이 있으면 자식들 중에 소아 천식을 앓을 확률이 크다.

(8) 북서쪽에 있는 공부방

북서쪽은 구성으로 건(乾)에 해당되며 모두가 양효(陽爻)이므로 아버지를 상징한다. 친족, 남편, 주인, 노인, 권력자, 귀인, 수령, 총리, 장군 등을 의미하고 존귀, 충실, 권력, 지배, 완전, 성취, 전진, 수확, 축적을 상징한다. 따라서 자녀들이 쓰는 공부방으로는 부적당하다.

만약 북서쪽의 방을 공부방으로 쓰면 방위력(方位力)의 영향이 미쳐서 매사를 자기 본위로 생각하고 고집이 강하며 무슨 일이든지 참견하여 주도하려는 기질을 가지게 되므로 지속적으로 공부에 몰두하기가 힘들며 학습능력도 떨어진다.

또한 자녀들이 아버지의 방위에 거주하게 돼 가장의 건강에 해를 주거나 집안의 위계질서가 무너진다. 북서쪽에 거주할 경우 뇌종양, 뇌출혈, 폐질환, 두통, 피부병, 골절 등의 병에 주의해야 한다. 북서쪽은 백색을 의미하므로 벽지나 인테리어 색깔을 백색, 황색계통을 쓰면 좋다.

3. 공부방에 있어서 고려해야 할 점

(1) 불규칙한 모양의 공부방

주택의 모양뿐만 아니라 일반 가정용품도 둥근 모양이거나 정사각형의 모양이 보기에 좋다. 따라서 집안에 있는 칸막이까지도 정사각형이면 좋다. 공부방은 조용히 공부하고 편히 쉬는 곳이기 때문에 안정감을 주어야한다. 그런데 공부방의 모양이 불규칙하게 들어가고 나온 데가 많고 한쪽으로 만 길게 돼 있으면 불안감을 주고 좋은 기(氣)가 제대로 순환하지 못해 좋지 못하다.

공부방이 한쪽으로만 길면 가운데에 칸막이를 설치하거나 키가 높은 가구를 놔두는 것이 좋다. 그렇다고 해서 출입구를 막아서는 안 된다. 공부방의 움푹 들어간 곳은 가구를 놓아서 평면이 되게 하고 너무 돌출된 곳에는 관엽식물을 놓아서 기의 흐름을 좋게 해준다. 관엽식물로서 선인장은 좋지 않으니 침실이나 공부방에 두지 않은 것이 좋다.

(2) 뾰족한 것이 보이는 공부방

풍수에서 일반적으로 뾰족한 것을 살(殺)이라고 하여 나쁘게 취급한다.

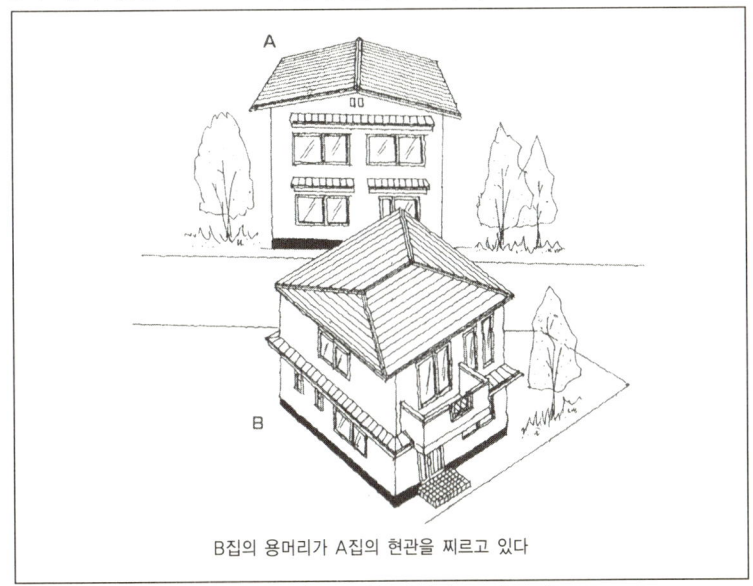

B집의 용머리가 A집의 현관을 찌르고 있다

외부로부터 뾰족한 부분이 보이는 예

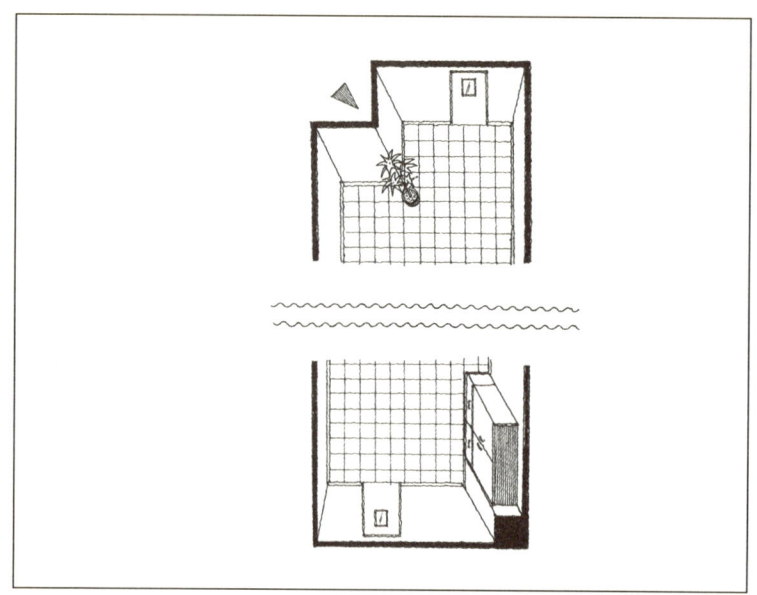

각진 벽이 있을 경우 그 앞에 관엽식물이나 가구를 놔둔다

각(角)이 진 벽이 공부를 향하면 좋지 않다. 더군다나 공부방 창 너머로 다른 집들의 지붕 용머리 같이 뾰족한 것이 보이면 아주 안 좋다. 이런 것들이 가까이 있을수록 영향력이 더 크다. 정신적으로도 안정이 되지 않아 집중력이 떨어지고 극단적인 경우 정신병이 되는 수도 있다.

이런 경우는 첨각사살(尖角射煞) 또는 귀각대충(鬼角對沖)이라 해서 뾰족한 것으로 맞대응하는 것이다. 공부방에 각진 벽이 있는 경우는 그 앞에 가구나 관엽식물을 놓아 가려버린다. 창 너머로 다른 집의 뾰족한 부분이 보이면 그 방향을 향해서 뾰족한 삼각형 모양의 물건을 두든지 칼같이 날카로운 것을 놔둔다.

(3) 공부방의 책장, 컴퓨터 등의 배치

자기만의 공부방을 가지고 있을 경우 자기와 관계있는 책, 문구, 옷 등을 잘 정리하는 습관이 길러지도록 해야 한다. 어려서는 공부방에 놀이기구를 두기도 하고 고학년으로 올라가면 오디오, 컴퓨터를 비롯해 많은 가구와 도구를 두게 되는데 이런 것들을 풍수적으로 고려해서 좋은 자리에 두어야 한다.

컴퓨터는 방의 입구부분에 두는 것이 좋다. 에어컨을 비롯해서 많은 전자제품이 공부방에 많이 있으면 이러한 전기제품에서 전자파와 복사열이 방출되어 방안의 정상적인 기의 흐름을 방해한다. 이중에서도 컴퓨터를 가장 많이 사용하고 있기 때문에 컴퓨터에 유의해야 한다. 환기를 자주 시키고 거리를 멀리하며 오랜 동안 사용하지 않은 것이 좋다.

그리고 옷가지는 가지런하게 해서 옷장에 넣어두고 카세트테이프도 케이스에 넣어서 놔둔다. 정리정돈을 잘해야 좋은 기가 생긴다.

전자제품이나 가구 등의 배치는 자기의 본명괘 방위에 두는 것이 좋다. 자기의 본명괘가 동사택(북쪽, 동쪽, 남동쪽, 남쪽)에 속하면 북쪽, 동쪽, 남동쪽, 남쪽에 배치하고, 자기의 본명괘가 서사택(북동쪽, 남서쪽, 서쪽, 북서쪽)에 속하면 북동쪽, 남서쪽, 서쪽, 북서쪽에 배치한다. 그런데 이는 철칙이 아니므로 전자파의 피해나 방의 구조를 고려해서 배치한다.

4. 책상을 놓아야 할 위치

(1) 책상을 놓아서는 안 될 장소

여기에서 책상의 방위는 공부방 한가운데서 측정함을 말한다.

책상을 두어서는 안 될 장소 5가지가 있는데 이를 오기(五忌)라 한다.

○ 첫째, 문과의 정면은 문충(門衝)이 되어 좋지 않다. 주택 풍수에서 대문에 들어서서 현관이나 큰방이 직선방향으로 보아면 좋지 않다. 왜냐하면 대문을 열고 들어오면 정면으로 시선이 집중되는 법인데 그곳에 개인의 생활공간이 위치한다면 외부인의 시선을 받게 되고 개인의 프라이버시가 침해될 것이며 주의가 산만해져 자신의 일에 방해를 받기 때문이다. 그리고 외기(外氣)를 직접 받게 되어 건강에도 해롭다. 특히 문이 투명한 유리문일 경우는 더욱 불리하다.

○ 둘째, 문을 등지고 책상을 배치하면 좋지 않다. 이런 경우는 책상에 앉은 사람이 허기(虛氣)를 느껴 정신집중이 잘 안되고 능률이 저하된다. 자신의 등 뒤쪽에 아무 것도 없어서 심리적으로 불안한 가운데 밖에서 사람이 들어오더라도 바로 살필 수가 없으므로 항상 긴장하게 된다. 따라서 해야 할 일에 소홀하게 된다.

○ 셋째, 창문을 등지고 책상을 놓아도 좋지 않다. 창문 역시 문과 마찬가지로 바깥 공기가 들어오는 입구가 되므로 등 뒤에 놓여진 창문은 무방비 상태의 느낌을 갖게 하여 책상에 앉은 사람의 생기를 교란시킨다. 또 햇빛이나 밖의 빛을 등지게 돼 조명을 흐리게 한다.

○ 넷째, 문과 가까운 곳에 책상을 배치하는 것도 좋지 않다. 문과 너무 가까우면 문과 정면으로 놓여진 책상과 같이 외기(外氣)로부터 영향력을

바로 받게 되므로 좋지 않다. 사람의 출입이 많은 장소로서 자신에게 모여져야 할 생기를 흩어지게 하고 정신집중력을 방해하므로 일의 능률면에서도 좋지 않다.

○ 다섯째, 자신의 출생년도 간지와 맞지 않은 위치도 불리하다. 우리나라에서는 자신의 타고난 방향을 구성(九星)으로 따지는데, 일본에서는 구성보다 출생년도의 지지(地支)에 의한 방향으로 따지는 경우가 많다. 자신의 출생년도의 지지(地支)에 의한 방위가 아닌 곳에 오랫동안 좌석을 배치해 두면 자신의 입지(立志)가 점점 불리해져 대인관계에서 신용을 잃기 쉽고 시작한 일이 중도에 좌절되기도 한다. 자신의 간지에 맞는 방향에 책상을 놓아야 할 것이다.

(2) 책상을 놓으면 좋은 장소

○ 첫째, 출생년도별 지지에 따른 좋은 방위에 책상을 놓아야 한다. 지지에 따른 유리한 방향에 책상을 놓았을 때 문을 정면으로 향하게 되더라도 허리를 좀 낮추고 앉으면 심리적으로 편안한 기분이 든다. 왜냐하면 그쪽의 방향에서 활력을 가져다주기 때문이다.

○ 둘째, 문에서 멀리 떨어지되 벽을 등지고 배치한다. 이 경우에는 책상을 놓아 보고 실제로 그 자리에 앉아 본다. 마음이 가라앉고 쾌적한 느낌이 들면 좋은 것이고 집중이 안 되고 과민해지면 좋지 않은 것이니 책상을 다른 위치로 바꾸는 것이 현명하다.

자기가 태어난 해의 지지에 따른 방위는 다음 표와 같은데 방위는 패철(풍수에서 사용하는 나침반)의 4층에 표시된 방위로 잰다.

출생한 해의 지지(地支)	출 생 년 도	방향
자년생(子年生 : 쥐띠)	1936, 1948, 1960, 1972, 1984, 1996, 2008, 2020	자(子)
축년생(丑年生 : 소띠)	1937, 1949, 1961, 1973, 1985, 1997, 2009, 2021	축(丑)
인년생(寅年生 : 호랑이띠)	1938, 1950, 1962, 1974, 1986, 1998, 2010, 2022	인(寅)
묘년생(卯年生 : 토끼띠)	1939, 1951, 1963, 1975, 1987, 1999, 2011, 2023	묘(卯)
진년생(辰年生 : 용띠)	1940, 1952, 1964, 1976, 1988, 2000, 2012, 2024	진(辰)
사년생(巳年生 : 뱀띠)	1941, 1953, 1965, 1977, 1989, 2001, 2013, 2025	사(巳)
오년생(午年生 : 말띠)	1942, 1954, 1966, 1978, 1990, 2002, 2014, 2026	오(午)
미년생(未年生 : 양띠)	1943, 1955, 1967, 1979, 1991, 2003, 2015, 2027	미(未)
신년생(申年生 : 원숭이띠)	1944, 1956, 1968, 1980, 1992, 2004, 2016, 2028	신(申)
유년생(酉年生 : 닭띠)	1945, 1957, 1969, 1981, 1993, 2005, 2017, 2029	유(酉)
술년생(戌年生 : 개띠)	1946, 1958, 1970, 1982, 1994, 2006, 2018, 2030	술(戌)
해년생(亥年生 : 돼지띠)	1947, 1959, 1971, 1983, 1995, 2007, 2019, 2031	해(亥)

출생한 해의 지지(地支 : 띠)에 따른 책상 배치표

* 여기서 말하는 방향은 풍수에서 쓰이는 24방위 중 지지에 해당하는 방위임

5. 시험에 도움이 되는 4방위

수험생에게 가장 중요한 것은 단기간에 어떻게 공부의 효과를 높이느냐하는 것이다. 풍수적 방법으로 다른 수험생보다 앞서게 할 수 있으면 그 이상이 없을 것이다. 먼저 북쪽에 방을 둔다. 북쪽에 적당한 방이 없으면 자기 방에서 책상이라도 북쪽에 둔다. 책상 앞에 창문이 있다든가 바깥 경치가 시야에 들어오면 기가 흐트러진다. TV나 라디오를 공부방에 두면 기분을 떨어뜨리니 조심해야 한다.

클래식(고전음악)을 낮은 음으로 청취하는 것은 무방하나 유행가나 팝송

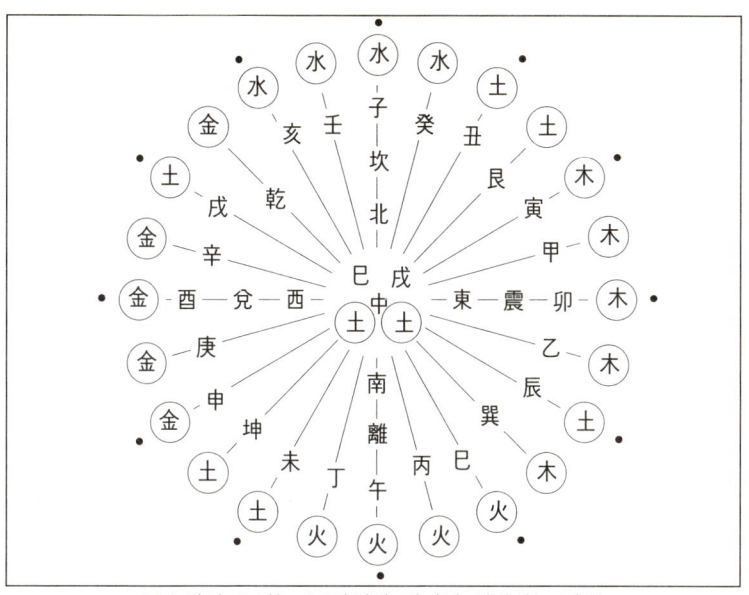

풍수에서 쓰이는 24방위와 지지에 해당하는 방위

을 듣는 것은 공부에 좋지 않다. 공부할 때는 뇌파를 낮추어야 하는데도 이어폰을 귀에 꽂고 공부를 하는 것은 절대 금물이다.

방의 색깔은 부드러운 것으로 옅은 녹색, 다색(茶色)계통, 아이보리, 베이지색이 좋고 원색계통은 나쁘다. 회색은 활력을 빼앗으므로 공부방에는 좋지 않다. 봄 풍경의 그림이나 관엽식물(觀葉植物)을 두면 좋다.

공부를 잘되게 하려면 충분한 수면으로 뇌세포를 쉬게 해주는 것이 좋다. 머리를 어디에 두고 자느냐에 따라서 수면이 달라진다.

동쪽은 아침 일찍 일어나기에 좋고 기분이 상쾌해서 공부하기에 좋다. 남쪽은 머리 회전이 잘되어 영감을 풍부하게 한다. 서쪽은 잠자리가 좋아서 깊은 잠이 든다. 그러나 잠이 너무 지나쳐 아침 일찍 일어나기 어려울 때가 있다. 불면증이 수험생에게는 좋지 않다.

조용한 시간에 공부한다고 한밤중에 공부하고 낮에 자는 사람이 있는데 이것이 습관화되면 안 된다. 잠을 자게 하는 호르몬인 세로토닌은 밤에 분비되고, 밤에 잠자는 동안에 뇌세포가 재생되어 낮에 활발한 활동을 하게 한다. 수험생의 경우 대개 낮에 시험을 보는데 머리가 맑지 않아 시험에 실패하게 된다. 따라서 밤늦게까지 공부하고 아침 늦게 일어나는 것이 습관화 되지 않게 해야 한다. 공부를 잘하게 하는 데는 어디까지나 체력이 승부수이다.

뇌세포의 에너지 소모가 많으므로 영양부족이 되지 않도록 영가가 높은 음식을 먹도록 해야 한다. 인스턴트식품은 절대 해롭다.

*관엽식물(觀葉植物): 꽃보다는 잎사귀의 아름다운 모양이나 빛깔 등을 관상하고 즐기기 위하여 가꾸는 식물을 말하는데, 인도고무나무, 종려, 관음죽, 종려죽, 휘닉스 야자, 아나나스, 소철, 베고니아 등 많은 종류가 있다. 선인장이 전자파를 흡수한다고 실내에 두는 가정이 많은데 선인장은 가시가 많아 풍수적으로 좋지 않다.

6. 대학 진학과 학과 선택에 도움이 되는 방위

진학할 대학이나 학과를 선택할 경우 가장 중요시 되는 것은 본인의 적성과 장래 희망이다. 그럼에도 불구하고 대부분 이를 무시하고 대학입학수학능력시험점수에 맞추어서 선택하고 있다. 이런 경우 입학 후 적응을 하지 못하고 겉돌게 되거나 휴학이나 전·편입 등 많은 부작용을 낳게 된다.

과거에는 일류대학이라는 간판 하나만으로 모든 것이 해결되었지만 지금은 상황 달라졌다. 전문화, 고급화, 차별화의 구조로 옮아가면서 획일화된 인재 양성보다는 창의적, 전문적인 능력 중심의 사회구조로 변화하고 있는 것이다.

우리는 이에 발맞추어 보다 신중하게 자신의 미래를 타진하고 준비해 나가야 할 것이다. 외부적인 요인에 흔들리지 말고 자기 능력과 적성에 맞추어 학과를 선택해야만 한다.

이에 도움이 되고자 풍수상으로 직업들을 조망해 본다. 풍수에서는 각 방위마다 상징되는 직업이 있다. 이를 염두에 두고 각 방위에서 나오는 기를 활용하면 시험공부를 하거나 일을 추진함에 있어 도움이 되리라 본다.

⑴ 북쪽은 어업, 수산물매매인, 주류나 채소류취급자. 상하수도관리인, 철학자, 승려, 외교가를 상징한다. 장래 수산해양계통의 대학이나 철학과, 외교학과를 지망하고자하는 학생은 북쪽의 기를 이용해야 한다.

책상은 북쪽을 향하게 놓고 북쪽을 항상 깨끗이 한다. 건물의 북쪽이 너무 튀어나오거나 오목하게 들어가 있어도 좋지 않다. 공부방의 벽지나 사용하는 책상 등은 백색계통의 색깔이 좋고, 동쪽의 창밑에 화분을 몇 개 놓아두면 더 좋은 효과를 볼 수 있다. 책상 위의 유리판 밑은 흰색이 좋다.

⑵ 북동쪽은 숙박업, 중개사, 터미널이나 역종사자, 창고업, 등산가, 건물임대업, 건축업자, 주차장, 보험업자를 상징하므로 부동산학과나 관광과를 지원할 학생은 북동쪽의 기를 활용하면 될 것이다.

건물의 북동쪽에 결함이 있는지를 살피고 항상 이 방향을 깨끗이 해야 한다. 책상 밑에 까는 천이나 커튼의 색깔은 황색이나 백색계통을 사용하도록 한다.

침대는 서쪽에 배치하고 머리는 북동쪽으로 향하게 하고 잠을 잔다.

(3) 동쪽은 전기, 전자계통 사업, 폭약 기술자, 엔진기술자, 성악가를 상징한다. 전기나 전자학과, 성악과를 지원할 학생은 동쪽의 기를 활용해야 한다. 침대를 동남쪽으로 배치하고 머리를 동쪽으로 하여 아침에 떠오르는 기를 받도록 한다. 책상 밑에 까는 천이나 커튼은 청색 계통을 쓰고 벽지는 녹색과 청색이 섞인 것을 쓰면 좋다.

동쪽의 벽에는 봄이나 여름철의 경치가 담긴 풍경화를 걸어두면 좋다. 동쪽에는 스탠드나 텔레비전을 둔다. 건물의 동쪽에 흠이 있는가를 살피고 결함이 발견되면 즉시 보수를 하도록 한다.

(4) 남동쪽은 제재소 등의 목제품관련업, 목공소, 종이나 펄프제조 관련업, 항공, 체신, 운수, 가스업, 향수취급업, 무역업, 선박업을 상징하므로 임산가공학과, 항공과, 무역학과, 선박학과, 관광학과를 지망하는 학생은 남동쪽에서 나오는 기를 잘 활용해야 한다.

우선 건물의 남동쪽이 너무 튀어나오거나 흠이 있는 가 잘 살펴보고 청소를 깨끗이 한다. 벽지나 커튼의 색깔은 청색계통을 사용한다. 남쪽의 창밑에 화분을 놓아두면 화분에 있는 화초와 상생이 되어 기운을 더욱 강하게 해준다.

벽에 봄철의 풍경이 담긴 그림을 걸어 둔다. 가구와 책상은 철제보다 목제가 한층 유리하다.

(5) 남쪽은 과학자, 작가, 화가, 검사, 판사, 연예인, 사진가, 모델, 광학기 제조나 판매, 미용업, 출판, 인쇄업자, 기자, 광고업, 안과의사, 교사, 경찰관, 천문대관계인을 상징하므로 물리학과 등 과학에 관한 학과, 미술

학과, 법학과, 사진학과, 신문방송학과, 미용학과, 문헌정보학과, 광고학과에 진학할 학생은 남쪽의 기를 잘 이용해야 한다.

책상이나 커튼의 색깔은 적색이나 청색 계통을 사용한다. 잠 잘 때 머리를 남쪽으로 향하게 한다. 책상을 남쪽에 놓아두고 벽에는 여름철 풍경이 담긴 그림을 걸어 둔다.

난로나 전등을 남쪽에 두면 오행의 화(火)의 기가 강해져서 화재의 염려가 있으니 북쪽에 두도록 한다.

(6) 남서쪽은 토(土)를 의미하므로 책상이나 커튼, 벽지의 색깔은 황색 계통이 좋다. 붉은 꽃으로 된 화분은 괜찮으나 녹색의 관엽식물은 좋지 않다. 전등은 남서쪽에 설치하고 난로나 열풍기는 남쪽이나 방 가운데에 설치한다.

남서쪽은 농업관계인, 곡물생산이나 가공 및 판매인, 지주, 토지 및 택지업자, 간호원, 보육관계업, 산부인과 의사를 상징하므로 농학과, 원예학과, 유아교육과, 보육과, 간호학과를 지원할 학생은 남서쪽의 기를 잘 활용해야 한다.

가을이나 흰눈이 쌓인 풍경화를 남서쪽이나 서쪽 벽에 걸어 둔다. 항상 남서쪽을 깨끗이 하고 집 건물의 남서쪽에 결함이 있으면 즉시 수리한다.

(7) 서쪽은 금속가구점, 철물점, 배우, 가수, 작곡가, 카바레, 음료수판매업, 변호사, 치과의사, 금융업, 증권업자를 상징하므로 음악과, 연극영화과, 체육과, 치과대학을 지망하는 학생은 서쪽에서 나오는 기를 잘 활용해야 한다.

벽지, 책상, 커튼의 색깔은 흰색이나 회색계통을 사용하면 좋다. 서쪽은 또한 꺾임, 파임을 의미하기 때문에 너무 어둡게 하면 성격이 너무나 온순해질 수 있으니 창문을 내든지 서쪽 벽에 전등을 켜두면 이런 결점을 보완할 수 있다. 지는 해가 보이지 않게 해가 질 무렵에는 서쪽 창의 커튼을 친다. 가구 중에서 금속성인 것은 서쪽에 둔다. 집 건물의 서쪽에 흠이 생기면 즉시 수리하고 항상 깨끗이 한다.

(8) 북서쪽은 경영자, 단체장, 기계제조업, 제철업자, 자동차, 차량이나 철도관계자, 귀금속, 상인, 정치가, 군인, 사장을 상징하므로 금속공학과, 기계공학과, 자동차학과, 보석가공학과, 정치학과, 상경대학, 사관학교 등에 지원할 학생은 북서쪽의 기를 잘 활용해야 한다.

집 건물의 북서쪽에 흠이 있는지 잘 살펴야 한다. 북서쪽은 서쪽과 마찬가지로 오행의 금(金)에 해당되므로 이외의 방법은 서쪽에 따르면 된다.

7. 충실한 학교생활을 위한 인테리어

(1) 수업 중에 선생님께 지적당하지 않는다

POINT

① 교탁이 있는 쪽을 향하여 필통을 놔둔다.
② 종이에 싼 소금을 책상 속에 넣어둔다.
③ 쓰레기통이나 청소함 뒤에 앉지 않도록 한다.

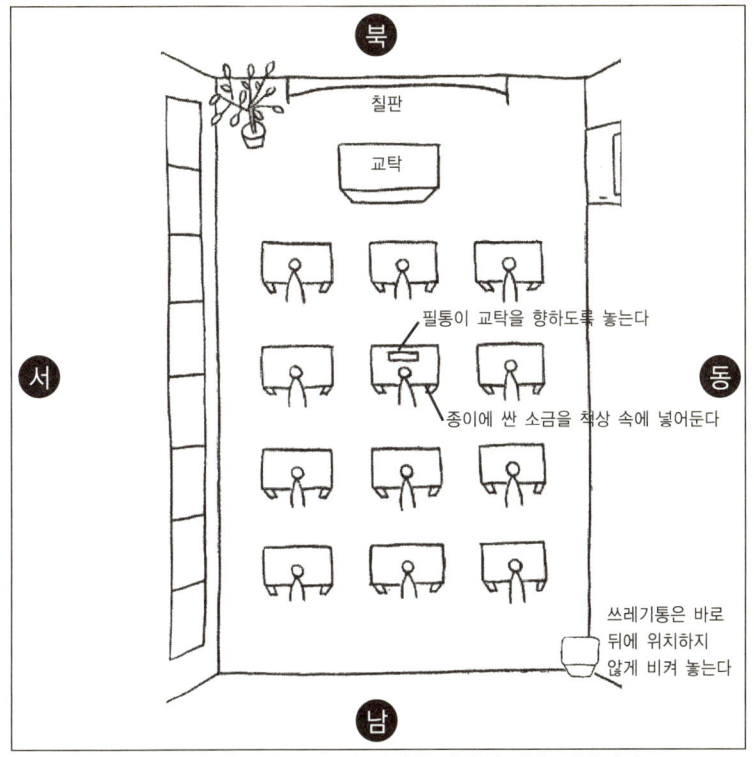

북

칠판

교탁

필통이 교탁을 향하도록 놓는다

서

동

종이에 싼 소금을 책상 속에 넣어둔다

쓰레기통은 바로
뒤에 위치하지
않게 비켜 놓는다

남

수업 중에 선생님으로부터 지적을 당하지 않은 인테리어

수업 중에 선생님으로부터 지적당하는 것을 줄이려면 먼저 자기 책상에서 보아 선생님의 교탁이 있는 방향에 필통을 놓아둔다. 교탁의 재료와 필통의 재료가 같아야 기(氣)가 서로 통한다. 그러므로 교탁의 재료가 철재이면 필통의 재료도 철재로, 교탁의 재료가 목재이면 필통의 재료도 목재이어야 한다. 요즈음은 필통의 재료가 플라스틱이어서 교탁의 재료와 맞지 않을 수가 있다. 이런 때는 필기도구 중에 교탁의 재료와 맞는 것이 있다면 어느 정도 효과를 볼 수 있다.

다음으로는 천일염 소금을 하얀 종이에 싸서 책상 속의 북동쪽에 두면 나쁜 운이 없어져 선생님으로부터 꾸중을 적게 듣는다.

쓰레기통이나 청소함 같은 더러운 것이 책상 바로 옆에 있으면 선생님으로부터 주의를 자주 받게 되므로 쓰레기통이나 청소함을 다른 장소로 옮기거나 쉬는 시간에 치워놓는다.

(2) 지각하지 않은 학생이 된다

POINT

① 동쪽의 창에 발(簾)을 걸어 둔다.

② 화분 옆에 물병을 놓아둔다.

③ 북서쪽에 자명종시계를 놓는다.

④ 동쪽은 검은색으로 인테리어를 한다.

아침마다 일어나기 힘들어 뒤척이다 지각하는 학생들이 많다. 항상 일찍 일어나려고 다짐하지만 좀처럼 실행에 옮기지 못한다. 이런 학생들은 먼저 생활습관을 바꾸어야 한다. 늦게 자고 늦게 일어나는 '야행성 생활'에서 일찍 자고 일찍 일어나는 '주행성 생활'로 바꾸어야 한다. 다시 말해 아침형 인간으로 변화해야 한다. 그런 다음 방의 위치와 인테리어를 살펴야 한다.

동쪽에서 해가 떠오르므로 동쪽은 아침의 기운을 받는 방위이다. 그러므로 동쪽에 포인트를 두고 실내장식을 하면 자연히 '주행성 인간'으로 바뀌어간다. 동쪽에 창문이 있다면 거기에 발을 걸어둔다. 그러면 오행의 목(木)의 기가 강해진다. 대나무로 만든 블라인드나 커튼을 걸쳐두어도 좋다.

발의 밑에는 생기가 있는 화분을 2개 이상 가지런히 놓아두면 동쪽의 기를 강하게 흡수한다. 화분 옆에는 무기물이 충분한 물병을 놓아둔다. 이렇게 하면 화분에서 나오는 목(木)의 기와 무기물 물병에서 나오는 수(水)의 기가 상생이 되어 동쪽의 기를 더욱 증폭시키게 된다.

아침에 일어나면 제일 먼저 화분에 물을 준다. 식물이 잘 자라 목(木)의 기가 많이 나오게 되면 이 기를 받아 아침에 일찍 일어나게 되는 것이다.

동쪽의 기를 받아 일찍 일어나는 습관이 생겼다고 해서 완전한 것은 아

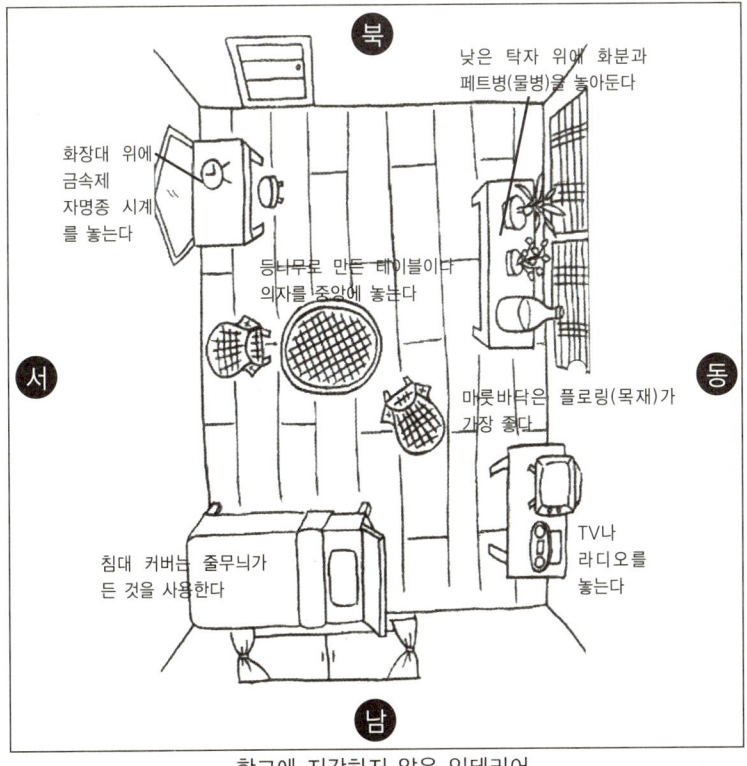

학교에 지각하지 않은 인테리어

니다. 동쪽의 기가 너무 강하게 작용하면 침착성이 부족해지는 경향이 있으니 오행 중 수(水)의 기를 갖는 북쪽의 힘을 빌리지 않으면 안 된다. 그러므로 북쪽을 의미하는 검정색의 실내장식물을 동쪽에 두면 된다. 특별한 실내장식물이 아니더라도 오디오나 TV 등을 동쪽에 두어도 괜찮다.

잠을 깨기 위한 자명종시계(괘종시계)는 금속제를 택해서 북서쪽에 있는 가구 위에 놓아둔다. 북서쪽은 의지를 강하게 해주는 방위로서 이 방위에 거울을 걸어두는 것도 좋다. 금속제의 괘종시계를 거울 앞에 걸어두면 상생이 되어 더욱 효과가 크다.

어느 정도 방의 인테리어가 바뀌었다 해도 일찍 자지 않으면 효과가 없으니 늦어도 밤 10~11시경에 잠자리에 드는 것이 좋다.

(3) 벼락치기로 성적을 올린다

> **POINT**
>
> ① 책상이나 책꽂이를 남쪽에 두어 집중력을 높인다.
> ② 의자 밑에 빨강색의 깔개를 깐다.
> ③ 동쪽에 조명용 스탠드를 둔다.
> ④ 크림색의 베개를 북서쪽으로 향하게 하고 잠을 잔다.

벼락치기 공부는 강한 의지와 집중력이 필요하다. 집중력을 키워주는 방위는 화(火)의 기를 갖고 있는 남쪽이므로 남쪽에 책상을 둔다. 그 외에 책장 등 공부와 관계가 있는 인테리어나 물건을 남쪽에 둔다. 스탠드는 흰빛을 내는 형광등이 좋다.

방에는 빨강색이나 엷은 보라색의 카펫을 깔아둔다. 카펫이 없을 경우는 의자만이라도 빨강색의 방석을 깔도록 한다.

하룻밤 정도 열심히 공부했다고 해서 성적이 많이 올라가기를 기대하기란 어렵다. 영감이나 직감을 길러야 하는데 이렇게 하려면 동쪽의 기를 이용해야 한다.

동쪽의 힘을 끌어들이기 위해서는 나무로 만든 스탠드를 책상 오른쪽에 놓는다. 직감을 길러주는 시간은 오전 5~7시 사이이므로 이때 일어나

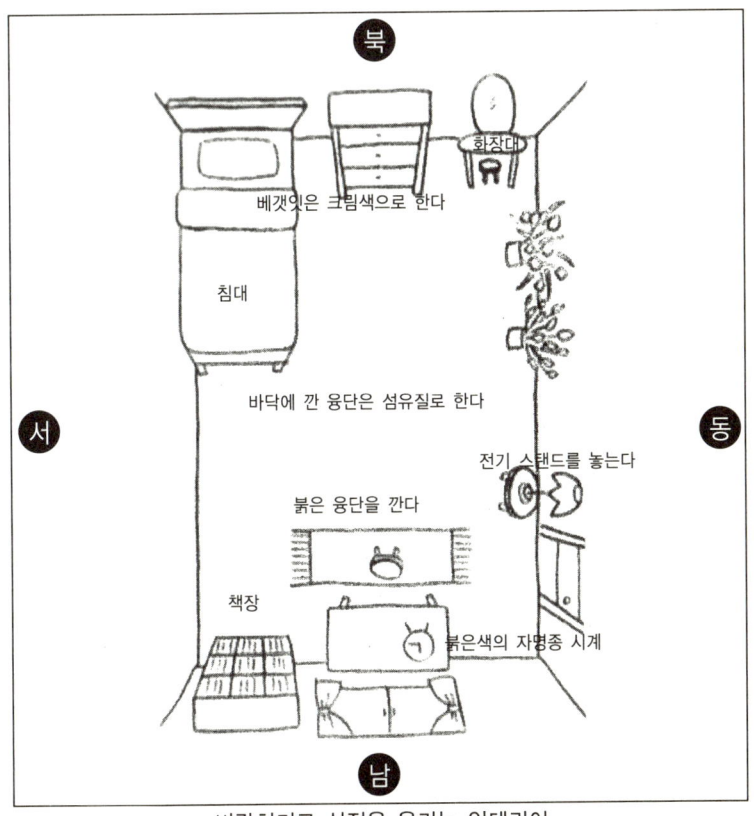

벼락치기로 성적을 올리는 인테리어

공부하면 머리가 맑아지고 직감도 좋아진다. 날을 새어가며 공부하는 것
보다 새벽에 집중적으로 공부하는 것이 좋다.

벼락치기 공부를 한다고 해서 전혀 잠을 자지 않으면 머리가 몽롱해진
다. 짧으면서도 깊은 수면을 취해 머리를 맑게 해야 하는데 이렇게 하려
면 베개를 북서쪽으로 향하게 하고 침대 시트의 색깔을 크림색이나 노란
색 계통으로 하면 된다.

8. 지망하는 대학에 꼭 합격한다

POINT

---

① 서쪽의 창문을 커튼으로 가려둔다.
② 동쪽 벽에 지망대학교의 상징인 사진이나 마크를 붙인다.
③ 난방 기구를 방의 한 가운데 둔다.
④ 북서쪽에 말 그림을 걸어두면 신의 도움을 얻을 수 있다.

운명을 좋게 하기 위해서는 긍정적인 사고를 기르는 것이 무엇보다도
중요하다. 현재 자신이 나쁜 운명에 처해 있어도 그 자체를 인정해서는
결코 안 된다. 오히려 '이것이 계기가 되어 더 나은 자신이 될 것이다.' 라
는 전화위복의 자세로 임해야 할 것이다.

긍정적인 사고 즉, '좋은 생각'을 가슴 깊은 곳에 뿌리박아 놓는다면
그 기가 상승하여 열악한 처지를 극복하게 될 것이다. 마음은 밭과 같은
것이고 생각은 밭에 뿌리는 씨앗이라 할 수 있다. 보리가 필요하면 보리

씨를 심어야 하고, 무가 필요하면 무씨를 심어야 하는 것처럼 좋은 운명을 만들고자 한다면 좋은 씨앗인 좋은 생각을 마음의 밭에 심어야 한다. 그러기 때문에 현재 시험을 준비하는 사람들은 희망대학이나 취직시험에 합격하리라는 생각만 해야 한다. 긍정적 사고 즉, 좋은 생각을 마음에 품게 하는 풍수를 알아보자.

대학시험이건 고시이건 각종 시험공부는 즐거운 것이 되지 못한다. 그리고 장기적으로 준비해야 하므로 적당한 휴식을 취하고, 기분을 맑게 하지 않으면 능률이 떨어진다.

수험생의 경우 시험에 대한 압박감 때문에 더욱 놀고 싶은 역작용의 충동이 크다. 이러한 놀고 싶은 마음이 생기는 것은 서쪽에서 들어오는 기가 지나치게 많기 때문이다. 서쪽이 피곤한 마음을 바꾸어주는 장점도 있지만 기가 너무 지나쳐 즐겁게 놀기만 하는 경향도 있다. 만약 창문이 서쪽에 있는 방에 살고 있다면 이점에 주의해야 한다.

시험을 마칠 때까지는 창문을 조금 열도록 하고, 될 수 있으면 커튼으로 창을 가려두는 것이 좋다. 특히 해가 서쪽으로 질 때는 커튼을 열지 않도록 한다. 그리고 공부하는 의욕이 생기게 하기 위해서는 동쪽에 스탠드를 놓는 것이 좋다.

동쪽은 청운의 꿈을 키워주는 희망의 방위이다. 동족의 벽에 자기가 지원하고 싶은 대학이나 자기가 바라는 법관이나 의사를 상징하는 사진이나 마크, 포스터 같은 것을 붙여두고 전등 빛을 비추면 대학입시나 고시에 합격하고야말겠다는 의욕이 생긴다.

시험공부가 잘 되게 하려면 계속적으로 기가 공급되지 않으면 안 된다. 끈기와 강한 힘을 주는 방위는 오행 중에서 토(土)에 해당하는 중앙이다.

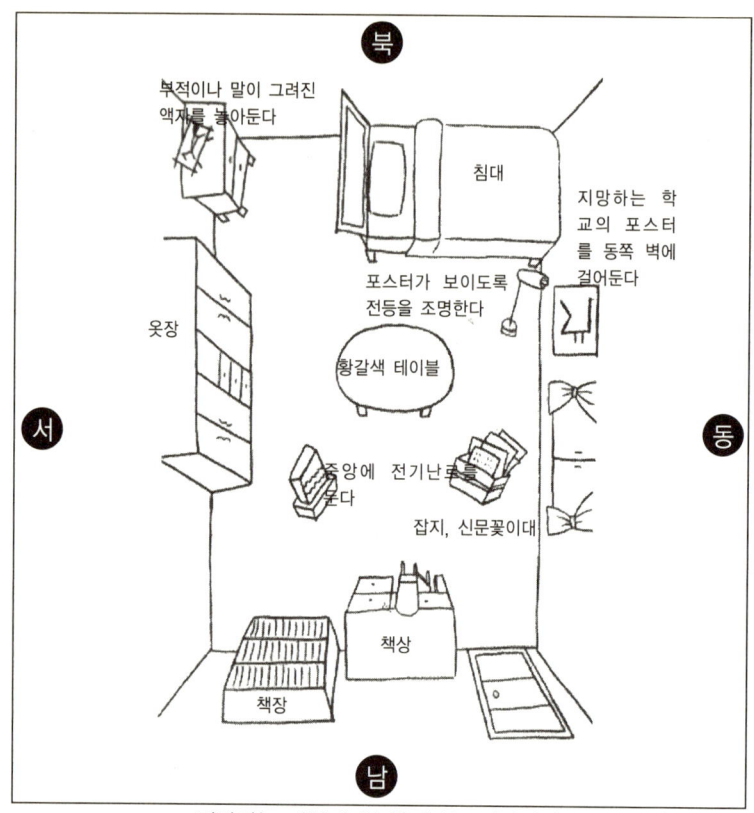

부적이나 말이 그려진
액자를 놓아둔다

침대

지망하는 학
교의 포스터
를 동쪽 벽에
걸어둔다

포스터가 보이도록
전등을 조명한다

옷장

황갈색 테이블

중앙에 전기난로를
둔다

잡지, 신문꽂이대

책상

책장

북

서

동

남

지망하는 대학에 꼭 합격하는 인테리어

그러므로 방 한가운데에 토(土)를 상징하는 황갈색이나 갈색의 테이블을 놓아두는 것이 좋다. 토(土)와 화(火)는 상생관계가 되므로 테이블 곁에 난로를 놓아두면 좋다. 전기난로나 송풍 가열기 같은 난방 기구를 방 가운데에 놓아두어도 좋다.

VI. 학생들의 바람직한 교우관계와 건강

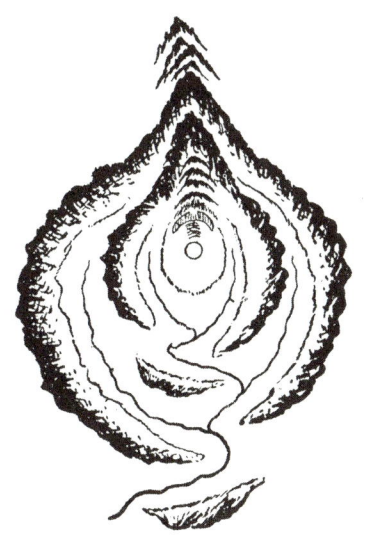

일본의 풍수가 森冬生씨와 小林祥晃씨의 책을 인용하여 설명한다.

1. 선배나 선생님으로부터 사랑을 받는 인테리어

POINT

① 동쪽과 북서쪽을 깨끗이 하고 청소함을 두지 않는다.

② 커튼이나 카펫을 청결하게 한다.

③ 꽃으로 집안을 잘 꾸민다.

풍수에서 동쪽은 선배를, 북서쪽은 선생님을 상징한다. 그러므로 동쪽과 북서쪽이 더럽혀져 있거나 먼지가 많이 끼어 있으면 윗사람들로부터 귀여움을 받지 못한다.동쪽과 북서쪽을 항상 깨끗이 하고 정리정돈을 잘해야 한다.

자기가 남에게 미움을 받을 만한 행동을 하지 않았음에도 선생님이나 선배들로부터 차가운 느낌을 받는다면, 커튼이나 카펫 종류는 방의 나쁜 기를 흡수하는 작용을 하므로 동쪽에 있는 커튼이나 카펫의 청결 상태를 점검해보아야 한다. 이와 같이 하면 누구나 자기를 좋아하게 될 것이다.

특히 선배들로부터 예쁨을 받으려면 동쪽에 위치한 수납장 위에 꽃을 꽂아둔다. 큰 꽃병에 물을 가득 채우고 붉은 색의 튤립이나 잎이 붙어있는 장미를 꽂아둔다. 오행으로 동쪽의 목(木)의 기와 꽃병의 수(水)의 기가 상생이 되어 동쪽의 기를 높여준다.

남쪽은 붉은색을 의미하므로 여기에 붉은 색의 물건을 두면 선배들의 마음이 자기에게로 향하게 된다.

　그리고 선생님에게 예쁨을 받으려면 북서쪽에 있는 옷장 위에 안개초와 같은 흰 꽃을 꽂아 거울에 비치도록 하면 좋다. 북서쪽은 흰색을 의미하는데 꽃 그 자체와 거울에 비치는 꽃을 보게 됨으로써 꽃을 이중으로보게 되어 두 배의 행운이 온다. 꽃과 거울은 선생님의 잠재의식을 움직여 선생님의 마음이 자기에게로 기울게 만든다.

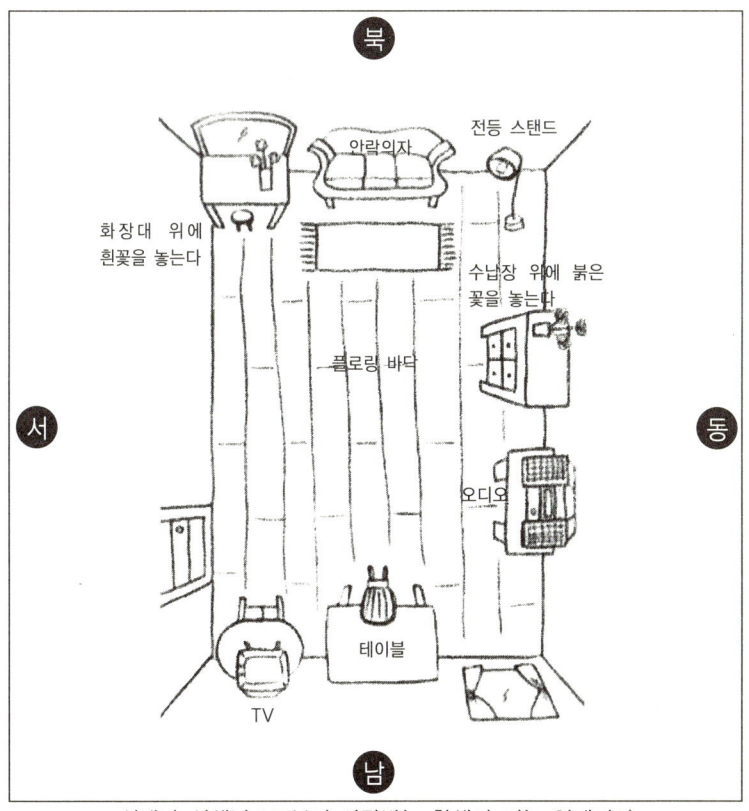

선배나 선생님으로부터 사랑받는 학생이 되는 인테리어

2. 학급에서 인기 있는 사람이 되는 인테리어

성격이 맑고 모범된 행동을 하고 남을 즐겁게 해주는 것이 학급에서 인기를 얻는 조건이다. 서쪽 방위의 기를 강하게 해주면 인기운과 사교운이 좋아진다. 학교를 상징하는 책장을 서쪽에 두되 책장이 없으면 책상을 대신 둔다. 서쪽이 놀이방으로서의 기를 정면으로 받아들이면 책상은 남쪽에 두는 것이 바람직하다.

책상 위에 학생들의 단체사진이나 명단을 놓아두면 좋다. 여기에서 나온 기가 자신의 인기에 미묘한 영향을 미친다.

만약 자기가 좀 우울하다고 생각되면 침대나 전자제품을 등을 서쪽에 놓아두면 좋다. 이렇게 하면 자고 있는 동안에 서쪽에서 나오는 기에 싸여 좋은 기분으로 잠을 자고 밝은 기분으로 잠에서 깨어나게 된다. 그 상태로의 기분으로 학교에 가면 아주 즐겁고 모든 사람들에게 상냥하게 된다.

반대로 잔소리가 많은 사람은 침대를 북쪽에 두고 베개를 서쪽으로 향하게 하여 잠을 잔다. 침대 커버나 시트 등은 북쪽의 기운을 받게끔 검은 빛이 나는 회색이 좋다. 침묵과 비밀의 기가 북쪽에서 강하게 미쳐 점차로 필요 없는 말을 하지 않게 된다.

서쪽의 기가 강해지면 그 방에서 생활하는 사람의 성격은 다소 순해지는 경향이 있다. 이를 커버하기 위해서는 북쪽의 기를 조금 강하게 해주면 된다. 북쪽에 알맞은 색깔은 검정색이다. 검정색을 바탕으로 한 색깔의 옷장이나 장롱 등을 책장 옆에 두어 서쪽의 기와 균형을 이루도록 해준다.

주의해야할 것은 서쪽의 반대인 동쪽이 더럽혀지면 서쪽의 기가 약해지므로 먼지가 쌓이지 않게 항상 청소를 해두어야 한다.

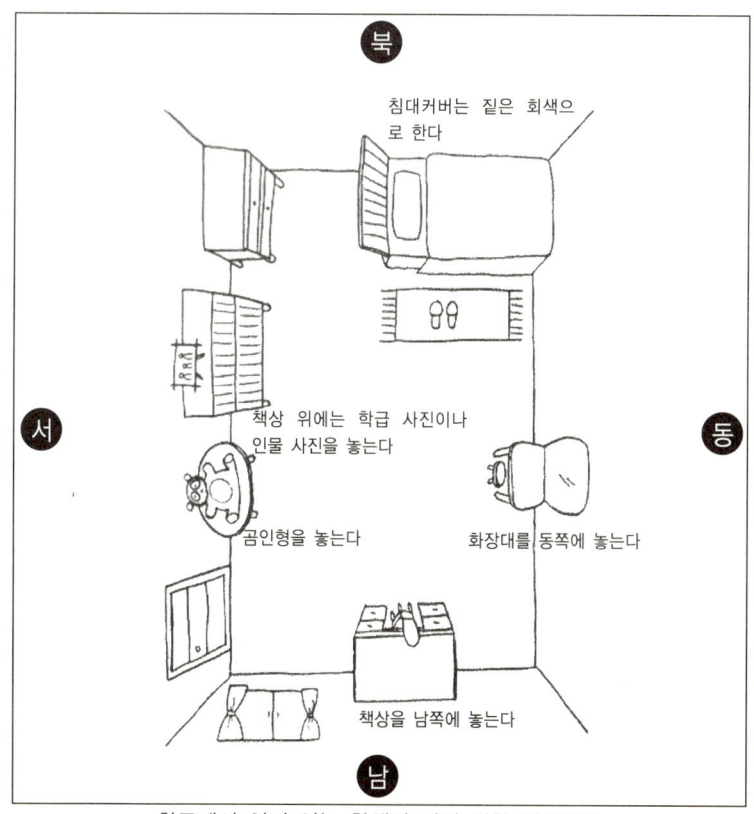

학급에서 인기 있는 학생이 되기 위한 인테리어

3. 친구와 나쁜 사이를 좋은 사이로 만드는 인테리어

POINT

① 남쪽의 책상에 친구의 사진이나 앨범, 편지를 넣어둔다.
② 소파는 서쪽 벽에 붙여서 놓아두고 꽃무늬가 있는 커버를 씌운다.
③ 남동쪽에 나무나 종이로 만든 가구와 공예품을 놓아둔다.

친구라고 해서 모두 상냥하고 자기를 달갑게 해주지는 않는다. 자기의 문제를 같이 걱정해주고 즐거울 때 같이 즐거워해주며 슬플 때 같이 슬픔을 나누어야 진정한 친구다.

젊은이들 가운데는 사람을 알아보는 눈이 서툴러서 자신에게 나쁜 영향을 끼치는 친구를 사귀는 수가 있다. 그러므로 먼저 친구를 고르는 안목을 높여야 한다.

바른 안목과 판단력을 상징하는 방위는 남쪽이다. 남쪽은 사람의 몸에 비유하면 눈에 해당되므로 지성과 판단력을 높여주는 힘이 있다. 으슥하고 어두운 곳에서는 판단력이 흐려지지만 햇빛이 많은 남쪽에서는 판단력이 길러진다.

방의 남쪽에 책상을 놓고 그 안에 과거에 그 친구와 찍었던 사진이나 친구와 관련이 있는 앨범, 일기장, 편지 등을 넣어둔다. 그리고 책상 위에는 근래에 찍은 자기의 사진을 놓아두고 그 옆에는 오행의 화(火)를 상징하는 드라이플라워(말린 꽃)를 등나무로 만든 바구니에 넣어 가지런히 놓아둔다. 이 책상 앞을 지나가는 시간이 많아질수록 친구를 보는 눈이 높아지고 친구들과 가까운 사이가 된다.

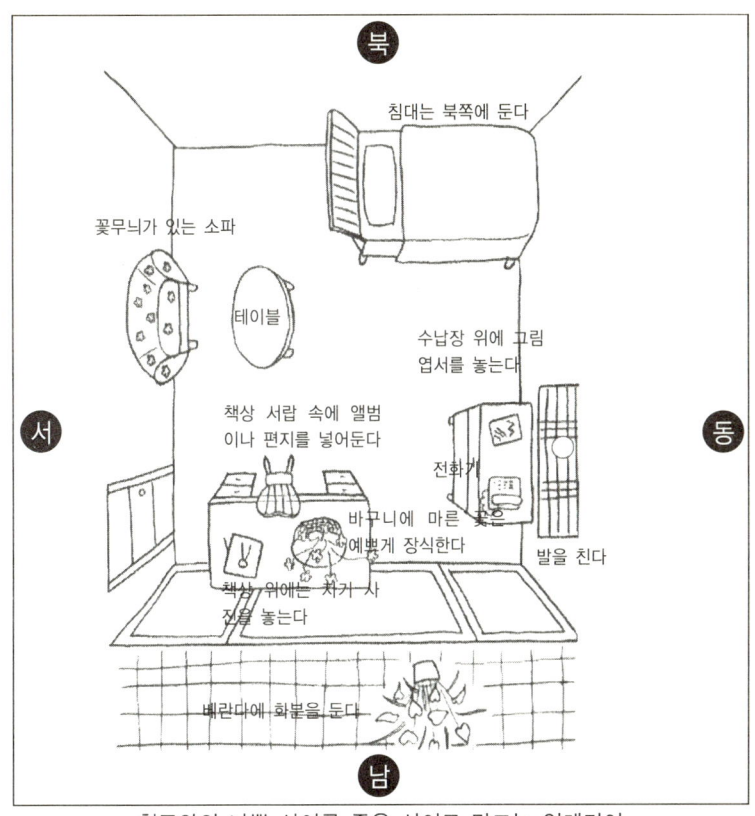

북

침대는 북쪽에 둔다

꽃무늬가 있는 소파

테이블

수납장 위에 고림
엽서를 놓는다

서

책상 서랍 속에 앨범
이나 편지를 넣어둔다

전화기

동

바구니에 마른 꽃은
예쁘게 장식한다

발을 친다

책상 위에는 치카 사
진을 놓는다

베란다에 화분을 둔다

남

친구와의 나쁜 사이를 좋은 사이로 만드는 인테리어

친구들과 사이좋게 지내려면 사교의 기를 받을 수 있는 서쪽의 힘을 빌려야 한다. 서쪽은 원래 연애, 레저 등 사람을 기쁘게 하는 기를 주는 방위이다. 서쪽에는 사람에게 즐거움을 주는 꽃병과 안락의자, 장식품(액세서리) 등을 놓는다. 소파는 서쪽 벽에 붙여서 놓아두고 꽃무늬가 있는 커버를 씌운다. 이렇게 하면 사교의 운이 상승되어 친구가 되고 싶은 사람과의 사이가 부드러워진다.

서쪽의 기는 표면적인 사교를 좋게 해주지만 마음속 깊이 있는 신뢰와

성실성을 나타내는 기는 남동쪽에 있다.

친구가 생겨서 이들과 사이좋게 지내려면 서쪽보다는 남동쪽의 기를 상승시켜야 한다. 남동쪽을 상징하는 색은 녹색과 청색이다. 이 방향에 작은 옷장 등의 가구를 놓아두고, 오행의 목(木)의 기를 활성화 시키도록 목(木)의 기를 가지고 있는 나무나 종이로 만든 공예품을 남동쪽에 놓아두 어도 좋다. 이렇게 해서 활성화 된 남동쪽의 기는 신뢰도를 높여주고 따 라서 친구들과 거리가 좁혀져 참다운 우정이 꽃피게 된다.

4. 싸운 친구와 화해하는 인테리어

POINT

① 방의 남서쪽을 깨끗이 하고 전등을 켜서 밝게 한다.
② 방의 북동쪽에 전화기를 두고 친구에게 전화를 한다.
③ 밝은 촛불 아래서 화해의 편지를 쓴다.

동성(同性)의 친구들과 친해지는 비결은 남서쪽에 있다. 이 방위가 더럽 혀지면 친구들과 말다툼이 많아지고 친구들과 사이가 좋아지는데 많은 시간이 걸린다. 방을 정리하고 깨끗이 하며, 남서쪽에 전등을 켜서 밝게 해준다. 이렇게 하면 기가 강해져서 서로의 마음이 부드럽게 된다.

전화로 인해서 사이가 나빠졌을 경우는 방의 북동쪽에서 전화를 걸도 록 한다. 북동쪽에 전화기를 두고 전화를 했을 경우 용서를 받아들이지 않던 사람도 '미안합니다.' 라고 전화를 해올 확률이 높다.

편지를 써서 용서를 받고 싶으면 양초의 불빛 아래서 편지를 쓴다. 글을 잘 쓰게 해주는 기는 남쪽에 있으므로 남쪽에 있는 책상에서 편지를 쓰면 상대방의 마음을 움직일 수 있다.

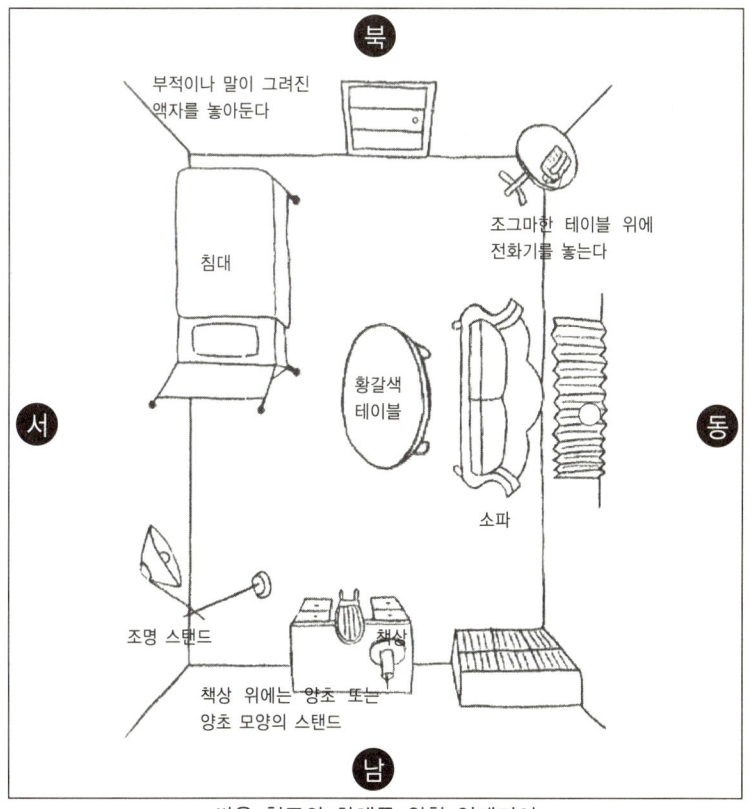

북

부적이나 말이 그려진 액자를 놓아둔다

조그마한 테이블 위에 전화기를 놓는다

침대

황갈색 테이블

서

동

소파

조명 스탠드

책상

책상 위에는 양초 또는 양초 모양의 스탠드

남

싸운 친구와 화해를 위한 인테리어

5. 따돌림을 당하지 않는 인테리어

놀림을 당한다는 어두운 기분을 가지면 방안의 기도 점차로 나빠진다. 그 방에 사는 사람의 나쁜 기와 방안의 나쁜 기가 악순환하여 더욱더 나쁜 운을 불러오게 된다.

먼저 방안에 차 있는 나쁜 기를 쫓아내기 위해 방의 북동쪽과 남서쪽을 깨끗이 청소한다. 방에 커튼이 걸려있으면 기를 약하게 하므로 햇빛을 가리지 않도록 커튼을 없앤다. 그러면 햇빛에 의해 방의 나쁜 기가 좋은 기로 바꾸어질 것이다.

다음으로 북동쪽이나 남서쪽에 옷장 같은 가구를 두어 나쁜 기가 들어오는 것을 막아준다. 이 방위에 창문이나 문이 있으면 하얀 종이로 소금을 싸서 거부감을 느끼지 않을 때가지 문 위에 놓아둔다. 북동쪽이나 남서쪽에 문이 있으면 열어두지 않은 것이 좋다.

동쪽에는 물을 담은 오브제(환상적 분위기를 내기 위해 작품에 넣은 여러 가지 문채)를 놓아두고 서쪽에는 뉴욕 등 번화한 도시나 세계적인 도시의 그림을 붙인다. 남쪽에는 불을 상징하는 빨간 양초, 북쪽에는 솜을 넣어 만든 검정색의 동물 장난감을 놓아두면 좋다. 이렇게 하면 괴롭힘으로부터 자신을 보호해주는 방이 된다.

괴롭힘을 이겨내는 강한 힘을 기르기 위해서는 침대를 방 가운데 두고 머리를 남쪽으로 향하여 잠을 자면 좋은 효과를 볼 수 있다. 침대 커버나 베갯잇은 행운의 색깔인 옅은 자주색으로 하면 더욱 좋다. 이상과 같이 하면 괴롭힘이 수그러들 것이다.

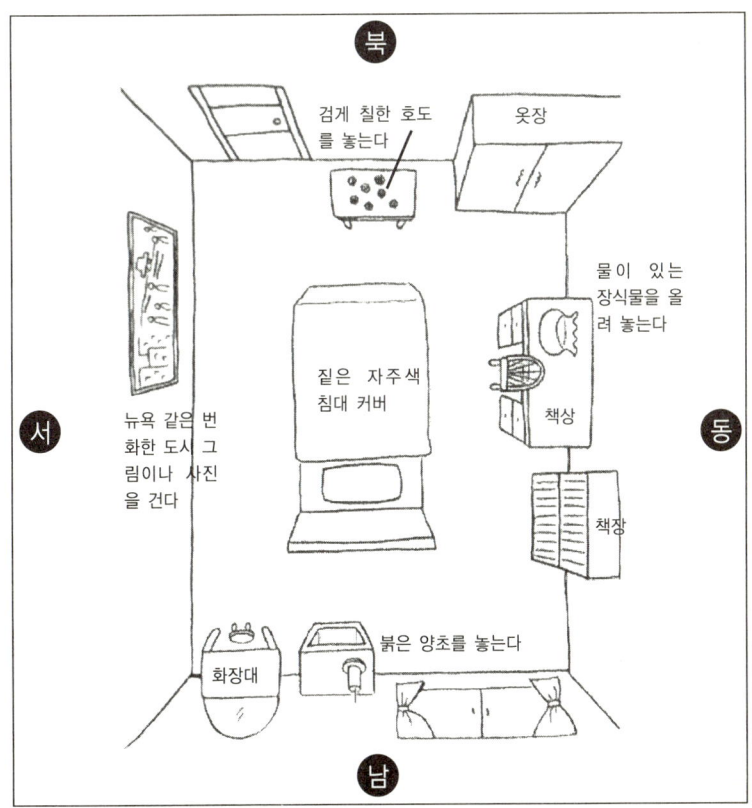

따돌림을 당하지 않은 인테리어

6. 싫어하는 사람을 퇴치하는 인테리어

POINT

① 북동쪽에 밖을 향하도록 거울을 걸어둔다.
② 서쪽에 방석이나 곰돌이 인형을 놓아둔다.
③ 동쪽에 있는 책상이나 가구 위에 시계를 놓아둔다.

불쾌한 기는 북동쪽에서 들어온다. 북동쪽에 거울이 밖을 향하도록 걸어두면 나쁜 기가 반사되어 되돌아 나가게 된다. 만약 자기가 싫어하는 사람의 집을 알고 있다면 그 방향을 보도록 거울을 걸어두면 좋다. 검정색의 인테리어를 서쪽에 두면 상대를 거부하는 기운이 생긴다.

서쪽에 방석이나 곰돌이 인형을 놓아도 좋다. 서쪽은 남성의 기를 비추는 장소로서 여기에 지분한 것을 두면 싫어하는 사람과 헤어지는 효과를 가진다.

오행으로 동쪽은 목(木)에 해당되는데 이 방위는 노여움을 나타낸다. 동쪽은 보기 싫은 사람에게 '아니오.'라고 단호히 말할 수 있는 강력한 의지를 나타내게 한다. 시계를 동쪽에 있는 책상이나 가구 위에 놓아두는 것이 좋다.

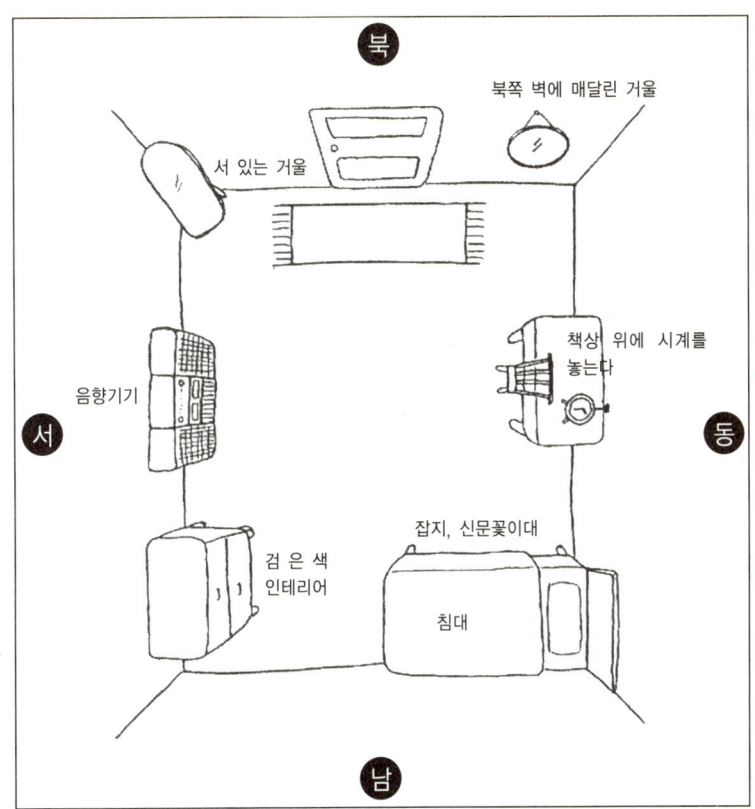

북

북쪽 벽에 매달린 거울

서 있는 거울

책상 위에 시계를 놓는다

음향기기

서

동

잡지, 신문꽂이대

검 은 색 인테리어

침대

남

싫어하는 사람을 퇴치하는 인테리어

7. 비만을 없애는 인테리어

심리적인 면에서 급히 음식을 먹는 사람의 80% 이상은 스트레스가 원인이다. 마음이 차분하지 못하고 안절부절하기 때문에 무의식중에 먹는 것에 대한 만족을 얻으려 한다. 그러기 때문에 과식을 하지 않기 위해서는 마음의 안정이 가장 중요하다.

마음이 안정되면 점차 차분해져서 식사조절도 가능하게 된다. 마음과 몸의 긴장을 풀어주며 편안한 느낌을 주는 방의 위치는 서쪽이다. 이 방위는 안정과 휴식을 뜻한다. 서쪽에 유유자적함을 상징하는 소파를 둔다. 그리고 해질 무렵 2시간 동안 방안에서 석양의 햇빛을 받으면 효과가 커진다.

향수가 사람의 마음과 몸을 푸는데 도움을 주므로 풍수에서는 이를 응용한다. 라벤더나 유칼리향이 나는 향주머니를 북쪽에 두면 편안함을 주는 서쪽 방위와 상생되어 식욕이 억제된다. 조명이 너무 밝으면 마음이 차분해지지 않으니 부드럽고 은은한 빛의 조명으로 바꾼다. 특히 서쪽 행운의 색인 오렌지나 베이지색의 조명은 편안함을 주는데 효과가 있다.

풍수에서는 어느 한 쪽의 기를 살리기 위해서는 반대쪽의 기에도 신경을 써야하는데 서쪽의 반대쪽인 동쪽이 더러우면 기가 나쁜 쪽으로 작용하여 정신적으로 차분함을 잃게 되니 방의 동쪽을 항상 깨끗하게 하는 것을 잊지 말아야 한다.

다이어트를 장기간 계속하려면 끈기가 필요하다. 음식의 유혹을 물리치고 다이어트를 포기하지 않은 의지를 강하게 길러주는 방위는 북서쪽이다. 풍수에서 북서쪽의 기를 활성화 시키는 것은 거울이다. 그러므로 몸 전체를 비출 수 있는 대형 거울을 북서쪽에 둔다. 그리고 거울의 주위 1m 공간이 다이어트의 기가 미치는 범위이니 이 공간에서 운동을 하면 효과가 크다.

또 날씬하고 싶은 의지를 강하게 해주는 것은 거울이므로 자주 거울 앞에 서서 전신을 비춰보는 것이 좋다. 은회색이나 녹색의 금속제 체중계를 거울 앞에 두고 아침과 저녁으로 체중을 달아보도록 한다.

아무리 다이어트를 해도 체중이 줄어들지 않으면 북서쪽의 반대방향인 남동쪽에 관엽식물을 둔다. 그러면 체내세포가 활성화 되고 기초대사량이 많아져 몸이 날씬해진다. 관엽식물은 어떤 종류이든지 상관없으나 시들지 않도록 관리를 잘해주어야 한다. 그리고 남동쪽의 기를 강하게 해주기 위해 침구류의 색깔을 녹색 계통으로 바꿔주는 것도 좋다.

다이어트를 계속해야겠다는 굳은 의지를 갖기 위해서 남쪽 창에 붉은색계통의 커튼을 달아주면 좋다. 남쪽에 창문이 없는 경우는 빨간 액자에 넣은 그림을 남쪽 벽에 걸어두면 같은 효과를 얻을 수 있다.

베개는 북쪽에 놓고 잠을 자고 남쪽을 향해 일어나면 가장 먼저 남쪽의 기를 받아 다이어트를 해야겠다는 의지가 지속될 것이다.

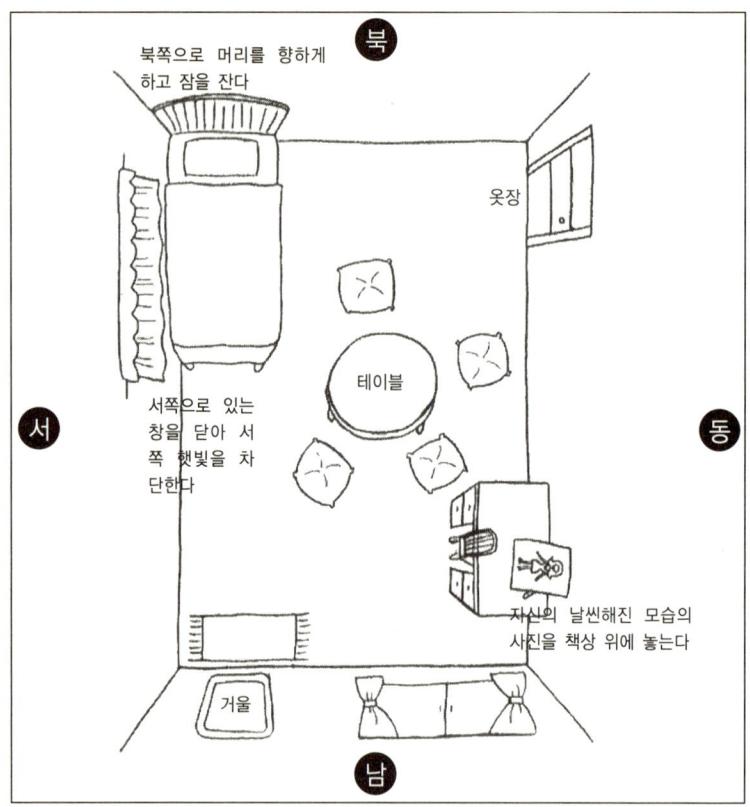

북쪽으로 머리를 향하게 하고 잠을 잔다

북

옷장

서

서쪽으로 있는 창을 닫아 서쪽 햇빛을 차단한다

테이블

동

자신의 날씬해진 모습의 사진을 책상 위에 놓는다

거울

남

비만을 없애는 인테리어

8. 콤플렉스를 극복하는 인테리어

POINT

① 남쪽을 아름답게 꾸민다.

② 북서쪽에 유리창이 달린 책장, 옷장, 화장대를 나란히 놓는다.

③ 서쪽에 침대를 놓고 이불은 실크제품을 이용한다.

학생들이 갖는 콤플렉스는 용모, 성격, 소극적인 성격 등 다양하다. 이러한 콤플렉스를 이겨내기 위해서는 방위를 잘 살펴야 한다.

먼저 자신의 용모에 콤플렉스를 느낀다면 남쪽을 주목해야 한다. 남쪽은 풍수적으로 아름다움을 나타내는 방위이므로 방의 남쪽 인테리어를 아름답게 꾸미면 용모에 자신이 생길 것이다.

좀더 나아가 북서쪽에 유리문이 달린 책장, 옷장, 화장대를 나란히 놓고 동쪽에는 TV와 오디오를 놓는다. 그리고 남쪽에는 유리를 깐 책상을 놓으며, 금실이 들어간 천을 씌운 의자를 놓고 그 좌우에 키가 큰 식물을 놓는다.

서쪽에는 침대를 놓고 이불은 실크제품을 사용한다. 침대 좌우에는 스탠드를 놓고 베개 밑에는 전화기를 놓는다. 벽에는 유럽의 거리를 그린 그림을 붙이면 좋다.

다음으로 다이어트에 대한 욕구가 강하다면 북쪽에 화장대, 스포츠 용구, 생수를 놓는다. 북동쪽이나 동쪽에 옷장을 놓고 벽에는 몸이 빠지면 입고 싶은 청색계통의 옷을 걸어둔다.

남동쪽에는 책상과 청색계통의 의자를 놓고 그 옆에 꽃병과 전화기를

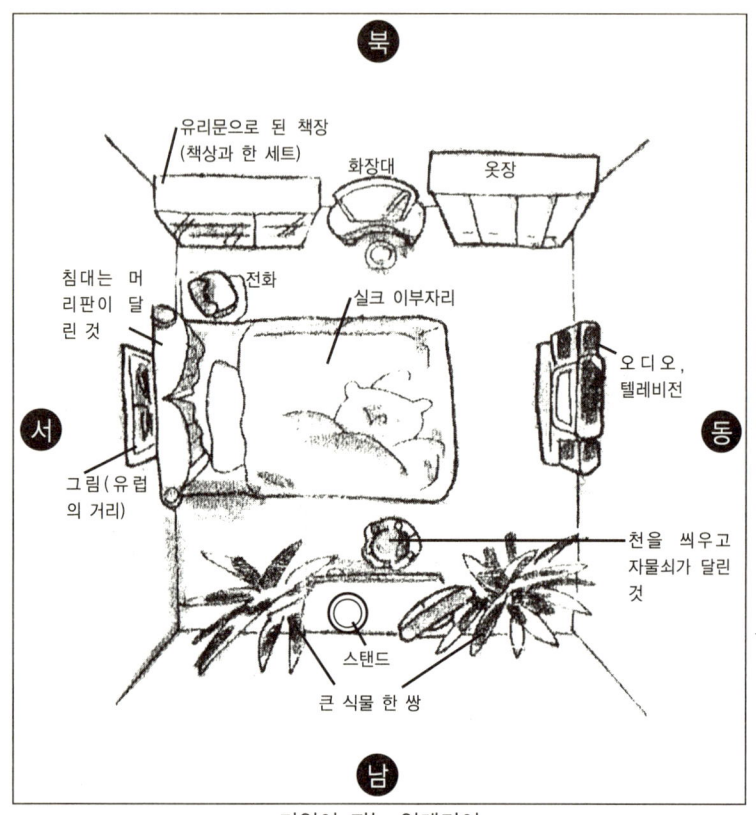

북

유리문으로 된 책장
(책상과 한 세트)

화장대

옷장

침대는 머
리판이 달
린 것

전화

실크 이부자리

오디오,
텔레비전

서

그림(유럽
의 거리)

동

천을 씌우고
자물쇠가 달린
것

스탠드

큰 식물 한 쌍

남

미인이 되는 인테리어

놓는다. 남쪽에는 큰 창문이 있으면 좋지만 없을 경우는 한 쌍의 관엽식
물이나 혹은 등이 높은 스탠드와 푸른색계통의 커튼을 사용하면 좋다.

서쪽에 침대를 두고 동쪽으로 머리를 두고 잔다. 이불은 푸른색계통을
사용하고 벽에는 날씬했을 때의 사진을 붙여놓는다. 북서쪽에 TV를 놓
는다.

콤플렉스를 극복할 수 있는 방위		
콤플렉스 종류	극복하기 위한 방위	아름다움을 창조하는 아이템
요리가 서툴다	서쪽	파이프 가구, 화장품, 드라이어, 감실
용모에 자신이 없다	남쪽	봉제인형, 인형, 관엽식물, 거울, 헬스미터
대화가 서툴다	동쪽	오디오, TV, 전화기, 열대어, 시계
친구가 없다	남동쪽	에어컨, 보스턴 백, 워드프로세서, 꽃
성격이 어둡다	동쪽, 남쪽	관엽식물, 인형, 오디오, 전화기, 시계
사람들에게 신뢰감이 없다	북서쪽, 북쪽	식기장, 찬장, 책상, 옷장
운이 나쁘다	북동쪽	책장, 찬장, 캘린더, 책상, 스탠드
가정에 자신이 없다	남서쪽	장롱, 옷장, 유리문이 달린 책장

VII. 취직과 원만한 직장생활을
위한 인테리어

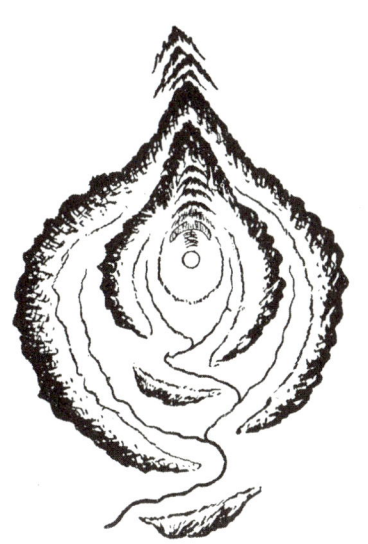

취직과 직장생활을 위한 인테리어 대하여는 일본의 풍수가 小林祥晃씨의 주장을 근거로 하여 설명하겠다.

1. 자격증을 따기 위한 인테리어

POINT

① 북서쪽이나 북쪽에 옷장과 TV를 놓는다.

② 북동쪽과 동쪽에 걸쳐 침대를 놓고 베개는 남향으로 한다.

③ 남동쪽이나 남서쪽에 책상을 놓는다.

④ 서쪽에 화장대를 놓고 노란색 갓을 씌운 스탠드를 놓는다.

취업하기가 하늘에 있는 별 따기보다 어렵다는 요즘에 원하는 직장에 취직하기 위해서는 남들과는 다른 무기가 필요한데 그것이 바로 자격증이다. 자기 자신의 능력을 입증하는 확실한 것이 자격증이라고 할 수 있다.

실제 여러 회사에서 자격증이 있는 사람을 선호하고 있고, 승진에도 유리하게 작용한다. 이러한 추세에 따라 자격증을 따기 위한 공부를 하지만 의욕만 앞서고 뜻처럼 쉽지 않다. 이에 도움이 되는 풍수상의 방위와 색깔을 보면 다음과 같다.

이공계의 건축사, 인테리어 코디네이터, 의료 사무, 컴퓨터 등의 자격증을 따고자 할 때는 남쪽의 기를 이용해야 한다. 그래서 회사나 자기 집에서 보아 남쪽에 있는 기술학원을 다니면서 자격증 취득을 위한 공부를 하면 좋다. 남쪽의 기를 살리기 위해서는 토요일이나 일요일 같은 쉬는

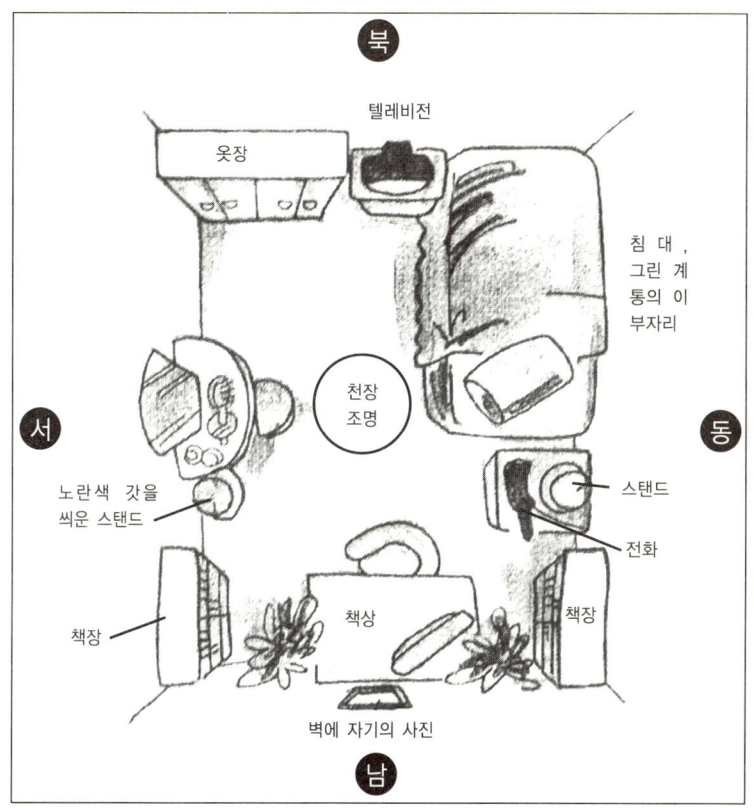

 내부 레이블:
- 북
- 텔레비전
- 옷장
- 침대, 그린 계통의 이부자리
- 천장 조명
- 서
- 동
- 노란색 갓을 씌운 스탠드
- 스탠드
- 전화
- 책장
- 책상
- 책장
- 벽에 자기의 사진
- 남

자격증 취득을 위한 인테리어

날을 이용하여 낮에 공부하는 것이 좋다. 시험 날은 빛이 나는 액세서리를 몸에 지니고, 샐러드나 후라이 요리를 먹으면 운이 따른다.

비서, 워드프로세서, 번역 등의 자격증을 따려면 동쪽이나 북쪽의 기를 이용하면 좋다. 그래서 회사나 자기 집에서 동쪽이나 북쪽에 있는 기술학원에 다니는 것이 유리하다. 시험 날은 빨간색이나 파란색의 옷을 입는 것이 좋다. 시험 앞날이나 시험 날의 아침식사로 작은 생선이나 두부를 먹으면 좋다.

자격증 취득을 위한 인테리어는 북서쪽과 북쪽에 걸쳐 옷장이나 TV를 나란히 배치하고, 북동쪽과 동쪽에 걸쳐 침대를 놓고 베개는 남쪽으로 한다. 이부자리 색깔은 녹색계통으로 하고 베개 맡에는 스탠드와 전화기를 둔다.

남동쪽이나 남서쪽에는 책장을 놓으며, 남쪽에는 책상을 놓고 벽에는 자기 사진을 걸어둔다. 책상 양옆에는 한 쌍의 관엽식물을 놓는다. 서쪽에는 화장대를 놓고 옆에는 노란색 갓을 씌운 스탠드를 놓는다.

2. 희망하는 회사에 취직하기 위한 인테리어

취업이 사회문제화가 된지는 오래되었다. 고등학교 졸업자의 80%가 대학에 진학을 하다보니 전체적으로 학력이 높아졌고, 학력이 높다보니 3D직종에는 취업을 하지 않으려는 실정이다. 3D직종은 많은 외국인이 자리를 메우고 있다. 누구나 가기를 원하는 일자리가 많이 생기기를 바랄 뿐이다.

한참 일할 나이에 의욕을 잃고 망연자실해 하는 젊은이들이 일어서길 바라며 그들에게 다소나마 위안이 될 수 있는 풍수적인 처방을 소개한다.

직종에 따라 그에 알맞은 기운을 높여주는 방위가 있는데 그 방위를 잘 활용하면 취업의 문이 열린다. 취직은 결국 인간관계이다. 면접관과의 관계, 연고관계, 좋은 회사에 소개받는 것 모두가 인간관계에 의해 크게 좌우된다.

인간관계를 좋게 하기 위해서는 현관이나 자신의 방문에 햇빛이 잘 들게 하는 것이 가장 좋다. 햇빛이 잘 들지 않은 경우는 인테리어를 통해 이를 보완해 주면된다. 취직을 하려면 이력서가 필수조건인데 이력서를 쓰는 방법도 크게 운을 좌우한다. 이에 대하여 일본의 小林祥晃씨는 다음과 같이 설명하고 있다.

영업보조나 코디네이터 등의 직업을 원한다면 이력서를 동쪽에 있는 방에서 쓴다. 책상에 빨간 볼펜을 꺼내놓고 음악을 들으면서 이력서를 쓰면 더 효과를 볼 수 있다. 또 취직을 희망하는 회사에 전화를 걸 때는 반드시 동쪽에 있는 방에서 하는 것이 좋다.

사무에는 안정과 온화한 인간관계를 도와주는 북쪽의 기를 이용해야 한다. 일반 사무 외에 경리, 회계, 비서, 인사 등의 업무에 취직하기 위해서는 북쪽에 있는 방에서 이력서를 쓰면 좋다. 이력서를 쓸 때 물 컵을 책상 위에 놓고 쓰면 더 큰 효과를 볼 수 있다. 쓰기 전에 샤워나 목욕을 하고 전화는 북쪽에서 하면 좋다.

판매나 서비스업에 취업할 경우 이력서는 서쪽에 있는 방에서 쓰는 것이 좋은데 이력서를 쓰기 전에 단 음식을 먹거나 술을 약간 마시면 더욱 좋다. 취업하고자하는 회사에 전화할 때는 남쪽에서 한다.

기획, 홍보, 마케팅, 광고, 매스컴, 프로그래머 등의 기술직에 취업하고자 할 경우 남쪽에 있는 방에서 이력서를 쓰면 좋다. 필기용구는 금속제를 쓰는 것이 좋다. 두 개의 볼펜을 준비하여 두 장의 이력서를 쓰면 더욱 좋은 효과가 있다. 취직하고자 하는 직종에 따른 인테리어는 다음과 같이 하면 좋은 효과를 볼 수 있다.

(1) 영업계통에 취직할 경우 인테리어

① 햇빛이 잘 드는 문의 경우

POINT

① 동쪽에 책상을 놓고 동쪽 벽에 빨간색의 그림을 걸어둔다.

② 남동쪽에 텔레비전을 놓는다.

③ 북서쪽에 화장대를 놓되 동쪽을 향하게 한다.

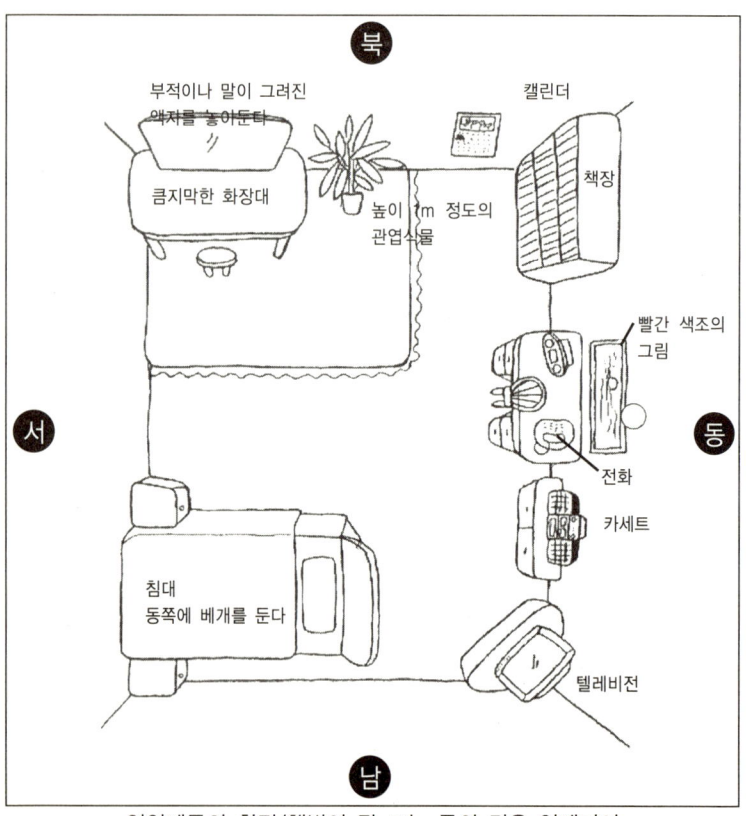

영업계통의 취직/햇빛이 잘 드는 문의 경우 인테리어

동쪽에 책상을 놓고 벽에는 빨간색의 그림을 걸어둔다. 여기에 전화기, 카세트, 오디오를 놓는다. 남동쪽에는 TV를 두되 원기(元氣)의 근원인 동쪽의 힘을 발산시키지 않기 위해 동쪽으로 향하지 않도록 한다.

북동쪽 벽에는 캘린더(달력)를 걸어두고, 북서쪽에는 큰 화장대를 놓는데 이 역시 동쪽을 향하지 않도록 한다. 이렇게 인테리어를 하면 방위의 기가 자신에게 스며들어 영업에 적합한 성격이 형성된다.

② 햇빛이 잘 들지 않은 문의 경우

POINT

---

① 동쪽에 책상을 놓고 책상 위는 빨간색 꽃과 그림으로 장식한다.
② 침대는 머리가 남향이 되게 놓고 베갯잇은 흰색으로 한다.
③ 북서쪽에 화장대를 놓되 동향이 되게 한다.

북쪽에는 큰 장롱을 놓고 동쪽에는 책상을 놓는다. 책상 위는 빨간색의 꽃과 그림으로 장식한다. 동쪽에는 전화기, 카세트, 오디오를, 남동쪽에는 TV를 놓는다.

침대는 머리가 남쪽을 향하도록 하고 베갯잇은 흰색이 좋다. 그리고 머리맡에는 화분을 놓는다. 운을 상승시키는 북서쪽에는 화장대를 놓되 동쪽을 향하지 않게 하고 카펫은 녹색계통을 깐다. 이렇게 인테리어를 하면 동, 북, 서, 남동 방위가 활성화 되어 인간관계의 운이 좋아진다.

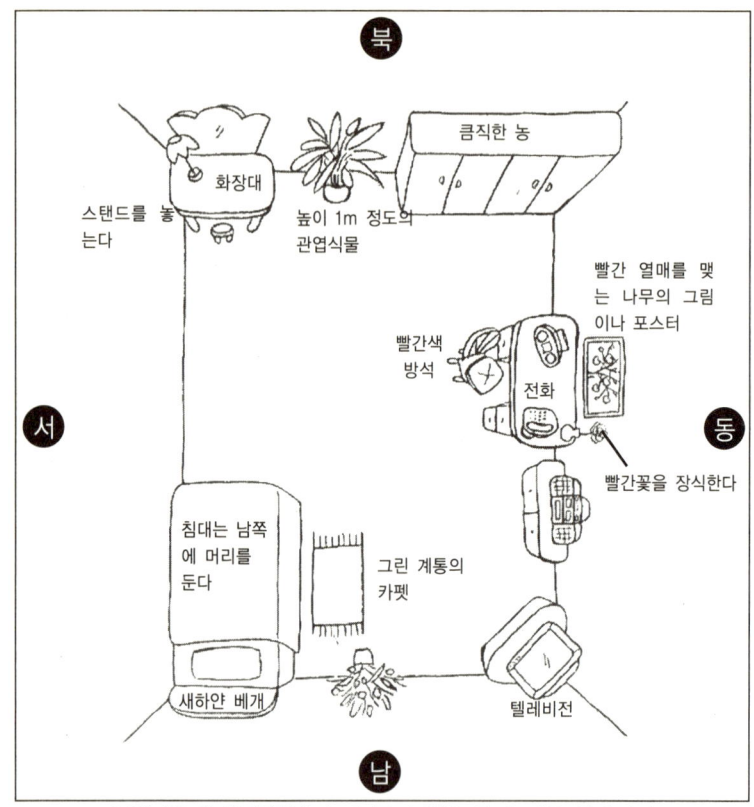

북

큼직한 농

화장대

스탠드를 놓
는다

높이 1m 정도의
관엽식물

빨간 열매를 맺
는 나무의 그림
이나 포스터

빨간색
방석

전화

서

동

빨간꽃을 장식한다

침대는 남쪽
에 머리를
둔다

그린 계통의
카펫

새하얀 베개

텔레비전

남

영업계통의 취직/햇빛이 잘 들지 않은 문의 경우 인테리어

(2) 사무계통에 취직할 경우 인테리어

① 햇빛이 잘 드는 문의 경우

POINT

① 북쪽에 책상을 놓고 벽에는 호수가 그려진 그림을 건다.

② 남쪽에 침대를 두고 머리는 남쪽을 향하도록 한다.

③ 북서쪽에 관엽식물을 둔다.

사무직에 필요한 정확함과 온화함을 길러주는 방위는 북쪽이다. 그렇기 때문에 북쪽에 책상을 놓고 벽에는 호수가 그려진 그림을 걸어둔다. 그리고 북동쪽에는 책장을, 동쪽에는 TV와 전화기 등을 놓는다. 지성을 향상시키는 남쪽에는 침대를 두고 머리도 남쪽을 향하도록 한다. 남서쪽에는 옷장을, 서쪽에는 화장대를, 북서쪽에는 관엽식물을 둔다.

② 햇빛이 잘 들지 않은 문의 경우

POINT

① 북쪽이나 북서쪽에 책상을 놓고 벽에는 밤하늘의 그림을 건다.

② 동쪽 벽에 시계를 건다.

③ 북서쪽에 화장대를 놓고 그 옆에 관엽식물을 둔다.

북쪽에 역점을 두고 정확함과 온화함을 향상시키는데 주목한다. 북쪽이나 북동쪽에 책상을 놓고 벽에는 밤하늘의 그림을 걸어 둔다. 동쪽 벽에는 시계를 걸어둔다. 남쪽에 침대를 두되 머리는 동쪽을 향하도록 한다. 베갯잇은 흰색이나 엷은 녹색계통이 좋다. 북서쪽에 화장대를 놓고 그 옆에 관엽식물을 두면 인간관계가 원만해진다.

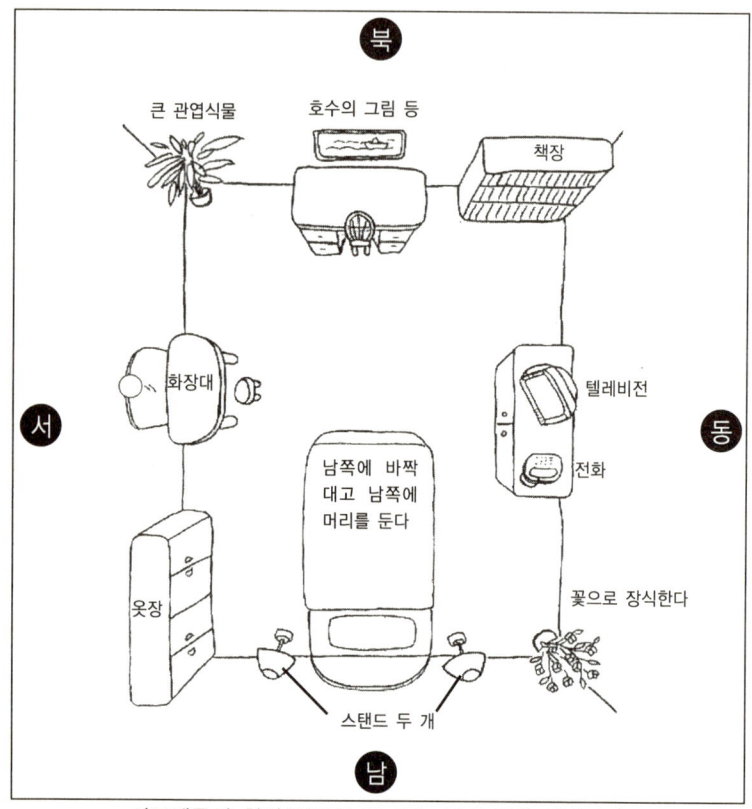

사무계통의 취직/햇빛이 잘 드는 문의 경우 인테리어

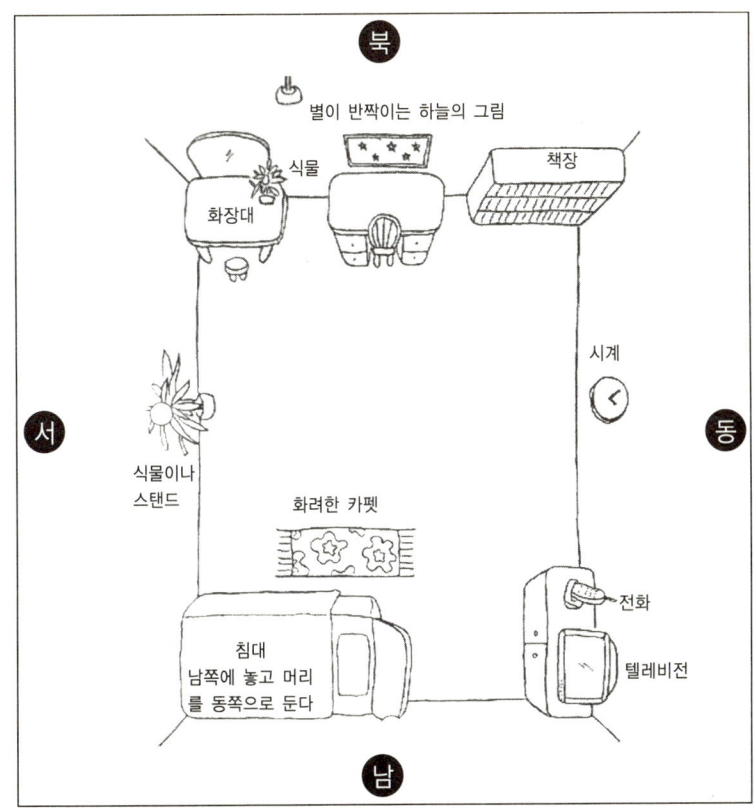

별이 반짝이는 하늘의 그림

책장

식물

화장대

시계

서

동

식물이나
스탠드

화려한 카펫

전화

침대
남쪽에 놓고 머리
를 동쪽으로 둔다

텔레비전

북

남

사무계통의 취직/햇빛이 잘 들지 않는 문의 경우 인테리어

(3) 판매, 서비스 계통에 취직할 경우 인테리어

① 햇빛이 잘 드는 문의 경우

POINT

① 서쪽에 책상을 놓고 벽에는 유럽풍의 그림을 건다.
② 남쪽에 관엽식물을 놓는다.
③ 방 가운데 침대를 놓고 머리는 남향으로 한다.

판매와 서비스계통은 '장사'라는 운기를 갖는 서쪽에 역점을 둔다. 서쪽에 책상을 놓고 벽에는 유럽풍의 그림을 걸어둠으로써 서쪽의 기를 끌어당길 수 있다. 그런 다음 북동쪽에 옷장을 놓는다.

남동쪽에 TV를 놓고 남쪽에는 한 쌍의 관엽식물을 놓는다. 그리고 남서쪽에 음향기기를 둔다. 북서쪽에는 화장대를 놓고 그 위에는 스탠드를 놓는다. 가운데는 침대를 놓고 남향으로 머리를 둔다.

② 햇빛이 잘 들지 않은 문의 경우

POINT

① 서쪽에 화사한 분위기를 풍기는 그림을 건다.
② 북서쪽에 화장대, 남동쪽에 텔레비전을 놓는다.
③ 방 가운데 침대를 놓고 머리는 동쪽을 향하게 한다.

서쪽에 화사한 분위기의 그림을 걸어 서쪽의 기를 상승시키는 것이 좋다. 동시에 북서쪽에 화장대, 남동쪽에 TV를 놓음으로써 인간관계의 운을 좋게 한다. 화장대 옆에는 스탠드를, TV 옆에는 관엽식물을 둔다. 그리고 북동쪽에 옷장을, 남서쪽에는 책상을, 방 가운데는 침대를 놓고 머리는 동쪽을 향하도록 한다. 카펫은 화려한 노란색으로 하면 좋다.

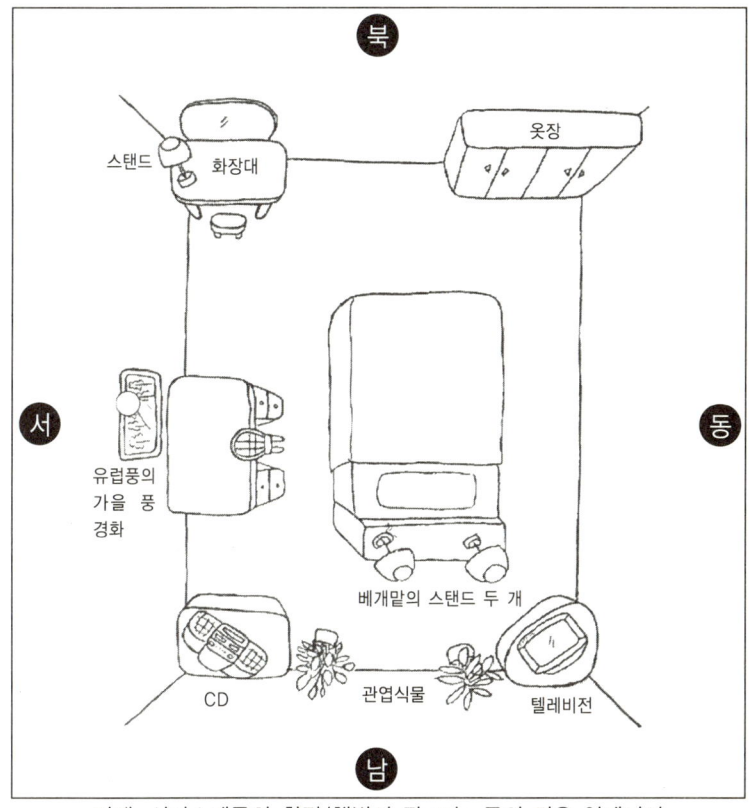

판매, 서비스계통의 취직/햇빛이 잘 드는 문의 경우 인테리어

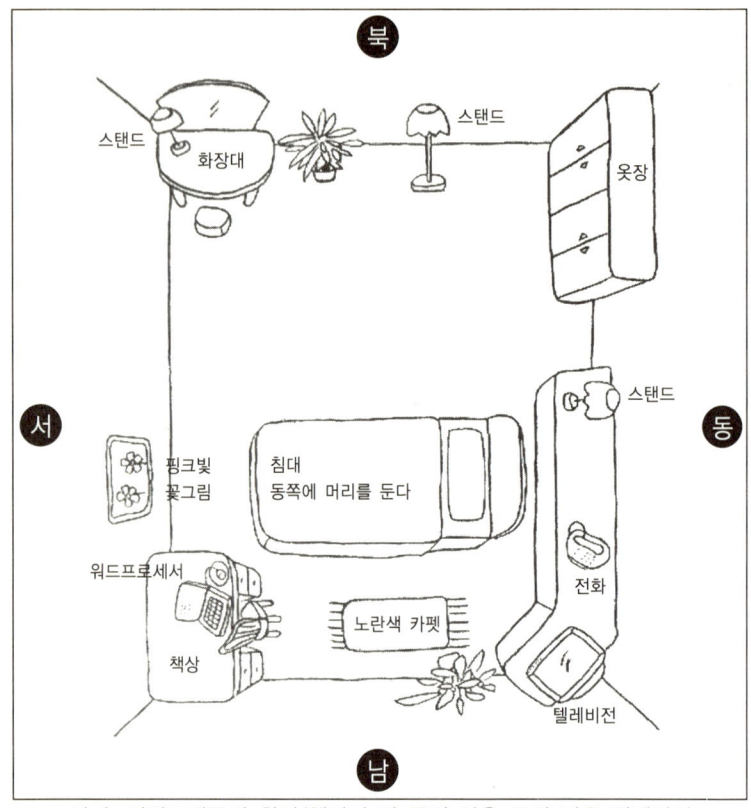

북

서

동

남

스탠드
화장대
스탠드
옷장
스탠드
핑크빛
꽃그림
침대
동쪽에 머리를 둔다
전화
워드프로세서
책상
노란색 카펫
텔레비전

판매, 서비스계통의 취직/햇빛이 잘 들지 않은 문의 경우 인테리어

(4) 기획, 기술 계통에 취직할 경우 인테리어

① 햇빛이 잘 드는 문의 경우

> **POINT**
> ─────────────────────────
> ① 남쪽에 책상을 둔다.
> ② 남동쪽에 컴퓨터를 놓고 벽에는 자기 사진을 걸어둔다.
> ③ 화장대는 북서쪽에 배치하고 그 위에 작은 화분을 둔다.

기획, 기술계통의 운이 몸에 붙게 하기 위해서는 남쪽에 역점을 둔다. 남쪽에 책상을 놓고 정보 확보를 위해 남동쪽에는 컴퓨터를 놓는다. 그리고 벽에는 자기의 사진을 금속제 사진틀에 넣어 걸어둔다. 남서쪽에 침대를 두되 머리는 남쪽을 향하게 한다. 화장대를 북서쪽에 배치하여 도와주는 운이 붙게 한다. 그리고 그 위에는 조그마한 화분을 놓는다.

② 햇빛이 잘 들지 않은 문의 경우

> **POINT**
> ─────────────────────────
> ① 남쪽에 책상을 두고 그 위에 식물을 놓는다.
> ② 남동쪽에 텔레비전을 놓는다.
> ③ 북서쪽에 화장대를 두고 그 위에 스탠드를 놓는다.

남쪽에 책상을 놓고 식물로 장식하여 남쪽의 기를 상승시킨다. 북동쪽에 옷장, 동쪽에 침대를 놓고 동쪽으로 머리를 향하게 한다. 베개 곁에는

스탠드와 꽃 그리고 전화기를 놓는다. 정보의 확보를 위해 남동쪽에 TV
를 놓는다. 북서쪽에는 화장대를 놓고 그 위에 스탠드를 놓아 남이 도와
주는 운을 좋게 한다.

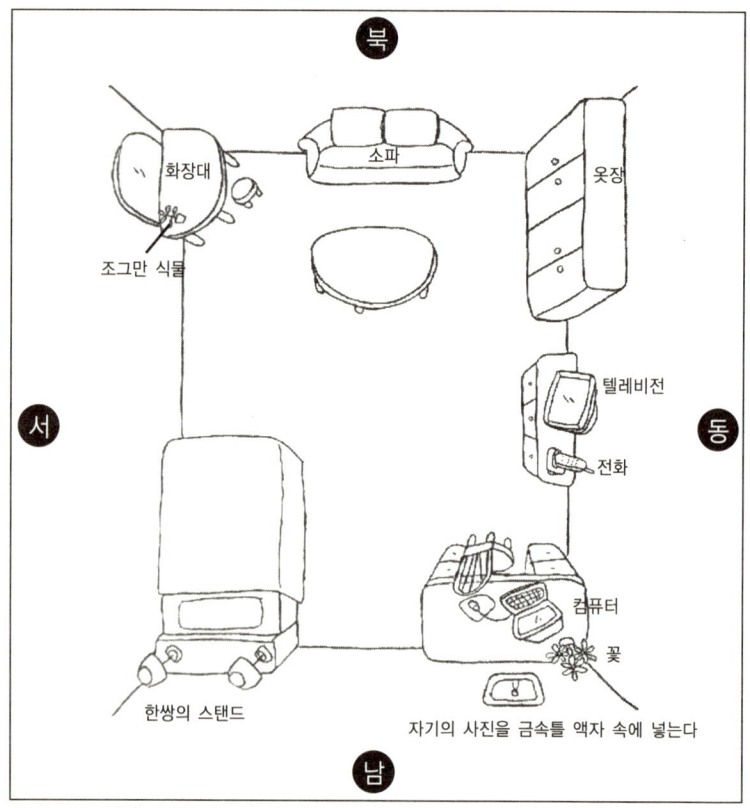

북

소파

옷장

화장대

조그만 식물

텔레비전

전화

서

동

컴퓨터

꽃

한쌍의 스탠드

자기의 사진을 금속틀 액자 속에 넣는다

남

기획, 기술계통의 취직/햇빛이 잘 드는 문의 경우 인테리어

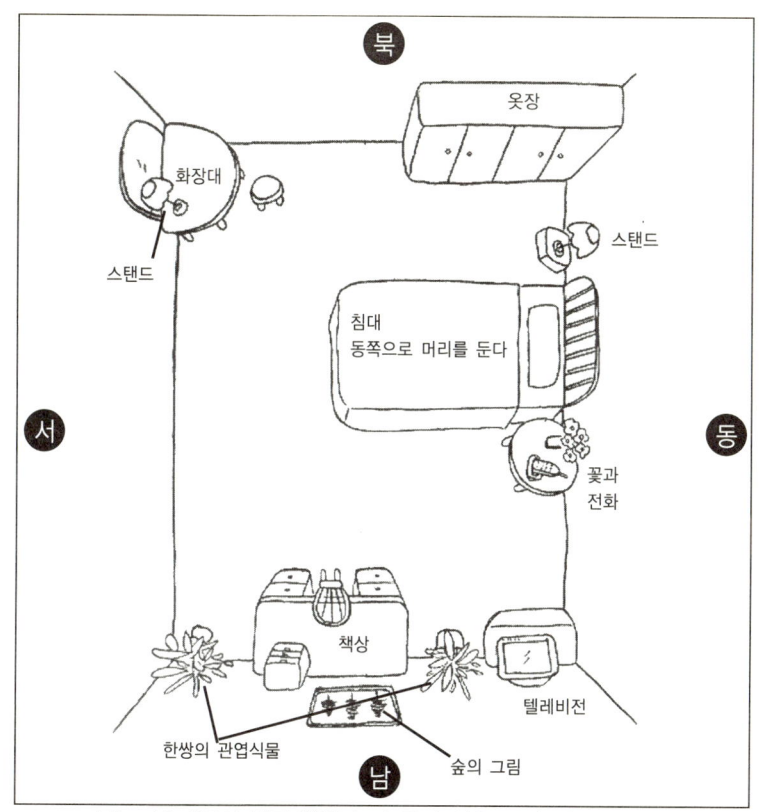

기획, 기술계통의 취직/햇빛이 잘 들지 않은 문의 경우 인테리어

3. 직장생활을 원만히 하기 위한 인테리어

(1) 직장 상사와의 관계를 원만하게 하는 인테리어

POINT

① 존경하는 사람의 격언을 써서 책상 서랍에 넣어둔다.

② 책상위의 북서쪽에 주소록이나 명함을 둔다.

③ 북서쪽, 북쪽, 북동쪽에 걸쳐 책상, 궤, 화장대를 놓는다.

④ 남동쪽에 텔레비전과 꽃을 놓는다.

직장에서의 인간관계는 중요한 요소이다. 아무리 보람이 있는 일을 하여도 상사와 뜻이 맞지 않으면 의욕을 잃고 만다. 우선 상사를 상사로서 품위를 인정해 주고 뜻에 따르도록 노력해야 한다. 상사는 그 동안의 많은 경험과 쌓아온 지혜를 통해 나름대로 노하우를 갖고 있는 것이다. 상사를 상사로서 대우를 해주었을 때 인간관계가 원만해지는 것이다.

자기 자신이 품위를 올리고 싶으면 상사의 품위를 올릴 필요가 있다. 상사를 다른 사람에게 험담했을 때 그 상사 밑에서 일하는 자신의 품위는 더욱 낮아지는 것이다.

첫 번째로 존경하는 사람의 격언이나 존경하는 어른의 말씀을 정성스럽게 써서 자기의 책상 앞 서랍을 열고 왼쪽 깊숙이 넣어둔다. 다음으로 직원들과 여행 갔을 때 상사와 같이 찍은 사진도 같이 넣어둔다. 상사의 사진을 넣어둠으로써 그 격언과 상사가 모름지기 일치하게 된다.

자신의 위치에서 남서쪽은 오래 계속되는 인간관계를 나타내고, 북서

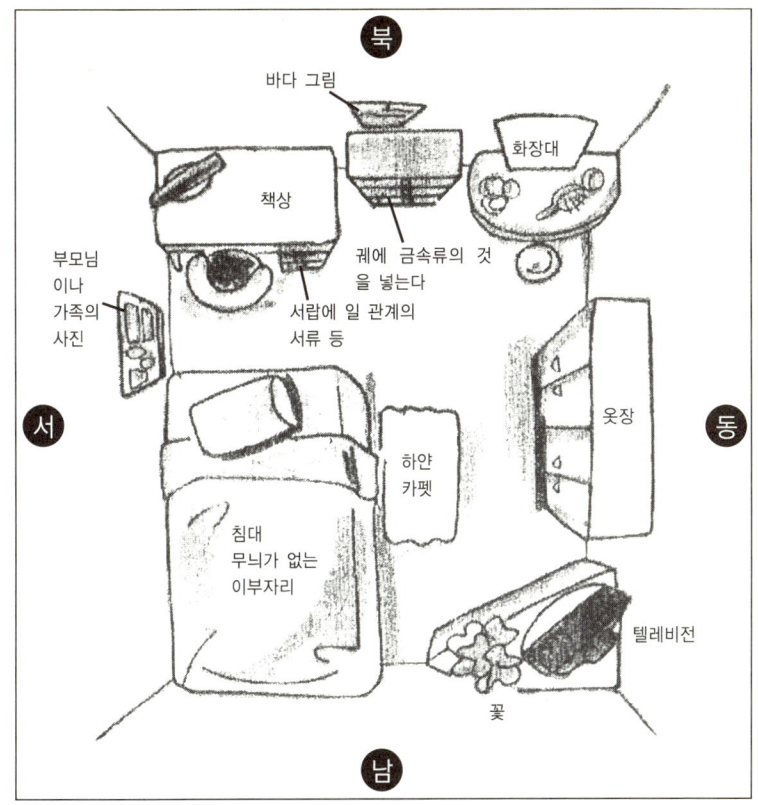

북

바다 그림

화장대

책상

부모님
이나
가족의
사진

궤에 금속류의 것
을 넣는다

서랍에 일 관계의
서류 등

서

하얀
카펫

옷장

동

침대
무늬가 없는
이부자리

텔레비전

꽃

남

상사와의 관계를 원만하게 하는 인테리어

쪽은 윗사람과의 인간관계를 나타내는 방위이다.

　그러므로 책상 위의 북서쪽에도 주소록이나 명함 등 윗사람과의 인간
관계를 나타내는 것들을 놓아두면 좋다. 상사에게 제출하는 서류 등도 여
기에 둔다.

　상사와의 관계를 개선하고 싶을 때는 식사를 함께 하는 것이 좋다. 면
류는 인간관계를 맺어주므로 함께 먹을 식단은 우동이나 자장면 같은 면
류(麵類)가 좋다.

북서쪽, 북쪽, 북동쪽에 걸쳐 북서쪽으로부터 책상, 궤, 화장대의 순으로 나열한다. 책상 서랍에는 회사일과 관련된 서류 등을 넣어둔다. 궤에는 귀금속류를 넣고 벽에는 바다가 그려진 그림으로 장식한다. 동쪽에는 옷장을 놓는다.

남동쪽에는 TV와 꽃을 놓고 남서쪽과 서쪽에 걸쳐서 침대를 놓고 북쪽으로 머리를 두고 잔다. 이부자리는 무늬가 없는 것으로 하고 카펫은 하얀 것으로 하며 서쪽 벽에는 부모님이나 가족의 사진으로 장식한다.

(2) 직장 동료와의 관계를 원만하게 하는 인테리어

POINT

① 남동쪽에 책상을 두고 그 위의 오른쪽에 동료와 찍은 사진이나 주소록, 명함을 놓는다.
② 남쪽에 침대를 놓고 베개 맡에는 꽃과 전화기를 놓는다.
③ 남쪽과 남서쪽 벽을 꽃 그림으로 장식한다.

직장 동료는 전쟁터에서 함께 싸우는 전우의 관계이지 라이벌의 관계가 아니다. 동료에게 라이벌 의식을 갖지 않아도 자신의 운이 좋으면 동료에게 이기게 되는 것이다.

동료는 직장의 '환경'인 것이다. 서로 미워하면 환경을 오염시키는 것과 같다. 환경이 오염되면 자신도 오염되기 마련이다. 싫은 사람을 노골적으로 멀리하고 그 사람에게 자기도 미움을 받게 되면 자신도 손해일 것

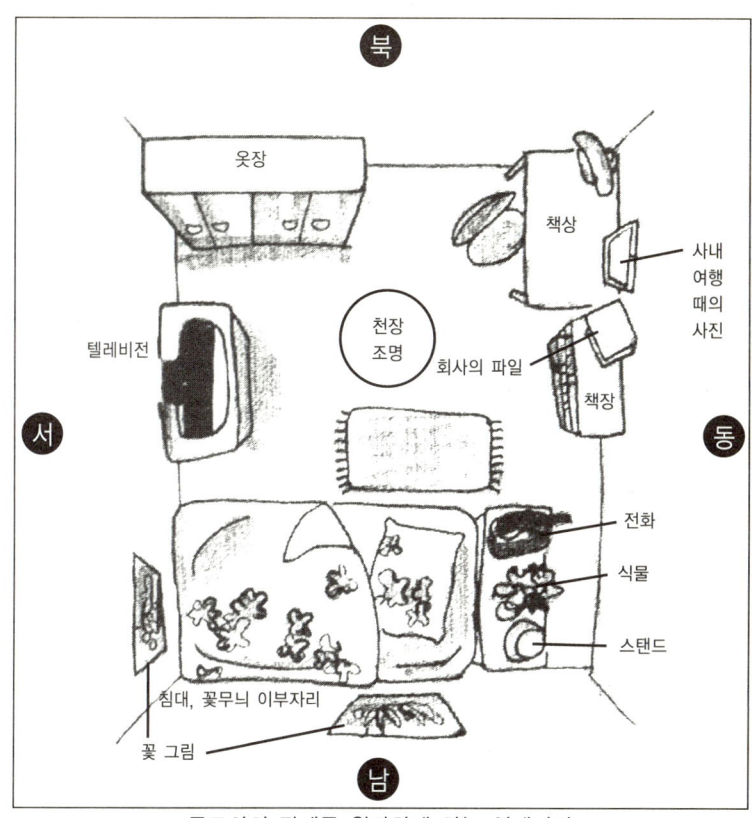

북

옷장

책상

사내
여행
때의
사진

천장
조명

텔레비전

회사의 파일

책장

서

동

전화

식물

스탠드

침대, 꽃무늬 이부자리

꽃 그림

남

동료와의 관계를 원만하게 하는 인테리어

이다. 그러므로 동료도 자신에게 '환경'이라 생각하고 환경을 정비하도
록 노력하는 것이 중요하다. 이렇게 하면 직장에서의 인간관계가 훨씬 편
해질 것이다.

앞서 상사와의 관계를 원만하게 하는 경우와 마찬가지로 남서쪽은 인
간관계가 오래 지속되게 하고, 남동쪽은 새로운 인간관계를 맺게 하는 방
위이다. 이 경우도 책상 위의 오른쪽에 주소록이나 명함 등을 두면 좋다.
또 직장의 동료들과 함께 찍은 사진을 이 위치에 놓아두든지 책상 가운데

서랍의 오른쪽에 넣어두어도 괜찮다.

북동쪽에서 동쪽에 걸쳐 책상을 놓고 벽에는 직장 동료와 여행할 때 찍은 사진을, 그 옆에는 책장을 놓고 그 안에 업무 파일 등을 넣어둔다.

남동쪽~남쪽~남서쪽에 걸쳐 침대는 남쪽에 놓고 베개 맡에는 꽃, 스탠드, 전화기를 놓는다. 침대의 이부자리는 꽃무늬가 있는 것이 좋고 남쪽과 남서쪽의 벽에는 꽃이 그려진 그림으로 장식한다. 서쪽에는 TV를 놓고 북서쪽에 옷장을 놓는다.

(3) 취직활동에 적합한 옷과 음식

> **POINT**
> ───────────────────────────
> ① 북쪽으로 면접하러 갈 때는 검은색이나 회색 복장을 하고
>   두부나 생선 음식을 먹는다.
> ② 동쪽으로 면접하러 갈 때는 파란색이나 군청색의 복장을 하고
>   초밥 등 식초가 들어간 음식을 먹는다.
> ③ 남쪽으로 면접하러 갈 때는 파란색이나 초록색 복장을 하고
>   샐러드나 야채 주스를 먹는다.
> ④ 서쪽으로 면접하러 갈 때는 노란색이나 베이지색 복장을 하고
>   프랑스 요리나 치킨을 먹는다.

취직활동의 운을 높여주는 옷, 음식을 효과적으로 사용하면 효과를 볼수 있다. 다음의 표에서 방위는 자기 집에서 봤을 때의 회사가 있는 위치이다. 그리고 몸에 걸치면 좋은 색은 면접 때에 입을 옷의 색깔이며, 식사

는 면접 전에 먹어두면 좋은 음식들이다. 이외에 색상에 따른 풍수도 있으니 이도 참고하는 것이 좋을 것이다.

방위	좋은 옷의 색깔	식사
취직활동에 적합한 옷의 색깔과 음식		
북쪽	회색, 검은색, 베이지색, 파란색, 흰색	두부, 생선, 우유, 물
동쪽	파란색, 빨간색, 흰색	초밥, 식초가 들어간 것, 감, 귤 계통의 주스
남쪽	초록색, 파란색, 흰색	샐러드, 야채 주스, 새우, 게 등
서쪽	노란색, 핑크색, 베이지색, 갈색, 흰색	프랑스 요리, 치킨, 와인, 포도 주스

* 위의 표에서 좋은 옷의 색깔은 몸에 걸친 모든 옷이 이런 색깔이어야 한다는 것이 아니라 눈에 보이는 겉옷의 일부라도 이런 색이면 좋다는 것이다. 예를 들어 흰색일 경우 흰색의 와이셔츠를 입으면 된다. 파란색은 짙은 감색까지도 포함된다.

4. 직장에 가고 싶어지는 인테리어

POINT

① 통근 길 코스 일부를 바꾸어 본다.

② 밖에서 식사하는 사람은 샌드위치 등을 직장에 가지고 가서 먹는다.

③ 밤 11시 이전에 푹 자도록 한다.

④ 베개 맡에는 물주전자를 둔다.

특별히 자기의 이상을 실현하기 좋거나 보수가 좋은 직장을 제외하고는 즐거운 기분으로 출근하는 사람은 드물 것이다. 대부분의 직장인은 생계를 위해서 마지못해 출근을 할 것이다. 그렇기 때문에 아침에 일어나 얼른 직장에 가고 싶은 생각이 나지 않는다.

직장에 가고 싶지 않은 것은 직장의 환경 조건과 관련이 깊지만 직장이나 자기 집이 풍수적으로 나쁜 것도 영향을 미친다. 직장이 풍수적으로 나쁘다고 해서 자기 힘으로 직장을 풍수적으로 바꾸기란 힘들다. 그러나 자신의 행동을 바꿔봄으로써 다소 환경을 좋게 할 수 있을 것이다.

우선 통근하는 길을 바꿔보도록 한다. 자기 집에서 지하철역까지, 지하철역에서 회사까지 등 어디라도 좋으니 다른 길로 가보도록 한다.

회사에 가서 제일 먼저 하는 일을 바꿔보는 것도 하나의 방법이다. 항상 탈의실에서 옷을 갈아입는 것을 제일먼저 했다면 그 전에 손을 씻는다든가 하는 식으로 또는 밖에서 식사를 하는 사람이라면 회사에 샌드위치를 가지고 가서 먹는다. 이런 간단한 것이라도 변화를 주면 효과가 있다. 그러나 이것으로 효과가 오래 지속되지 않는다.

직장가기가 정말로 싫은 사람은 자기 집의 인테리어를 바꾸어야 한다. 사람은 푹 잠을 자고나면 의욕이 생긴다. 수면이 부족한 사람은 매사에 의욕이 없다. 의욕이 떨어지면 능률도 저하되어 일이 쌓이게 된다. 그러면 밤샘도 해야 할 것이고 그러다보면 점점 수면 부족이 누적되는 악순환이 된다.

옛날부터 풍수에서 '기력이 없는 사람은 밤11시에는 자라' 고 했다. 밤 11시는 간장이 쉬어야 할 시간이다. 간장이 약해지면 피곤하기 쉬운 것이다. 그러므로 의욕을 고취시키려면 일찍 잠을 자도록 한다. 그리고 베개 맡에는 물주전자를 놓아둔다. 물은 잠을 잘 들게 하는 기를 갖고 있기 때문이다. 침실은 통풍이 잘되도록 한다.

이상과 같이 1주일 동안 실행하면 출근할 때의 마음이 조금씩 달라질 것이다.

5. 순식간에 영업 실적을 올리는 방위

POINT

① 북쪽으로 영업하러 갈 때는 회색이나 베이지색 복장을 하고 박리다매 방침으로 나아간다.

② 동쪽으로 영업하러 갈 때는 경쾌한 복장을 하고 스포츠 화제로 기선을 잡는다.

③ 남쪽으로 영업하러 갈 때는 고급스런 복장을 하고 재담으로 화제를 이끈다.

④ 서쪽으로 영업하러 갈 때는 유행을 타지 않은 점잖은 복장을 하고 술을 마시면서 교제한다.

직무가 영업일 경우는 출장을 하게 되는데 출장 방위에 따라서 실적이 달라진다. 방위와 맞으면 계약도 매끄럽게 이루어지고 반대로 방위와 맞지 않으면 능력을 충분히 발휘할 수 없다.

밖으로 나가는 사람은 자신의 좋은 방위를 알아두는 것이 좋다. 물론 일을 하다가 보면 언제나 좋은 방위로만 나갈 수는 없다. 때로는 나쁜 방위로 가야할 경우도 있을 것이다. 그러나 한판 승부를 겨루어야할 때는 절대로 좋은 방위를 알아두는 것이 좋다. 만약 그 방위가 나쁜 방위라면 우선 좋은 방위로 나갔다가 다음에 목적지의 방위로 가면 괜찮다.

회사로부터의 방위에 따라서 적합한 화제나 영업기술이 있다. 방위에 따라 맞는 행동을 하는 것이 요령이다.

① 회사에서 북쪽에 있는 곳으로 영업하러 갈 경우

박리다매의 방침으로 나가야 한다. 아무튼 성실한 태도로 대응을 해야 한다. 또 자기 회사의 경리가 아주 착실하고 성실하다는 것을 부각시킨다.

복장은 회색이나 베이지색 등 어두운 색의 복장이 적합할 것이다. 상대 거래처와 친숙해지면 친척이나 가족 이야기를 하면 좋을 것이다.

사소한 행동일지라도 이런 것들이 북쪽의 에너지를 끌어들일 수 있는 것이다.

② 회사에서 동쪽에 있는 곳으로 영업하러 갈 경우

새로 나온 제품을 영업하러가기에 적합한 방위이다. 동시에 자기 회사의 활동력을 상대에게 설명한다. 활기 있는 회사라는 이미지를 과시하는 것이다. 또 영업하러 가기 전에 반드시 전화로 약속을 해두는데 동쪽에 있는 전화기를 사용하면 효과가 크다.

화제는 스포츠가 좋을 것이다. 야구나 축구 등의 화제로 기선을 제압한다.

복장은 활동적이고 경쾌한 것이 좋은데 비즈니스의 복장을 너무 평상복으로 하면 안 된다. 예를 들어 여성의 경우 약간 활동적이고 경쾌한 이미지가 풍기는 핸드백을 들고 다니면 좋을 것이다.

③ 회사에서 남쪽에 있는 곳으로 영업하러 갈 경우

기획력과 직감을 최대한 활용하여 영업한다. 남쪽은 '되풀이한다.' 는 작용이 있으니 같은 회사에 몇 번이고 영업하러가는 것도 요령이다. 남쪽은 농담과 지혜의 기를 가지고 있으니 화제도 재담으로 하는 것이 좋다.

복장은 약간 고급스러운 것으로 하여 지성의 분위기가 감돌게 한다. 야무진 느낌을 주는 안경을 끼는 것도 좋을 것이다.

④ 회사에서 서쪽에 있는 곳으로 영업하러 갈 경우

서쪽은 '기쁨'의 방위이니 영업 이야기는 적당히 하고 인간관계를 원활히 하는데 신경을 쓰도록 한다. 또 서쪽은 술과 관련이 깊으므로 기회를 보아 상대와 술을 마시면서 교제를 한다. 서쪽에는 연고라는 기가 있다. 상대의 회사에 어떤 연고가 있으면 그것을 잘 활용하면 운이 열린다.

옷은 나이든 사람들이 좋아하고 유행을 타지 않은 전통적인 것으로 하는 것이 좋다. 이것 역시 서쪽의 운을 좋게 하는데 빠뜨릴 수 없는 것이다.

6. 직장에서 좋은 자리로 만들기 위한 인테리어

POINT

① 등 뒤에 출입문이 있으면 책상 위에 화분을 놓는다.
② 상사의 자리가 자기를 노려보고 있으면 책상 위에 거울을 둔다.
③ 등 뒤에 기둥 모서리가 있으면 기둥 각진 부분에 테이프나 싸개(패드)를 붙인다.

사무실에도 기가 흐른다. 그래서 어디에 앉아 있느냐에 따라 운도 전혀 다른 방향으로 흐른다. 기는 일반적으로 윗사람의 자리에서 아랫사람의 자리를 향해 S자를 그리며 흐르고 윗사람의 자리에 가까울수록 좋은 운이 따른다. 또한 등 뒤에 무엇이 있느냐에 따라서도 운이 달라진다. 예를 들어 자기가 다른 사람에게 등을 보이는 자리에 앉아있다면 무방비 상태에서 상대방의 시선에 자신의 기를 빼앗기게 된다. 하지만 여기에도 방법이 있다. 여기에 대처할 수 있는 방법 몇 가지를 소개한다.

(1) 등 뒤에 바로 출입문이 있는 경우

사람들의 출입이 잦아서 기를 빼앗기기 쉽다. 문에서 가까운 자리는 기가 왕성하여 활동력을 증진시키는 장점이 있다. 그러나 자기의 등 뒤에 문이 있다면 주의해야 한다. 이 자리는 사람들의 출입이 잦고, 다른 사람들의 시선에 무방비 상태에 있는 자신의 기를 빼앗기기 때문이다. 이럴 경우에는 책상 위에 작은 화분을 놓아 생기를 보충하거나 자주 휴식을 취하는 것이 좋다.

(2) 상사가 항상 내 등을 노려보고 있는 경우

만약 자기 등 뒤에 상사가 앉아있다면 어떤 기분이 들겠는가? 아무리 상사와 관계가 좋더라도 상사에게 신경이 쓰이기 마련이다. 또한 앉아있는 상태에서 이야기를 나눌 경우 상사와 제대로 눈을 맞추기가 어려워 서로 다른 생각을 할 수도 있고, 이로 인해 오해가 발생하기도 한다.

이런 자리는 항상 상사에게 기를 빼앗길 뿐만 아니라 자신에게 불리한 상황이 연출될 수도 있다. 이럴 때는 책상 끝부분에 거울을 두자. 그러면 등 뒤의 시선을 의식할 수 있으며, 빼앗긴 기도 다시 찾아 올 수 있다. 주의할 점은 자신의 모습이 거울에 비치지 않게 해야 한다. 상사뿐만 아니라 동료가 뒤에 앉아있을 경우에도 마찬가지이다.

(3) 등 뒤에 바로 기둥 모서리가 있는 경우

등 뒤에 기둥 모서리가 있으면 일에 운이 전혀 따르지 않으며, 모든 운이 막히고 심지어는 건강까지도 해친다. 이런 자리는 전반적인 운에 나쁜 영향을 미친다. 이런 자리에 앉아 있다면 기둥 모서리에 테이프나 싸개(패드)를 붙여 각진 부분을 가리거나 기둥 앞에 관엽식물을 놓아 모서리가 보이지 않게 한다. 만약 이런 환경을 만들기 어렵다면 등 뒤에 바로 기둥 모서리가 보이지 않게 모서리를 피해 앉는 것만으로도 운이 트이게 할 수 있다.

7. 사업운에 도움이 되는 인테리어

POINT

① 현관이나 침실, 부엌, 세면대에 화분을 둔다.
② 현관은 항상 깨끗하게 하고 신발을 가지런히 놓는다.
③ 옷장과 벽장을 깨끗이 정리하고 쓰지 않은 것은 버린다.
④ 신문이나 잡지는 쌓아두지 말고 빠른 시일 내에 처분한다.

(1) 집안에 꽃이나 화분을 둔다

생기가 넘치는 식물을 두는 것은 행운을 부르는 가장 쉬운 방법이다. 나무는 음(陰)의 기가 있는 땅속을 향해 뿌리를 내리고 양(陽)의 기가 있는 하늘을 향해 줄기를 뻗는 관계로 가장 좋은 음양의 조화를 이룬다. 또한 식물은 수(水)와 화(火)라는 상반된 기를 중화시키는 작용을 한다. 그러므로 수(水)와 화(火)가 함께 존재하는 부엌이나 세면대에는 반드시 작은 화분을 두는 것이 좋다.

꽃은 어디에 두어도 좋은 운을 불러오지만 특히 현관이나 침실에 두는 것이 가장 좋다. 기가 들어오거나 흡수하는 공간에 꽃이나 화분을 두면 운이 보충되어 일에 활력을 가져오고 좋은 기회를 얻는다.

꽃은 특히 여성에게 좋다. 꽃은 비즈니스뿐만 아니라 연애와 아름다움을 가꾸는데 효과가 있으므로 항상 꽃을 곁에 둔다. 꽃은 단 한 송이라도 행운을 불러오므로 생활하고 있는 방이나 사무실을 꽃으로 장식하도록 한다.

(2) 현관을 말끔히 청소한다

현관은 모든 기가 들어오는 입구이므로 항상 깨끗한 상태를 유지해야 한다. 구석구석을 깨끗이 청소하는 것은 물론 신발을 아무렇게나 벗은 채로 방치해서는 안 된다. 풍수에서 현관은 집주인의 얼굴을 나타내므로 신발을 아무렇게나 방치하는 것은 주인을 무시하고 짓밟는 것이 되어 그 집 주인에게 더 이상 운이 따르지 않는다. 신지 않은 신발은 신발장에 넣어 깨끗이 보관하는 습관을 들인다.

좋은 기는 밝은 곳을 좋아하므로 현관에 햇살이 들어오는 것이 좋지만 만약에 현관에 창문이 없을 경우는 전등을 밝게 켜두는 것이 좋다. 현관에 생화나 관엽식물을 두는 것도 좋은 기를 불러오는 하나의 방법이다.

⑶ 수납공간 정리를 철저히 한다

옷장이나 벽장 등 수납공간은 흡수된 기를 쌓아두는 곳이다. 수납공간의 상태는 곧 지금 자기가 가진 운을 모아둔 것과 같다. 눈에 보이지 않은 장소라고 해서 아무렇게나 방치해서는 안 된다. 옷장 여기저기가 어질러져 있거나 옷을 마구 쑤셔 넣어두면 일부러 찾아온 행운도 저절로 달아난다.

옷장이나 벽장 속에서 나뒹구는 입지 않은 옷이나 속옷, 사용하지 않은 물건은 반드시 처분하고 깨끗이 정리하는 습관을 기른다.

특히 부엌에 물건을 쌓아두면 금전운에 나쁜 영향을 미치므로 주의해야 한다. 또한 습기가 많은 공간도 운을 불러오는데 도움이 되지 않는다. 습기가 많은 곳은 환기를 자주 시켜주고, 제습제나 제습기를 사용하는 등 습기제거에 힘쓴다. 수납용 상자는 나쁜 화(火)의 기를 발산하는 플라스틱 제품보다는 통풍이 잘되는 목제품이 좋다.

⑷ 오래 된 잡지나 신문 등을 버린다

풍수에서 신문이나 잡지는 '때(時)'의 운을 나타내므로 오래되면 오래될수록 능력이 떨어진다. 뿐만 아니라 시대의 흐름에 둔해질 위험도 있다. 종이에는 목(木)의 기가 있어서 오래된 신문이나 잡지를 거실에 계속 방치해두면 비즈니스 운을 관리하는 목(木)의 기가 낡고 오래되어 쓸모없게 된다. 그러므로 신문과 잡지는 필요한 정보만을 남겨두고 빠른 시일 내에 처분한다.

만약 업무의 특성상 한 달 정도 신문이나 잡지를 모아두어야 한다면 눈에 잘 띄지 않은 곳에 정리해두는 것이 좋다. 오래된 신문이나 잡지는 여닫이문이 달린 선반에 넣어두는 등 뭔가를 가릴 수 있는 상태에서 보관한다.

8. 젊게 보이게 하는 인테리어

POINT

① 동쪽으로 베개를 두고 잠을 잔다.

② 빨간색의 장미를 동쪽에 놓아둔다.

③ 동쪽에 빨간색의 소품이나 TV, 오디오를 놓는다.

풍수에서 젊음이란 생기가 넘치는 상태를 말한다. 생기가 넘친다는 것은 운이 따른다는 증거이다. 활동적으로 행동하고 사업운을 더욱 강화시켜주려면 '젊게 보이는 것'이 중요하다. 풍수를 이용해 젊게 보이게 하는 방법을 알아본다.

(1) 베개는 동쪽을 향하게 한다

동쪽으로 베개를 하고 자면 '젊음을 되찾는다.'라는 말이 있다. 동쪽은 의욕을 불러오는 방위이다. 잠자는 중에 사람은 '수(水)'의 기운을 받게 되는데 머리를 통해서 기를 흡수한다. 따라서 수(水)의 기가 있는 북쪽에 머리를 두고 '화(火)'의 기가 있는 남쪽으로 발을 두고 자면 기가 원활하게 흐른다.

나이가 늙어 보이거나 주름살이 는다고 느끼면 동쪽 방향으로 머리를 돌려 베개를 베고 잔다. 이렇게 하면 젊음을 상징하는 '목(木)'의 기가 빠르게 흡수되어 머리회전이 빨라지고 운동능력도 좋아진다.

(2) 빨간 장미를 집안에 둔다

빨간 장미는 젊음과 생기를 보충하는 효과가 있다. 특히 집안 동쪽에 빨간 장미를 세 송이 정도만 꽂아둬도 '양(陽)'의 기가 강해져서 기력과 체력이 크게 상승된다. 이렇게 빨간 장미는 사람의 행동에 생기를 불어넣어 자연스럽게 행운을 부른다. 언어능력을 높이고 싶다면 주변을 빨간 장미로 장식한다. 이렇게 하면 생각지도 않은 좋은 일들이 찾아온다.

(3) 집안 동쪽에 빨간 물건이나 전자제품을 둔다

동쪽은 오행에서 '젊음과 의욕'을 담당하는 목(木)의 방위이다. 또한 빨강은 생명력을 나타내는 '화(火)'의 색깔이다. 이 두 가지는 찰떡궁합으로 목(木)의 방위인 동쪽에 화(火)를 상징하는 빨강을 같이 사용하면 활력이 한층 넘쳐나며 잃었던 젊음도 되찾을 수 있다.

또한 동쪽에 소리를 내는 전자제품인 텔레비전이나 음향기기, 전화기 등을 두면 발전운이 촉진되고 좋은 정보를 얻을 수 있는 등 사업운을 상승시키는데 도움이 된다. 동쪽에 휴대용 전화기 충전기를 두어도 좋다. 집안 동쪽에는 빨간색의 인테리어 소품이나 전자제품을 둔다.

(4) 아침 6시~8시 사이에 햇볕을 쬐자

그날 하루 운이 따르게 하는 가장 간단한 방법은 아침 햇볕을 쬐고 신선한 공기를 마시는 것이다. 눈을 뜨자마자 아침의 생기를 듬뿍 흡수하는 것은 잃어버린 젊음을 되찾는 데 즉효하다.

【참고문헌】

강진원, 알기 쉬운 역의 원리, 정신세계사, 2003.

신광주, 정통풍수지리원전 상·하, 한국자연지리학회, 1993.

임 준, 풍수지리로 보는 좋은 땅 좋은 집, 도서출판 한국자료정보사, 1991.

전태수, 가상학 입문, 명문당, 1986.

정판성, 주택·아파트·인테리어 풍수와의 만남, 태웅출판사, 2006.

정판성, 좋은땅, 좋은 주택 추(錘)가 답을 말한다, 태웅출판사, 2005.

제갈공명, 포여명 원저 유동문 편저, 적중! 명당풍수천명술, 도서출판 문춘, 1996.

홍만선, 증보산림경제 영인본, 아세아문화사, 1981.

황종찬, 명당은 어떻게 찾는가, 좋은글, 1996.

리노이에 유치쿠 지음, 김윤희 옮김, 온 가족을 행복하게 하는 인테리어 풍수, 열매출판사, 2004.

리노이에 유치쿠 지음, 박경선 옮김, 성공을 부르는 비즈니스 풍수, 열매출판사, 2004.

고바야시 사치아키(小林祥晃) 저, 홍영의 옮김, (주)넥서스, 1996.

村山智順 저, 최길성 역, 조선의 풍수, 민음사, 1990.

森冬生, お願いごとがバッチリかなう!! 超カンタン風水BOOK, KKベストセラズ, 1995.

小林祥晃, 家相のわかる本, 廣濟堂出版, 1987.

鶴野晴山, 風水家相學, 東京ダセモト社, 1995.

Ken 高水, 風水でつくる成績が上がる勉強部屋, 新風社, 2006.

內川あ也, 幸せを呼ぶ お部屋とインテリア風水, (株)中經出版, 2007.

KÄTHE BACHLER, Earth Radiation, WORDMASTERS, 1989.